古典文獻研究輯刊

二四編

潘美月・杜潔祥 主編

第 32 冊

21世紀遼金史論著目錄
（2011～2015 年）

周 峰 著

國家圖書館出版品預行編目資料

21 世紀遼金史論著目錄（2011～2015 年）／周峰 著 -- 初
版 -- 新北市：花木蘭文化出版社，2017〔民 106〕
目 4+314 面；19×26 公分
（古典文獻研究輯刊 二四編；第 32 冊）
ISBN 978-986-485-022-8（精裝）
1. 遼史 2. 金史 3. 專科目錄
011.08   106001930

ISBN-978-986-485-022-8

9 789864 850228

古典文獻研究輯刊
二四編　第三二冊　　　　ISBN：978-986-485-022-8

21 世紀遼金史論著目錄（2011～2015 年）

作　　者　周峰
主　　編　潘美月　杜潔祥
總 編 輯　杜潔祥
副總編輯　楊嘉樂
編　　輯　許郁翎、王筑　美術編輯　陳逸婷
企劃出版　北京大學文化資源研究中心
出　　版　花木蘭文化出版社
社　　長　高小娟
聯絡地址　235 新北市中和區中安街七二號十三樓
　　　　　電話：02-2923-1455／傳真：02-2923-1452
網　　址　http://www.huamulan.tw 信箱 hml810518@gmail.com
印　　刷　普羅文化出版廣告事業
初　　版　2017 年 3 月
全書字數　230430 字
定　　價　二四編 32 冊（精裝）新台幣 62,000 元
版權所有・請勿翻印

21世紀遼金史論著目錄
（2011～2015 年）

周峰 著

作者簡介

周峰，男，漢族，1972 年生，現任中國社會科學院民族學與人類學研究所研究員，主要從事遼金史、西夏學的研究。1993 年畢業於北京聯合大學文理學院，獲得歷史學學士學位。2010 年考入中國社會科學院研究生院攻讀博士學位，導師史金波先生，2013 年 6 月獲歷史學博士學位。1993 年 7 月至 1994 年 2 月，在北京市文物研究所工作。1994 年 2 月至 1999 年 8 月在北京遼金城垣博物館工作。1999 年 8 月至今在中國社會科學院民族學與人類學研究所工作。主要代表作：《完顏亮評傳》，民族出版社 2002 年；《金章宗傳》（與范軍合作），中國廣播電視出版社 2003 年；《21 世紀遼金史論著目錄（2001～2010 年）》（上下），花木蘭文化出版社 2016 年；《西夏文〈亥年新法・第三〉譯釋與研究》，花木蘭文化出版社 2016 年。發表論文 70 餘篇。

提　　要

　　本書是對筆者所編《21 世紀遼金史論著目錄(2001～2010 年)》(花木蘭文化出版社 2016 年)的續編，共收錄中文、日文、英文、法文、蒙古文、韓文六種文字的遼金史論著 5185 條，其中蒙古文由於排版問題，譯爲中文收入。將全部目錄分爲專著、總論、史料與文獻、政治、經濟、民族、人物、元好問、社會、文化、文學、宗教、科學技術、歷史地理、考古、文物等共 15 大類，每類下再分細目，如歷史地理下再分概論、地方行政建置、疆域、都城、城址、長城、山川、交通等細目。每條目錄按照序號、篇名、作者、文獻來源的順序編排。

目次

一、專　著

（一）哲學、宗教

1. 佛教文化與遼代社會，張國慶著，遼寧民族出版社，2011 年。
2. 釋迦塔遼金佛教與舍利文化，李四龍主編，宗教文化出版社，2012 年。
3. 遼金佛教研究，怡學主編，金城出版社，2012 年。
4. 遼金元佛教研究（上下）——第二屆河北禪宗文化論壇論文集，黃夏年主編，大象出版社，2012 年。
5. 契丹仏教史の研究，藤原崇人著，（日）法藏館，2015 年。
6. 普天佛香——宋遼金元時期佛教，熊江寧著，大象出版社，2013 年。
7. 遼金經幢研究，張明悟著，科學普及出版社，2013 年。
8. 金元時期全真道宮觀研究，程越著，齊魯書社，2012 年。
9. 道教全真派宮觀、造像與祖師，景安寧著，中華書局，2012 年。
10. 早期全真教思想探源，李延倉著，齊魯書社，2014 年。
11. 金元時代的道教——七真研究（上下），（日）蜂屋邦夫著，金鐵成、張強、李素萍、金順英譯，齊魯書社，2014 年。
12. 全真七子證道詞之意涵析論，張美櫻著，（臺灣）花木蘭文化出版社，2013 年。

（二）政治、法律

1. 遼朝政治中心研究，肖愛民著，人民出版社，2014 年。
2. 遼代南京留守研究，李谷城著，中國社會科學出版社，2013 年。

3. 契丹（遼）と 10～12 世紀の東部ユーラシア，荒川愼太郎、澤本光弘、高井康典行、渡辺健哉編，勉誠出版，2013 年。

4. 北宋與遼、西夏戰略關係研究——從權力平衡觀點的解析，蔡金仁著，（臺灣）花木蘭文化出版社，2015 年。

5. 對等：遼宋金時期外交的問題，陶晉生著，（臺灣）中央研究院歷史語言所，2013 年。

6. 宋遼外交研究，蔣武雄著，（臺灣）花木蘭文化出版社，2014 年。

7. 宋遼人物與兩國外交，蔣武雄著，（臺灣）花木蘭文化出版社，2014 年。

8. 宋金交聘制度研究，李輝著，上海古籍出版社，2014 年。

9. 忠貞不貳？：遼代的越境之舉，（英）史懷梅著，曹流譯，江蘇人民出版社，2015 年。

10. 征服或擴大：遼朝的政治結構與國家形成，廖啓照著，（臺灣）花木蘭文化出版社，2012 年。

11. 金人「中國」觀研究，熊鳴琴著，上海古籍出版社，2014 年。

12. 儒風漢韻流海內——兩宋遼金西夏時期的中國意識與民族觀念，劉揚忠著，河北教育出版社，2015 年。

13. 金初漢族士人的政治參與，陳昭揚著，（臺灣）花木蘭文化出版社，2011 年。

14. 金元散官制度研究，李鳴飛著，蘭州大學出版社，2014 年。

15. 宋金時期慶陽職官輯補及其它，劉文戈著，天津古籍出版社，2014 年。

（三）軍事

1. 遼金軍制，王曾瑜著，河北大學出版社，2011 年。

2. 遼金糺軍及金代兵制考，（日）箭內亙著，陳捷、陳清泉譯，山西人民出版社，2015 年。

3. 中國歷代戰爭史——宋、遼、金、夏（上），臺灣三軍大學編著，中信出版社，2013 年。

4. 中國歷代戰爭史——宋、遼、金、夏（下），臺灣三軍大學編著，中信出版社，2013 年。

5. 中國古代戰爭通覽·三·北宋遼西夏金代至清代，張曉生著，（臺灣）知書房出版社，2014 年。

6. 劍與火——從遼宋到清代戰爭經典，《中國大百科全書普及版》編委會編，中國大百科全書出版社，2015 年。

7. 宋對遼的邊防政策與設施，段承恩著，（臺灣）花木蘭文化出版社，2014年。

8. 宋遼戰爭論考，王曉波著，四川大學出版社，2011 年。

9. 戰爭史筆記（五代—宋遼金夏），朱增泉著，人民文學出版社，2011 年。

10. 天衡——十世紀後期宋遼和戰實錄，顧宏義著，上海書店出版社，2012年。

11. 天裂——十二世紀宋金和戰實錄，顧宏義著，上海書店出版社，2012 年。

12. 宋高宗朝宋金水戰（1127～1162），劉川豪著，（臺灣）花木蘭文化出版社，2012 年。

13. 拓邊西北——北宋中後期對夏戰爭研究，曾瑞龍著，北京大學出版社，2013 年。

14. 橫掃千軍如卷席——女真滅遼的故事，趙永春、趙麗著，商務印書館，2014 年。

15. 大蒙古國與金國戰爭史（蒙古文版），鮑格魯特・鮑音著，遼寧民族出版社，2013 年。

（四）經濟

1. 中國財政通史・第五卷・宋遼西夏金元財政史（上下），黃純豔著，湖南人民出版社，2015 年。

2. 宋遼夏金經濟史研究（增訂版），喬幼梅著，上海古籍出版社，2015 年。

3. 宋遼金時期的河北經濟，邢鐵著，科學出版社，2011 年。

4. 分水と支配：金・モンゴル時代華北の水利と農業，井黑忍著，早稻田大學出版部，2013 年。

5. 金代商業經濟研究，王德朋著，社會科學文獻出版社，2011 年。

（五）民族

1. 古代中國東北民族地區建置史，程妮娜著，中華書局，2011 年。

2. 契丹人，或躍在淵著，雲南人民出版社，2011 年。

3. 查干湖畔的遼帝春捺缽，李旭光著，吉林人民出版社，2011 年。

4. 遼太祖阿保機的耶律家族，李強著，金城出版社，2012 年。

5. 金代契丹人研究，夏宇旭著，中國社會科學出版社，2014 年。

6. 達斡爾族源於契丹論，巴圖寶音、孟志東、杜興華主編，中國社會科學出版社，2011 年。

7. 中國契丹族後裔大發現──契丹大遼帝國耶律氏皇家純正直系血統，王占力著，遼寧大學出版社，2015 年。

8. 遼金時期渤海遺民研究，郭素美、梁玉多、寧波著，黑龍江人民出版社，2012 年。

9. 遼代女真族群與社會研究，孫昊著，蘭州大學出版社，2014 年。

10. 女真興衰全史，指文烽火工作室著，中國長安出版社，2015 年。

11. 郎主的傳說，郭長海、趙人、常俊偉整理，常永、常白氏、常桂琴講述，哈爾濱工程大學出版社，2015 年。

（六）文化

1. 什麼是契丹遼文化，任愛君著，內蒙古人民出版社，2015 年。

2. 遼文化與遼上京，王玉亭、王燕趙著，內蒙古文化出版社，2013 年。

3. 東北草原契丹捺缽文化研究，孫立梅、汪澎瀾著，長春出版社，2015 年。

4. 遼代墓葬藝術中的捺缽文化研究，烏力吉著，文化藝術出版社，2013 年。

5. 木葉春秋──翁牛特境內的契丹遼文化，任愛君、李月新著，內蒙古文化出版社，2011 年。

6. 遼金文化在康平，周向永著，瀋陽出版社，2014 年。

7. 金源文化研究，王禹浪著，黑龍江人民出版社，2014 年。

8. 特熠的民族和王朝──金源文化述論，洪仁懷著，哈爾濱工程大學出版社，2015 年。

9. 金源文化辭典，郭長海主編，黑龍江人民出版社，2015 年。

10. 儒學在金源，郭長海、付珊著，哈爾濱工業大學出版社，2013 年。

11. 女真統治下的儒學傳承──金代儒學及儒學文獻研究，楊珩著，四川大學出版社，2014 年。

12. 遼金元經學學術編年（中國經學學術編年·第六卷），周春健著，鳳凰出版社，2015 年。

13. 歷代孝論輯釋：兩宋遼金卷，駱明、胡靜主編，光明日報出版社，2015 年。
14. 金代泰山文士研究，聶立申著，吉林大學出版社，2014 年。
15. 金代圖書出版研究，李西亞著，中國社會科學出版社，2015 年。

（七）科學

1. 金元科技思想史研究（上下），呂變庭著，科學出版社，2015 年。
2. 北京龍泉務窯遼代瓷器科技研究，北京市文物研究所編著，科學出版社，2013 年。
3. 內外傷辨，（金）李杲著，中國書店，2013 年。
4. 脾胃論，（金）李杲撰，（明）王肯堂輯，中國書店，2013 年。
5. 傷寒直格，（金）劉完素著，中國書店，2013 年。
6. 傷寒標本心法類萃，（金）劉完素著，（明）王肯堂輯，中國書店，2013 年。
7. 張子和醫學全書，（金）張子和著，山西科學技術出版社，2013 年。
8. 張子和醫學全書，徐江雁、許振國主編，中國中醫藥出版社，2015 年。
9. 成無己醫學全書，（金）成無己著，山西科學技術出版社，2013 年。
10. 李東垣傳世名方，段曉華、暢洪昇主編，中國醫藥科技出版社，2013 年。

（八）教育

1. 中國教育通史·宋遼金元卷（上），郭齊家、苗春德、吳玉琦主編，北京師範大學出版社，2013 年。
2. 中國教育通史·宋遼金元卷（下），喬衛平著，北京師範大學出版社，2013 年。
3. 中國教育通鑒·二·遼宋——清朝晚期，楊生枝著，陝西人民教育出版社，2015 年。
4. 中國科舉制度通史·遼金元卷，武玉環、高福順、都興智、吳志堅著，上海人民出版社，2015 年。
5. 科舉與遼代社會，高福順著，中國社會科學出版社，2015 年。
6. 遼金科舉研究，李桂芝著，中央民族大學出版社，2012 年。
7. 金上京科舉制度研究，郭長海、付珊著，哈爾濱工業大學出版社，2013 年。
8. 金元時代の華北社會と科舉制度：もう一つの〈士人層〉，飯山知保著，早稻田大學出版部，2011 年。

（九）體育

1. 遼夏金元體育文化史，王俊奇著，人民出版社，2011 年。

（十）語言、文字

1. 契丹語諸形態の研究，愛新覺羅・烏拉熙春著，日本文部省科研成果報告書，2011 年。
2. 契丹小字新発見資料訳読問題，吳英喆著，松川節、武內康則、荒川愼太郎校閱，東京外國語大學アジア・アフリカ言語文化研究所，2012 年。
3. 契丹文字研究類編（全 4 冊），劉鳳翥編著，中華書局，2014 年。
4. 契丹小字詞彙索引，劉浦江、康鵬主編，中華書局，2014 年。
5. 〈新出土契丹文字資料・モンゴル文字資料に基づくモンゴル史の再構成〉，2011 年度研究活動報告，松田孝一、村岡倫、松川節編著，平成 23 年度（2011）～平成 24 年度（2013）學術振興會科學研究費補助金基盤研究，2012 年。
6. 謎田耕耘——契丹小字解讀續，即實著，遼寧民族出版社，2012 年。
7. 金代諸宮調詞彙研究，張海媚著，南京大學出版社，2014 年。
8. 《全金詩》韻部研究，崔彥著，大連出版社，2011 年。

（十一）文學

1. 遺山先生文集，元好問撰，臺灣商務印書館股份有限公司，2011 年。
2. 中州集，元好問撰，臺灣商務印書館股份有限公司，2011 年。
3. 中州集，（金）元好問編，華東師範大學出版社，2014 年。
4. 元好問詩編年校注（全四冊），狄寶心校注，中華書局，2011 年。
5. 元好問詩選譯（修訂版），鄭力民注譯、宗福邦審閱，鳳凰出版社，2011 年。
6. 遺山樂府選，（金）元好問撰，廣陵書社，2014 年。
7. 元遺山文集校補，周烈孫、王斌校注，巴蜀書社，2013 年。
8. 元好問文編年校注（上中下），狄寶心校注，中華書局，2012 年。
9. 元好問 薩都刺集，龍德壽編選，鳳凰出版社，2011 年。
10. 金詩紀事，陳衍輯撰，王慶生增訂，上海古籍出版社，2013 年。
11. 千古絕句——賞析遼金元明清詩，張學淳編著，上海社會科學院出版社，2013 年。

12. 全編宋人使遼詩與行記校注考，李義、胡廷榮編著，內蒙古文化出版社，2012 年。
13. 遼金元詩，慶振軒、牛思仁著，蘭州大學出版社，2014 年。
14. 古詩行旅・宋遼金卷，馬世一編著，語文出版社，2014 年。
15. 遼金元時期北方民族漢文詩歌創作研究，尹曉琳著，民族出版社，2011 年。
16. 遼金元歌詩及樂論研究，韓偉著，中國社會科學出版社，2015 年。
17. 遼金詩歌與詩人的心靈世界，賈秀雲著，山西人民出版社，2015 年。
18. 宋金元詩通論，王輝斌著，黃山書社，2011 年。
19. 金代南渡詩壇研究，劉福燕著，中國文聯出版社，2012 年。
20. 金末遺臣李俊民與楊宏道詩學考察，林宜陵，（臺灣）萬卷樓，2011 年。
21. 金元賦史，牛海蓉著，人民出版社，2015 年。
22. 宋遼金元歌謠諺語集，程傑、范曉婧、張石川編著，南京師範大學出版社，2014 年。
23. 校輯宋金元人詞，趙萬里輯，國家圖書館出版社，2013 年。
24. 遼金元宮詞，（元）柯九思等，北京出版社，2015 年。
25. 金元詞一百首，陶然編纂，嶽麓書社，2011 年。
26. 蔡松年《明秀集》研究，翁精國著，（臺灣）花木蘭文化出版社，2014 年。
27. 金元詠梅詞研究（上下），鄭琇文著，（臺灣）花木蘭文化出版社，2014 年。
28. 金詞「吳蔡體」研究（上下），柯正榮著，（臺灣）花木蘭文化出版社，2014 年。
29. 金元日記叢編，顧宏義、李文整理標校，上海書店出版社，2013 年。
30. 歷代辭賦總匯・金元卷，康金聲主編，湖南文藝出版社，2014 年。
31. 金代散文研究，王永著，中國社會科學出版社，2011 年。
32. 趙秉文散文研究，陳蕾安，（臺灣）花木蘭文化出版社，2011 年。
33. 中國散文通史・宋金元卷，李眞瑜、田南池、房春草著，安徽教育出版社，2013 年。
34. 金代河東南路戲劇研究，李文著，中華書局，2014 年。
35. 金元清戲曲論稿，秦華生著，北京時代華文書局，2015 年。
36. 金代藝文敘錄（上下），薛瑞兆編著，中華書局，2014 年。
37. 風雨秋歌・秋夜梧桐雨：遼金元文學故事，范中華著，湖南人民出版社，2013 年。

38. 松原遼金民間故事集，徐淑紅主編，時代文藝出版社，2014 年。

39. 宋金遺民文學研究，陶然等著，浙江大學出版社，2014 年。

40. 金元明人論杜甫，冀勤編著，商務印書館，2014 年。

41. 故事裏的文學經典──遼金元詞，白笑天、孫莎著，蘭州大學出版社，2014 年。

42. 故事裏的文學經典──遼金元文，張增吉著，蘭州大學出版社，2014 年。

43. 中國文學五千年‧卷九‧遼金元（上下），四川美術出版社編，四川美術出版社，2014 年。

44. 中國古代文學史‧二‧隋唐五代宋遼金，冷成金編著，中國人民大學出版社，2014 年。

45. 金代文學編年史（上下），牛貴琥著，安徽大學出版社，2011 年。

46. 金代文學編年史（上下），王慶生編著，中華書局，2013 年。

47. 宋金文學的交融與演進，胡傳志著，北京大學出版社，2013 年。

48. 女眞政權下的文學研究，牛貴琥、張建偉著，三晉出版社，2011 年。

（十二）藝術

1. 中國墓室壁畫全集‧3‧宋遼金元，《中國墓室壁畫全集》編輯委員會編，河北教育出版社，2011 年。

2. 善化寺大雄寶殿彩塑藝術研究，張明遠、白志宇、郭秋英、王麗雯、張衛東、陳志勇編著，人民美術出版社，2011 年。

3. 生死同樂：山西金代戲曲磚雕藝術，石金鳴、海蔚藍主編，科學出版社，2012 年。

4. 金代書法研究，黃緯中著，（臺灣）蕙風堂筆墨有限公司出版部，2012 年。

（十三）歷史

1. 契丹國志，（宋）葉隆禮撰，賈敬顏、林榮貴點校，中華書局，2014 年。

2. 百衲本遼史，（元）脫脫等撰，國家圖書館出版社，2014 年。

3. 遼史百官志考訂，林鵠著，中華書局，2015 年。

4. 白話精華二十四史‧遼史，李錫厚譯，現代教育出版社，2011 年。

5. 白話精華二十四史‧金史，顧全芳、宋德金譯，現代教育出版社，2011 年。

6. 遼史選譯（修訂版），郭齊、吳洪澤譯注，曾棗莊審閱，鳳凰出版社，2011 年。

7. 金史選譯（修訂版），楊世文、祝尚書、李文澤、王曉波譯注，曾棗莊審閱，鳳凰出版社，2011 年。

8. 白話精評遼史紀事本末，武玉環譯評，遼海出版社，2011 年。

9. 白話精評金史紀事本末，蔣秀松譯評，遼海出版社，2011 年。

10. 遼宋夏金史講義，鄧廣銘著，中華書局，2013 年。

11. 塞北三朝——遼，袁騰飛著，電子工業出版社，2013 年。

12. 塞北三朝——金，袁騰飛著，電子工業出版社，2013 年。

13. 塞北三朝的文明，李默主編，廣東旅遊出版社，2013 年。

14. 圖說中國歷史：北宋 遼，李蘭芳撰文，中國地圖出版社，2014 年。

15. 圖說中國歷史：南宋 金，李蘭芳撰文，中國地圖出版社，2014 年。

16. 青少年應該知道的歷史知識——遼代，林靜主編，河南人民出版社，2013 年。

17. 青少年應該知道的歷史知識——金代，林靜主編，河南人民出版社，2013 年。

18. 我的第一本中國通史・宋遼金史，李默主編，廣東旅遊出版社，2014 年。

19. 中華二千年史・卷四・宋遼金夏元，鄧之誠著，東方出版社，2013 年。

20. 遼金西夏——邊域稱雄，于元編著，吉林文史出版社，2012 年。

21. 遼金史話，李福民主編，中國廣播電視出版社，2012 年。

22. 龍爭虎鬥中國史——遼金夏傳奇，張樂朋編著，山西教育出版社，2012 年。

23. 刀鋒上的帝國：宋遼夏金元亂史，馬兆鋒編著，北京工業大學出版社，2014 年。

24. 遼、金西夏史，蔡美彪、吳天墀著，中國大百科全書出版社，2011 年。

25. 一本書讀懂遼金，宋德金著，中華書局，2011 年。

26. 中古時代・五代遼宋夏金時期，白至德編著，中國友誼出版公司，2011 年。

27. John Lagerwey and Pierre Marsone, *Modern Chinese Religion I: Song-Liao-Jin-Yuan*（960-1368AD）, Leiden ;Boston:Brill,2015.

28. 疾馳的草原征服者：遼 西夏 金 元，（日）杉山正明著，烏蘭、烏日娜譯，廣西師範大學出版社，2014 年。

29. 遼金社會與文化研究，武玉環著，中國社會科學出版社，2014 年。

30. 契丹古代史研究，（日）愛宕松男著，邢復禮譯，內蒙古人民出版社，2014 年。

31. 契丹史若干問題研究，陳永志著，文物出版社，2011 年。
32. 遼朝史稿，任愛君著，甘肅民族出版社，2012 年。
33. 宋人筆記中的契丹文獻疏證，呂富華著，內蒙古人民出版社，2014 年。
34. 大中央胡里只契丹國──遙輦氏発祥地の點描，愛新覺羅烏拉熙春、吉本道雅著，松香堂，2015 年。
35. 大遼那些謎，張松、姚韞著，遼寧教育出版社，2014 年。
36. 中國人口通史・遼金卷，王孝俊著，人民出版社，2012 年。
37. 中國婦女通史・遼金西夏卷，張國慶、韓志遠、史金波著，杭州出版社，2011 年。
38. Linda Cooke Johnson, *Women of the Conquest Dynasties: Gender and Identity in Liao and Jin China*,University of Hawaii Press, 2011.
39. 契丹巾幗──遼代契丹族女性研究，張鄻主編，民族出版社，2014 年。
40. 中國農業通史（宋遼夏金元卷），曾雄生著，中國農業出版社，2014 年。
41. 中國風尚史・隋唐五代宋遼金卷，李紅春、劉漢林著，山東友誼出版社，2014 年。
42. 中華藝術通史簡編（第四卷），廖奔等撰稿，北京師範大學出版社，2013 年。
43. 中國美學通史・第五卷・宋金元卷，潘立勇、陸慶祥、章輝、吳樹波著，江蘇人民出版社，2014 年。
44. 中國家庭史・宋遼金元時期，王利華、張國剛著，人民出版社，2013 年。
45. 遼金西夏衣食住行，宋德金著，中華書局，2013 年。
46. 中國變法史料通編：秦－清・一三，宋朝的變法遼朝的改革金朝的改革，趙聯賞主編，（香港）蝠池書院出版有限公司，2011 年。
47. 中國變法史料通編：秦－清・一四，金朝的改革元朝的改革明朝的改革，趙聯賞主編，（香港）蝠池書院出版有限公司，2011 年。
48. 宋遼金元方志輯佚（全 2 冊），劉緯毅、王朝華、鄭梅玲、趙樹婷輯，上海古籍出版社，2011 年。
49. 金元方志考，顧宏義著，上海古籍出版社，2012 年。
50. 甘肅通史──宋夏金元卷，劉建麗著，甘肅人民出版社，2013 年。
51. 內蒙古通史・第二卷・遼、西夏、金時期的內蒙古地區，郝維民、齊木德道爾吉主編，人民出版社，2012 年。

52. 太原歷史文獻輯要（第 3 冊・宋遼金元卷），楊永康編，山西人民出版社，2013 年。
53. 走進千年遼上京（上中下），劉喜民、劉浩然著，內蒙古人民出版社，2014 年。
54. 遼金黃龍府叢考，姜維東著，吉林人民出版社，2013 年。
55. 遼代遼寧史地研究，肖忠純著，吉林大學出版社，2013 年。
56. 千年懿州，謝宏、羅顯明、王振華主編，中國阜蒙縣塔營子鎮委員會、阜蒙縣塔營子鎮政府，2013 年。
57. 遼代北鎮蹤涵，董明編著，遼寧教育出版社，2011 年。
58. 金代西京（大同）史話，高平、高向虹著，山西人民出版社，2015 年。
59. 遼金西夏研究 2010，景愛主編，同心出版社，2012 年。
60. 遼金西夏研究 2011，景愛主編，同心出版社，2013 年。
61. 遼金西夏研究 2012，景愛主編，同心出版社，2014 年。
62. 遼金西夏研究年鑒 2013，景愛主編，中國社會科學出版社，2015 年。
63. 中國遼夏金研究年鑒 2013，史金波、宋德金主編，中國社會科學出版社，2015 年。
64. 增訂中國史學史資料編年——宋遼金卷，楊翼驤編著，喬治忠、朱洪斌訂補，商務印書館，2013 年。

（十四）地理

1. 中國行政區劃通史・遼金卷，余蔚著，復旦大學出版社，2012 年。
2. 金代行政區劃史，李昌憲著，上海古籍出版社，2015 年。
3. 畫境中州——金元之際華北行政建置考，溫海清著，上海古籍出版社，2012 年。
4. 金代上京路研究 蒲與路論集，孫文政主編，中國文史出版社，2015 年。
5. 宋遼金元建制城市研究，韓光輝著，北京大學出版社，2011 年。
6. 女真の山城と平城（東アジアの中世城郭），臼杵勳著，（日）吉川弘文館，2015 年。

（十五）考古文物

1. 北京考古史・遼代卷，于璞著，上海古籍出版社，2012 年。

2. 北京考古史・金代卷，丁利娜著，上海古籍出版社，2012 年。

3. 北京亦莊 X11 號地考古發掘報告，北京市文物研究所編著，科學出版社，2012 年。

4. 北京考古工作報告（2000～2009）南水北調卷，王清林執筆，上海古籍出版社，2011 年。

5. 東アジア中世考古學の研究：靺鞨・渤海・女眞，中澤寬將著，六一書房，2012 年。

6. 遼代貴族喪葬制度研究，鄭承燕著，文物出版社，2014 年。

7. 瀋陽八王寺地區考古發掘報告，瀋陽市文物考古研究所編著，遼海出版社，2011 年。

8. 遼文化・慶陵一帶調查報告書（2011），京都大學大學院文學研究科，2011 年。

9. 關山遼墓，遼寧省文物考古研究所編著，文物出版社，2011 年。

10. 淩源小喇嘛溝遼墓，遼寧省文物考古研究所編著，文物出版社，2015 年。

11. 寶山遼墓：材料與釋讀，巫鴻、李清泉著，上海書畫出版社，2013 年。

12. 趣談遼墓考古：耶律羽之墓與寶山壁畫墓考古散記，梁萬龍著，內蒙古科學技術出版社，2015 年。

13. 汾陽東龍觀宋金壁畫墓，山西省考古研究所、汾陽市文物旅遊局、汾陽市博物館編著，文物出版社，2012 年。

14. 2000 年黃驊市海豐鎮遺址發掘報告，黃驊市博物館、河北省文物研究所、吉林大學邊疆考古研究中心編，文物出版社，2015 年。

15. 天下大同——北魏平城遼金西京城市建築史綱，段智鈞、趙娜冬著，中國建築工業出版社，2011 年。

16. 宋金山西民間祭祀建築，朱向東、趙青、王崇恩編著，中國建材工業出版社，2012 年。

17. 應縣木塔探究，徐德富著，三晉出版社，2015 年。

18. 封靈鈐藏——遼代磚石塔研究，谷贇著，遼寧人民出版社，2015 年。

19. 契丹風韻——內蒙古遼代文物珍品展，深圳博物館、內蒙古博物院編，文物出版社，2011 年。

20. 大遼遺珍——遼代文物展，北京遼金城垣博物館編，學苑出版社，2012 年。

21. 松遼風華——走進契丹、女眞人，東北三省博物館聯盟編，文物出版社，2012 年。

22. 內蒙古遼代文物珍品——契丹風華，劉廣堂、塔拉主編，文物出版社，2012 年。

23. 草原の王朝契丹：美しき 3 人のプリンセス（The splendor of the Khitan dynasty），九州國立博物館編集，西日本新聞社，2011 年。

24. 發現契丹 遼代文物精華展，紫禁城出版社，2015 年。

25. 白山・黑水・海東青——紀念金中都建都 860 週年特展，首都博物館、黑龍江省博物館編，文物出版社，2013 年。

26. 夢落華枕：金代瓷枕藝術，西漢南越王博物館、北京遼金城垣博物館編，北京聯合出版社，2015 年。

27. 文明碎片——中國東北地區遼、金、契丹、女眞歷史遺跡與遺物考，王禹浪、都永浩主編，黑龍江教育出版社，2013 年。

28. 牧歌流韻——中國古代游牧民族文化遺珍・契丹女眞卷，孫建軍著，甘肅人民出版社，2015 年。

29. 遼上京契丹記憶：巴林左旗檔案館館藏遼上京契丹遺跡和遼代出土文物照片集錦，劉喜民主編，遠方出版社，2014 年。

30. 林東遼代遺跡踏查記，（日）三宅俊成著，戴岳曦譯，內蒙古人民出版社，2014 年。

31. 東蒙古遼代舊城探考記 帖木兒帝國，（法）閔宣化著、（法）布哇編纂，馮承鈞譯，中華書局，2014 年。

32. 保定宋遼歷史文化遺產及其開發研究，劉雲軍、丁建軍主編，河北大學出版社，2015 年。

33. 俄羅斯濱海邊疆區女眞文物集萃，吉林省文物考古研究所、俄羅斯科學院遠東分院遠東民族歷史・考古・民族研究所編著，文物出版社，2013 年。

34. 契丹遺珍，唐彩蘭著，線裝書局，2011 年。

35. 碧彩雲天——遼代陶瓷，北京遼金城垣博物館編，北京燕山出版社，2013 年。

36. 沙羅雙樹の花の色：宋・契丹茶立て女ものがたり，三島黎子著，東洋書店，2013 年。

37. 遼代金銀器研究，張景明著，文物出版社，2011 年。
38. 有容乃大——遼宋金元時期飲食器具研究，韓榮著，江蘇大學出版社，2011 年。
39. 故宮博物院藏品大系・玉器編（5）唐宋遼金元，趙桂玲主編，紫禁城出版社、安徽美術出版社，2011 年。
40. 中國玉器通史・宋遼金元卷，陸建芳主編，海天出版社，2014 年。
41. 民間藏中國古玉全集・宋遼金元編・卷一，周南泉主編，紫禁城出版社，2011 年。
42. 遼代器物文化：金銀器　玉器　陶瓷器，李鵬著，吉林大學出版社，2013 年。
43. 遼金元陶瓷考古研究，彭善國著，科學出版社，2013 年。
44. 宋金茶盞，艾丹著，中國青年出版社，2014 年。
45. 金戲磚影——金代山西戲曲磚雕，北京遼金城垣博物館編，北京燕山出版社，2014 年。
46. 犀照群倫　光含萬象——曉軒齋藏宋遼金元明清銅鏡，狄秀斌、李郅強編著，文物出版社，2013 年。
47. 瑞宇軒藏印，伊葆力編著，黑龍江科學技術出版社，2012 年。
48. 中國北方古代少數民族服飾研究（3・契丹卷），李薇主編，東華大學出版社，2013 年。
49. 契丹國（遼朝）墓誌資料集成 II・契丹人編 2，武田和哉編，日本學術振興會科學研究費補助金（獎勵研究）報告書，オンデマンド印刷，2012 年。
50. 新出契丹史料の研究，愛新覚羅烏拉熙春、吉本道雅著，（日本）松香堂書店，2012 年。
51. 中央研究院歷史語言研究所藏遼金石刻拓本目錄，洪金富主編，（臺北）中央研究院，2012 年。
52. 北京遼金元拓片集，北京遼金城垣博物館編，北京燕山出版社，2012 年。
53. 全金石刻文輯校，王新英輯校，吉林文史出版社，2012 年。
54. CCTV 國寶檔案特別節目：國寶中的歷史密碼・隋唐—遼金卷，中央電視臺中文國際頻道編著，中國友誼出版公司，2013 年。

（十六）人物傳記

1. 契丹大遼九帝（全三冊），劉喜民編著，內蒙古人民出版社，2011 年。
2. 遼太祖，王占君著，華夏出版社，2011 年。
3. 阿保機興遼，《漫說中國歷史》組委會編，中航出版傳媒有限責任公司，2013 年。
4. 蕭太后身世之謎，李俊領、汪強、湯詩藝著，人民日報出版社，2011 年。
5. 鐵馬紅顏蕭太后，姜霓編著，吉林文史出版社，2011 年。
6. 鐵馬紅顏：蕭燕燕，姜正成主編，中國財富出版社，2014 年。
7. 聖祖：大金開國皇帝完顏阿骨打，郭長海著，黑龍江人民出版社，2014 年。
8. 治世明君——金世宗，梁春貴著，吉林大學出版社，2012 年。
9. 元遺山研究，趙興勤著，（臺灣）文津出版社，2011 年。
10. 元好問研究，方滿錦著，萬卷樓圖書股份有限公司，2013 年。
11. 金代名士黨懷英研究，晶立中著，吉林大學出版社，2012 年。
12. 全真夯梁——丘處機大傳，常大群著，宗教文化出版社，2011 年。
13. 金代人物傳記資料索引，牛貴琥、楊鐮編，三晉出版社，2012 年。

（十七）論文集

1. 隋唐遼宋金元史論叢，中國社會科學院歷史所隋唐宋遼金元史研究室編，紫禁城出版社，2011 年。
2. 隋唐遼宋金元史論叢（第二輯），中國社會科學院歷史所隋唐宋遼金元史研究室編，上海古籍出版社，2012 年。
3. 隋唐遼宋金元史論叢（第三輯），中國社會科學院歷史所隋唐宋遼金元史研究室編，上海古籍出版社，2013 年。
4. 隋唐遼宋金元史論叢（第四輯），中國社會科學院歷史研究所隋唐宋遼金元史研究室編，上海古籍出版社，2014 年。
5. 隋唐遼宋金元史論叢（第五輯），中國社會科學院歷史研究所隋唐宋遼金元史研究室編，上海古籍出版社，2015 年。
6. *Journal of Song-Yuan Studies*, Volume 43,2013.
7. 遼金歷史與考古（第三輯），遼寧省遼金契丹女真史研究會編，遼寧教育出版社，2011 年。

8. 遼金歷史與考古（第四輯），遼寧省遼金契丹女眞史研究會編，遼寧教育出版社，2013 年。

9. 遼金歷史與考古（第五輯），遼寧省遼金契丹女眞史研究會編，遼寧教育出版社，2014 年。

10. 松原遼金文化論文集，徐淑紅主編，時代文藝出版社，2014 年。

11. 遼金史論集（第十二輯），任仲書主編，吉林大學出版社，2012 年。

12. 遼金史論集（第十三輯），劉寧主編，中國社會科學出版社，2013 年。

13. 遼金歷史與考古國際學術研討會論文集，遼寧省遼金契丹女眞史研究會編，遼寧教育出版社，2012 年。

14. 遼金史研究，王秋義主編，遼寧民族出版社，2013 年。

15. 契丹遼文化論集（上中下），孫國軍、李春林主編，現代出版社，2014 年。

16. 契丹學論集（第一輯），任愛君主編，內蒙古人民出版社，2015 年。

17. 契丹學論集（第二輯），任愛君主編，內蒙古人民出版社，2015 年。

18. 地域性遼金史研究（第一輯），景愛主編，中國社會科學出版社，2014 年。

19. 輝煌遼上京 神秘遼祖陵——遼上京與遼祖陵研究文選，政協巴林左旗委員會編，2013 年。

20. 金上京文史論叢（第四輯），鮑海春、洪仁懷主編，黑龍江人民出版社，2013 年。

21. 華西語文學刊（第八輯·契丹學專輯），傅勇林主編，四川文藝出版社，2013 年。

22. 遼金元史考索，蔡美彪著，中華書局，2012 年。

23. 遼金元史十五講，蔡美彪著，中華書局，2011 年。

24. 遼金元史十五講（典藏本），蔡美彪著，中華書局，2015 年。

25. 女眞新解——王可賓論文集，王可賓著，吉林大學出版社，2012 年。

26. 宋遼金史論叢，陶晉生著，（臺灣）聯經出版事業股份有限公司，2013 年。

27. 讀史雜識，宋德金著，中華書局，2013 年。

28. 陽都集，王善軍著，中國社會科學出版社，2012 年。

29. 遼金夏元史研究／遼與五代外交研究，蔣武雄著，（臺灣）花木蘭文化出版社，2013 年。

30. 韓半島から眺めた契丹·女眞，愛新覚羅·烏拉熙春、吉本道雅著，京都大學學術出版會，2011 年。

31. 遼金元文學研究論叢，高人雄主編，中國社會科學出版社，2014 年。
32. 多元文化的交融——遼代歷史與文化研究，尤李著，中國社會科學出版社，2013 年。

二、總　論

（一）研究綜述

1. 遼史研究，周爽、都興智，遼金西夏研究 2010，同心出版社，2012 年。
2. 遼史研究，劉雄、杜鵑、陳桯桯、張國慶，遼金西夏研究 2011，同心出版社，2013 年。
3. 遼史研究，劉雄、杜鵑、陳桯桯、邢忠利、張國慶，遼金西夏研究 2012，同心出版社，2014 年。
4. 遼史研究，王德忠、紀楠楠，遼金西夏研究年鑒 2013，中國社會科學出版社，2015 年。
5. 2013 年遼史研究綜述，高福順、蘇丹，中國遼夏金研究年鑒 2013，中國社會科學出版社，2015 年。
6. 2010 年遼金西夏史研究綜述，尤李，中國史研究動態，2011 年第 4 期。
7. 2010 年金史研究綜述，孫紅梅，東北史地，2011 年第 6 期。
8. 金史研究，孫紅梅、趙永春，遼金西夏研究 2010，同心出版社，2012 年。
9. 金史研究，孫紅梅、趙永春，遼金西夏研究 2011，同心出版社，2013 年。
10. 金史研究，孫紅梅、趙永春，遼金西夏研究 2012，同心出版社，2014 年。
11. 金史研究，白剛、趙永春，遼金西夏研究年鑒 2013，中國社會科學出版社，2015 年。
12. 2013 年金史研究綜述，程妮娜、王曉靜，中國遼夏金研究年鑒 2013，中國社會科學出版社，2015 年。
13. 2011 年金史研究綜述，孫紅梅，東北史地，2012 年第 5 期。

14. 2011 年遼金西夏史研究綜述，周峰，中國史研究動態，2012 年第 5 期。
15. 2012 年遼金西夏史研究綜述，周峰，中國史研究動態，2013 年第 6 期。
16. 2013 年遼金西夏史研究綜述，周峰，中國史研究動態，2014 年第 6 期。
17. 2014 年遼金史研究綜述，關樹東，中國史研究動態，2015 年第 6 期。
18. 近年來金史研究綜述，沙志輝，黑河學刊，2013 年第 10 期。
19. 新世紀初年的遼金史研究，景愛，東北史地，2013 年第 1 期。
20. 2009～2010 年度黑龍江省遼金史研究成果綜述，寧波，黑龍江史志，2012 年第 23 期。
21. 加強遼宋夏金史整體研究，宋德金，中國社會科學報，2015 年 11 月 30 日第 4 版。
22. 遼金史研究中的正統觀，景愛，遼金西夏研究年鑒 2013，中國社會科學出版社，2015 年。
23. 堅持多民族的大一統觀　摒棄偏頗的「正統觀」——以遼金史研究為例，何天明，遼金西夏研究年鑒 2013，中國社會科學出版社，2015 年。
24. 遼金史研究理論方法的回顧與思考，張志勇，遼寧工程技術大學學報（社會科學版），2014 年第 6 期。
25. 遼金史研究理論與方法的回顧與思考，張志勇，契丹學論集（第二輯），內蒙古人民出版社，2015 年。
26. 遼金史研究的理論方法與實踐，景愛，東北史地，2012 年第 1 期。
27. 遼金史研究的理論方法與實踐，景愛，遼金西夏研究 2010，同心出版社，2012 年。
28. 明確方向和重點將遼金史研究推向新高度，景愛，遼金西夏研究 2011，同心出版社，2013 年。
29. 明確方向和重點將遼金史研究推向新高度，景愛，金上京文史論叢（第四輯），黑龍江人民出版社，2013 年。
30. 論地域性遼金史研究，景愛，遼金西夏研究 2012，同心出版社，2014 年。
31. 論地域性遼金史研究，景愛，地域性遼金史研究（第一輯），中國社會科學出版社，2014 年。
32. 論新世紀以來的地域性遼金史研究，景愛，東北史研究，2013 年第 2 期。
33. 區域史視野下的遼史研究，高福順、武玉環、楊軍，史學集刊，2014 年第 3 期。

34. 新時期日本的遼金史研究（2000～2012 年），孫昊，遼金西夏研究 2012，同心出版社，2014 年。

35. 「中國多元一體」與遼金史研究，趙永春，中央民族大學學報（哲學社會科學版），2011 年第 3 期。

36. 百年略看遼代傳記，廖啓照，（臺灣）國文天地，第 27 卷第 7 期，2011 年 12 月。

37. 民國百年金代傳記與人物研究，陳昭揚，（臺灣）國文天地，第 27 卷第 7 期，2011 年 12 月。

38. 西方社會對契丹和遼的認識與研究，趙欣，黑龍江民族叢刊，2013 年第 1 期。

39. Evolving Approaches to the Study of the Liao, François Louis, Valerie Hansen, *Journal of Song-Yuan Studies*, Volume 43, 2013.

40. 20 世紀 40 年代以來歐美學者金史研究概述，趙永春、趙燕，東北史地，2011 年第 1 期。

41. 20 世紀俄羅斯學界女眞研究的代表人物及著述，霍明琨、李薇，金上京文史論叢（第四輯），黑龍江人民出版社，2013 年。

42. Osteological Studies of Archaeological Materials from Jurchen Sites in Russia, Alexander Kim, *Journal of Song-Yuan Studies*, Volume 43, 2013.

43. 遠東考古學的源頭之作——俄羅斯學者 M.B.沃羅比約夫的女眞研究，霍明琨、李薇，遼金史論集（第十三輯），中國社會科學出版社，2013 年。

44. 契丹遼史研究的學科發展歷程，任愛君，遼金史研究通訊，2012～2013 合刊。

45. 契丹遼史研究的學科發展歷程（代序），任愛君，契丹學論集（第一輯），內蒙古人民出版社，2015 年。

46. 契丹學學科體系建構論綱，塔拉、陳永志、任愛君、楊福瑞，契丹學論集（第一輯），內蒙古人民出版社，2015 年。

47. 穩步科學地佔領契丹學研究的制高點，何天明，契丹學論集（第一輯），內蒙古人民出版社，2015 年。

48. 深化民族史研究，推動契丹學發展（摘要），劉正寅，契丹學論集（第一輯），內蒙古人民出版社，2015 年。

49. 初論契丹學，楊福瑞，契丹學論集（第一輯），內蒙古人民出版社，2015 年。

50. 契丹學理論問題初探，楊福瑞，契丹學論集（第二輯），內蒙古人民出版社，2015 年。

51. 試論契丹學的理論和方法，楊福瑞，赤峰學院學報（漢文哲學社會科學版），2013 年第 4 期。

52. 契丹學學科體系的理論建構，任愛君、楊福瑞，赤峰學院學報（漢文哲學社會科學版），2014 年第 6 期。

53. 契丹學學科體系的理論建構，任愛君、楊福瑞，紅山文化·契丹遼文化學刊，2014 年第 1 輯。

54. 論契丹學的多學科綜合研究，楊福瑞，（韓國）北方文化研究（第 6 期），2015 年 12 月。

55. 靜態的詮釋：契丹遼文化研究及其意義，任愛君，紅山文化·契丹遼文化學刊，2014 年第 1 輯。

56. 2010 年遼宋西夏金元經濟史研究述評，李華瑞，中國經濟史研究，2011 年第 2 期。

57. 2011 年遼宋西夏金元經濟史研究述評，李華瑞，中國史研究動態，2012 年第 3 期。

58. 2012 年遼宋西夏金元經濟史研究述評，李華瑞，中國史研究動態，2013 年第 5 期。

59. 2013 年遼宋西夏金元經濟史研究述評，李華瑞，西夏研究，2014 年第 2 期。

60. 遼代石刻研究，張國慶，遼金西夏研究 2010，同心出版社，2012 年。

61. 遼金文學研究，胡傳志、裴興榮，遼金西夏研究年鑒 2013，中國社會科學出版社，2015 年。

62. 遼金文學研究，胡傳志、李定乾，遼金西夏研究 2010，同心出版社，2012 年。

63. 遼金文學研究，胡傳志、裴興榮，遼金西夏研究 2011，同心出版社，2013 年。

64. 遼金文學研究，胡傳志、裴興榮，遼金西夏研究 2012，同心出版社，2014 年。

65. 20 世紀以來遼金民族融合問題研究綜述，王善軍，遼金史論集（第十二輯），吉林大學出版社，2012 年。

66. 遼代五國部與五國城研究綜述，廖懷志、胡殿君，東北史研究，2015 年第 3 期。

67. 奚族歷史研究的回顧與思考，王麗娟，北方民族考古（第 2 輯），科學出版社，2015 年。

68. 新中國成立以來國內奚族研究綜述，劉一，學術探索，2013 年第 8 期。

69. 20 世紀 80 年代以來奚族研究綜述，王凱，東北史地，2011 年第 1 期。

70. 近十年宋遼金元宗族研究綜述，常建華，安徽史學，2011 年第 1 期。

71. 近六十年宋遼西夏金火葬研究綜述與反思，馬強才、姚永輝，中國史研究動態，2012 年第 1 期。

72. 遼、宋、夏、金婚禮服飾及其禮俗內涵研究綜述，武婷婷，黑龍江史志，2013 年第 3 期。

73. 遼寧工程技術大學學報「遼金文化研究」十年述評，張志男，遼寧工程技術大學學報（社會科學版），2012 年第 1 期 。

74. 三十年來遼代教育研究述評，張志勇，遼寧工程技術大學學報（社會科學版），2013 年第 4 期。

75. 近 30 年國內遼代城市研究，韓賓娜、王淑蘭，中國邊疆史地研究，2012 年第 2 期。

76. 20 世紀上半葉日本學者對蒙遼地區遼代佛教建築的考察與研究，曹鐵娃、曹鐵錚、王一建，世界宗教文化，2013 年第 1 期。

77. 近二十年大陸地區宋遼關係研究述評，王欣欣、呂洪偉，黑龍江民族叢刊，2013 年第 4 期。

78. 清人のみた契丹，水盛涼一，アジア遊學（160），2013 年。

79. フランス・シノロジーと契丹，河內春人，アジア遊學（160），2013 年。

80. 近三十年遼代宰相制度研究綜述，張功遠，東北史地，2014 年第 3 期。

81. 近三十年來遼代樞密院研究述評，葛志嬌，遼寧工程技術大學學報（社會科學版），2015 年第 3 期。

82. 近十多年來遼朝南北面官制研究的回顧與思考，李長巍，學理論，2014 年第 11 期。

83. 20 世紀以來遼代漢官研究述評，蔣金玲，中國遼夏金研究年鑒 2013，中國社會科學出版社，2015 年。

84. 20 世紀 80 年代以來的遼朝皇族研究綜述，鐵顏顏，黑龍江民族叢刊，2015 年第 5 期。

85. 近 30 年來遼代科舉制度研究綜述，郝艾利，中國遼夏金研究年鑒 2013，中國社會科學出版社，2015 年。

86. 遼代商業研究綜述，程嘉靜，遼寧工程技術大學學報（社會科學版），2015 年第 6 期。

87. 遼墓壁畫的考古發現與研究綜述，黃小鈺，故宮博物院院刊，2015 年第 1 期。

88. 二十一世紀以來遼代墓葬壁畫研究綜述，李玉君、張新朝，中國史研究動態，2015 年第 10 期。

89. 三十年來契丹（遼）音樂文化歷史研究概述，付婧，樂府新聲（瀋陽音樂學院學報），2015 年第 3 期。

90. 契丹四樓問題研究述評，李月新，赤峰學院學報（漢文哲學社會科學版），2014 年第 6 期。

91. 契丹四樓問題研究述評，李月新，紅山文化·契丹遼文化學刊，2014 年第 1 輯。

92. 建國前學界關於金宋關係史相關人物評價綜述，陳俊達，黑龍江史志，2014 年第 21 期。

93. 金源文化研究迎來新契機，郝欣、曾江，中國社會科學報，2013 年 7 月 24 日 A02 版。

94. 金朝末年東北地區研究簡述，張儒婷，北方文學（中旬刊），2013 年第 7 期。

95. 完顏希尹研究述評，穆釜臣、穆鴻利，遼金歷史與考古（第四輯），遼寧教育出版社，2013 年。

96. 2014 年遼金佛教研究述評，陳俊達、邵曉晨，民族論壇，2015 年第 5 期。

97. 近三十年來金代佛教研究述評，王德朋，中國史研究動態，2012 年第 4 期。

98. 全真教發展研究動態，王曉穎，金戲磚影——金代山西戲曲磚雕，北京燕山出版社，2014 年。

99. 大同華嚴寺百年研究，劉翔宇、丁垚，建築學報，2013 年增刊第 2 期。

100. 宋金元時期道教與詩歌研究的回顧與思考（2005～2012），羅爭鳴，貴州社會科學，2013 年第 6 期。

101. 1980 年代以來佛禪與金代文學研究回顧與思考，孫宏哲，古籍整理研究學刊，2014 年第 4 期。

102. 2005 年至 2015 年間契丹小字研究述略，烏仁朝魯門，（韓國）北方文化研究（第 6 期），2015 年 12 月。

103. 21 世紀以來國內女眞語言文字研究述略，張亭立，（韓國）北方文化研究（第 6 期），2015 年 12 月。

104. 女眞語言文字研究著述新成果，郭長海，東北史研究，2014 年第 4 期。

105. 高麗遣使遼朝研究述評，陳俊達，綏化學院學報，2015 年第 2 期。

106. 近三十年來國內高麗遣使金朝研究述評，合燦溫，赤峰學院學報（漢文哲學社會科學版），2015 年第 3 期。

107. 1949 年以前金宋關係史研究述評，陳俊達、隋昕言，寧夏大學學報（人文社會科學版），2015 年第 1 期。

108. 遼宋夏金時期城池研究回顧與前瞻，王茂華、王恒蔚，宋史研究論叢（第 16 輯），河北大學出版社，2015 年。

109. 延安宋金石窟研究述評，石建剛，敦煌學輯刊，2015 年第 1 期。

110. 二十世紀金代計量研究綜述，王曉靜，赤峰學院學報（漢文哲學社會科學版），2015 年第 5 期。

111. 金代上京路研究概述，孫文政、宛文君，理論觀察，2015 年第 6 期。

112. 近三十年金上京研究綜述——金上京考古發現與文物研究綜述，王禹浪、寇博文，哈爾濱學院學報，2015 年第 10 期。

113. 近三十年金上京研究綜述——以歷史地理、金源文化研究爲中心，王天姿，東北史地，2015 年第 6 期。

114. 金代猛安謀克官印研究述評，王禹浪、寇博文，黑龍江民族叢刊，2015 年第 5 期。

115. 金代司法機構研究綜述，姜宇，白城師範學院學報，2015 年第 7 期。

116. 金代圖書事業研究成果簡述，張冰、趙旭，齊齊哈爾師範高等專科學校學報，2015 年第 2 期。

（二）學術活動

1. 遼金史研究人力資源分配不均，高穎，中國社會科學報，2011 年 9 月 27 日第 2 版。

2. 紀念陳述先生百年誕辰學術研討會綜述，周峰，民族研究，2012 年第 1 期。

3. 在紀念陳述先生百年誕辰學術研討會上的致辭，張昌東，遼金西夏研究 2011，同心出版社，2013 年。

4. 深切緬懷我國著名遼金史專家陳述教授——在陳述先生百年誕辰紀念會上的發言，杜榮坤，遼金西夏研究 2011，同心出版社，2013 年。

5. 孜孜不倦的學者——陳述先生誕辰 100 週年緬懷，史金波，遼金西夏研究 2011，同心出版社，2013 年。

6. 中國社會科學院民族學與人類學研究所舉行紀念陳述先生百年誕辰學術研討會，遼金西夏研究 2011，同心出版社，2013 年。

7. 北京達斡爾人士舉行紀念陳述先生百年誕辰座談會，遼金西夏研究 2011，同心出版社 2013 年。

8. 紀念遼金史學大師陳述百年誕辰——呼喚民族平等，爲古代「蠻夷」正名，牛銳，中國民族報，2011 年 10 月 28 日第 11 版。

9. 黑龍江和內蒙古達斡爾學者舉行陳述先生百年誕辰紀念會，遼金西夏研究 2011，同心出版社，2013 年。

10. 第十屆遼金契丹女眞史學術研討會，遼金西夏研究 2010，同心出版社，2012 年。

11. 第十屆學會工作報告，宋德金，金上京文史論叢（第四輯），黑龍江人民出版社，2013 年。

12. 在第十一屆中國遼金契丹女眞史研討會開幕式上的歡迎辭，許洪江，金上京文史論叢（第四輯），黑龍江人民出版社，2013 年。

13. 第十一屆中國遼金契丹女眞史研討會歡迎詞，鮑海春，金上京文史論叢（第四輯），黑龍江人民出版社，2013 年。

14. 在第十一屆中國遼金契丹女眞史研討會閉幕式上的講話，楊佳榕，金上京文史論叢（第四輯），黑龍江人民出版社，2013 年。

15. 第十二屆中國遼金契丹女眞史學術研討會召開，韓世明、都興智，中國社會科學報，2014 年 9 月 3 日 A05 版。

16. 「遼金歷史與考古國際學術研討會」在瀋陽召開，陶亮，中國文物報，2011 年 9 月 28 日第 2 版。

17. 遼金歷史與考古國際學術研討會在瀋陽舉行，遼金西夏研究 2011，同心出版社，2013 年。

18. 遼金歷史與考古國際學術研討會述評，高正，東北史地，2011 年第 6 期。

19. 「遼金歷史與考古國際學術研討會」摘要，中國文物報，2011 年 11 月 11 日第 6、7 版。

20. 中韓學者聚焦宋遼夏金元史，張春蘭，中國社會科學報，2011 年 11 月 24 日第 3 版。

21. 「韓中第四屆宋遼夏金元史國際學術研討會」綜述，劉雲軍、張春蘭，中國史研究動態，2012 年第 4 期。

22. 「中韓第五屆宋遼夏金元史國際學術研討會」綜述，周立志、楊建庭，高校社科動態，2014 年第 2 期。

23. 契丹學國際學術研討會在赤峰賓館召開，赤峰學院學報（自然科學版），2012 年第 18 期。

24. 契丹學國際學術研討會在赤峰賓館召開，赤峰學院學報（漢文哲學社會科學版），2012 年第 9 期。

25. 學者建議設立「契丹學」，楊賽，中國社會科學報，2012 年 8 月 27 日 A02 版。

26. 中國‧赤峰首屆契丹學國際學術研討會綜述，李俊義、袁剛，中國史研究動態，2012 年第 6 期。

27. 「大家」薈集遼上京，王未想，遼上京文化遺產（總第 4 期），2012 年 12 月 15 日。

28. 第二屆契丹學國際學術研討會在赤峰市召開，松州學刊，2014 年第 4 期。

29. 契丹考古學國際研究中心揭牌儀式在我校舉行，赤峰學院學報（漢文哲學社會科學版），2015 年第 2 期。

30. 我校契丹遼文化研究院成立，赤峰學院學報（漢文哲學社會科學版），2013 年第 8 期。

31. 內蒙古契丹遼文化研究會第三屆常務理事會暨研究成果轉化、開發研討會日前舉行，赤峰學院學報（漢文哲學社會科學版），2013 年第 11 期。

32. 內蒙古契丹遼文化研究會第三屆常務理事會會議在我校召開，赤峰學院學報（漢文哲學社會科學版），2015 年第 5 期。

33. 內蒙古紅山文化暨契丹遼文化研究基地招標項目評審會在我校舉行，王豔麗，赤峰學院學報（漢文哲學社會科學版），2013 年第 6 期。

34. 中國・平泉第二屆契丹文化研討會舉行，管陳子、陳彥華，承德日報，2013 年 8 月 20 日第 1 版。

35. 「十至十二世紀東亞都城和帝陵考古與契丹遼文化國際學術研討會」會議紀要，汪盈、董新林，中國文物報，2013 年 9 月 27 日第 6 版。

36. 海內外學者研討契丹遼代都城和帝陵考古發現，汪盈、馬東啟，中國遼夏金研究年鑒 2013，中國社會科學出版社，2015 年。

37. 首屆全國契丹文字及相關領域學術研討會綜述，華西語文學刊（第八輯），四川文藝出版社，2013 年。

38. 第二屆契丹文字及相關領域學術研討會綜述，華西語文學刊（第八輯），四川文藝出版社，2013 年。

39. 「遼金元文學研討會暨中國遼金文學學會第六屆年會」在蘭州召開，毛巧暉，民族文學研究，2011 年第 5 期。

40. 「第十屆中國多民族文學論壇暨中國遼金文學學會第七屆年會」召開，民族文學研究，2013 年第 6 期。

41. 遼金元瓷器的整合研究——記 2010 吉林大學考古學術論壇，國際學術動態，2011 年第 4 期。

42. 遼宋金時期新疆歷史學術研討會綜述，齊新，西域研究，2013 年第 1 期。

43. 史學界深入研討遼金史的歷史地位，唐紅麗，中國社會科學報，2013 年 8 月 7 日 A02 版。

44. 「中國地域性遼金史學術研討會」會議綜述，史地，東北史地，2013 年第 5 期。

45. 我校召開「首屆中國地域性遼金史學術研討會」，彭立人，白城師範學院學報，2013 年第 4 期。

46. 首屆中國地域性遼金史學術研討會綜述，汪澎瀾，遼金西夏研究年鑒 2013，中國社會科學出版社，2015 年。

47. 遼寧省遼金契丹女眞史研究會第二屆會員代表大會暨學術研討會綜述，遼金歷史與考古（第五輯），遼寧教育出版社，2014 年。

48. 「金代錢幣」專題研討會在牡丹江市召開，中錢秘，中國錢幣，2013 年第 5 期。

49. 紀念金中都建都 860 週年學術研討會，北京文史，2013 年第 4 期。

50. 「金毓黻與東北邊疆史地研究論壇」綜述，沈一民、何欣欣、于沛昊，學術交流，2015 年第 1 期。

51. 首屆遼金史高級論壇綜述，王恩山，遼金西夏研究年鑑 2013，中國社會科學出版社，2015 年。

52. 釋迦塔佛教文化研討會綜述，豐開罡，釋迦塔遼金佛教與舍利文化，宗教文化出版社，2012 年。

53. 「金祖先人與小興安嶺歷史文化研討會」會議綜述，王欣，東北史研究，2012 年第 4 期。

54. 「金源文化與哈爾濱」專家研討會會訊，尹宏鋒，東北史研究，2012 年第 1 期。

55. 金源文化研究迎來新契機，郝欣‧曾江，中國社會科學報，2013 年 7 月 24 日 A02 版。

56. 全真道與老莊學研究的新進展——第二屆全真道與老莊學國際學術研討會述要，劉固盛，世界宗教研究，2012 年第 3 期。

（三）學者介紹

1. 憶陳述先生的學術活動，景愛，東北史地，2011 年第 3 期。

2. 陳述與當前遼金史研究的進展，宋德金，中國社會科學報，2011 年 11 月 17 日第 18 版。

3. 陳述：為達斡爾人正源，吳剛，中國民族報，2011 年 10 月 21 日第 7 版。

4. 唐長孺教授眼中的陳述先生，景愛，中國社會科學報，2011 年 5 月 31 日第 18 版。

5. 陳述先生民國年間論著敘錄，景愛，遼金歷史與考古（第三輯），遼寧教育出版社，2011 年。

6. 陳述先生的學術活動，景愛，遼金西夏研究 2010，同心出版社，2012 年。

7. 宗師百年　德識永誌——紀念陳述先生百年誕辰，陳志貴，遼金西夏研究 2011，同心出版社，2013 年。

8. 深切緬懷陳述先生，孟志東，遼金西夏研究 2011，同心出版社，2013 年。

9. 歷史語言研究所與陳述的遼金史研究，張峰，淮陰師範學院學報（哲學社會科學版），2014 年第 5 期。

10. 陳述先生與金史研究，景愛，東北史研究，2014 年第 2 期。

11. 陳述先生的學術成就和學術思想，景愛，遼金西夏研究 2011，同心出版社，2013 年。

12. 陳述先生整理遼文獻的主要成就，郭康松，遼金西夏研究 2011，同心出版社，2013 年。

13. 建國以後陳述先生論著敘錄，景愛，遼金歷史與考古（第四輯），遼寧教育出版社，2013 年。

14. 著名民族歷史語言學家金啓孮先生（上），凱和，東北史地，2015 年第 6 期。

15. 金毓黻遼金史研究學術年譜，楊雨舒，遼金西夏研究 2012，同心出版社，2014 年。

16. 閻萬章先生生平簡歷和學術活動年表，王綿厚，遼金西夏研究 2010，同心出版社，2012 年。

17. 漆俠先生與遼夏金史研究，劉雲軍，漆俠與歷史學——紀念漆俠先生逝世十週年文集，河北大學出版社，2012 年。

18. 蔡美彪先生簡歷及著述簡目，柴怡贇，遼金西夏研究 2010，同心出版社，2012 年。

19. 張博泉先生與遼金史研究，程妮娜，淮陰師範學院學報（哲學社會科學版），2013 年第 3 期。

20. 張博泉的金史研究，劉肅勇，中國社會科學報，2015 年 5 月 4 日 B03 版。

21. 舊賞回頭已隔年，高花又見出新妍——周惠泉先生學術評傳，王永，天中學刊，2012 年第 3 期。

22. 金源東史兩綿聯，一體中華從此出——論張博泉先生的遼金史研究，王彥力，遼金西夏研究 2012，同心出版社，2014 年。

23. 馮繼欽小傳，張儒婷，遼金西夏研究 2012，同心出版社，2014 年。

24. 王靜如先生對契丹文字的學術貢獻，劉鳳翥，西夏學（第九輯），上海古籍出版社，2014 年。

25. 懷念楊樹森先生，景愛，中國社會科學報，2014 年 5 月 19 日 B03 版。

26. 緬懷楊樹森先生，景愛，遼金西夏研究年鑒 2013，中國社會科學出版社，2015 年。

27. 世上空驚故人少　集中唯覺祭文多——師從楊森先生編注《遼代石刻文編》始末，李宇峰，遼金歷史與考古（第五輯），遼寧教育出版社，2014 年。

28. 憶向南，宋德金，中國遼夏金研究年鑒 2013，中國社會科學出版社，2015 年。

29. 鍾情遼代石刻　無私嘉惠學林——深切懷念著名遼史專家向南先生，張國慶，遼金歷史與考古（第五輯），遼寧教育出版社，2014 年。

30. 緬懷著名遼史專家向南先生，張國慶，遼金西夏研究 2012，同心出版社，2014 年。

31. 生命不息　科研不止——永遠懷念父親孫進己，孫泓，朝鮮・韓國歷史研究（第十五輯），延邊大學出版社，2014 年。

32. 孫進己先生科研成果目錄，孫泓，朝鮮・韓國歷史研究（第十五輯），延邊大學出版社，2014 年。

33. 「爲往聖繼絕學」——記契丹文字專家劉鳳翥，黃爲放，東北亞研究論叢（第七輯），東北師範大學出版社，2014 年。

34. 劉鳳翥先生訪談錄，陳曉偉，中國遼夏金研究年鑒 2013，中國社會科學出版社，2015 年。

35. 劉鳳翥先生在赤峰講學，張少珊，中國遼夏金研究年鑒 2013，中國社會科學出版社，2015 年。

36. 薪火相傳，誨人不倦——劉鳳翥先生在考古工地爲中青年學者授課，董新林、汪盈，中國遼夏金研究年鑒 2013，中國社會科學出版社，2015 年。

37. 魏國忠自述，魏國忠，遼金西夏研究 2010，同心出版社，2012 年。

38. 中國社會科學院民族學與人類學研究所聶鴻音研究員訪談錄，華西語文學刊（第八輯），四川文藝出版社，2013 年。

39. 赤峰學院歷史文化學院任愛君教授訪談錄，華西語文學刊（第八輯），四川文藝出版社，2013 年。

40. 張亮采，王德忠，遼金西夏研究年鑒 2013，中國社會科學出版社，2015 年。

41. 略論陳學霖的金史研究，霍明琨、張金梅，中國遼夏金研究年鑒 2013，中國社會科學出版社，2015 年。

42. 懷念于寶麟同志，劉鳳翥，中國遼夏金研究年鑑 2013，中國社會科學出版社，2015 年。

43. 走出遼金史——劉浦江先生篤行而未竟的事業，光明日報，2015 年 1 月 21 日第 14 版。

44. 有寄託　無畏懼，苗潤博，北京青年報，2015 年 1 月 12 日 B2 版。

45. 「難以置信」的學術故事，趙宇，北京青年報，2015 年 1 月 12 日 B2 版。

46. 收穫豐厚的青春——劉浦江致弟子書，劉浦江，北京青年報，2015 年 1 月 12 日 B2 版。

47. 犀利仁師　憾未竟功，陳瑤，新京報，2015 年 2 月 1 日 A09 版。

48. 劉浦江先生二三事，劉鳳翥，東方早報・上海書評，2015 年 2 月 8 日。

49. 劉浦江教授對遼金史研究的貢獻，宋德金，東方早報・上海書評，2015 年 2 月 8 日。

50. 畏友浦江，李華瑞，東方早報・上海書評，2015 年 2 月 8 日。

51. 追念劉浦江君，閻步克，東方早報・上海書評，2015 年 2 月 8 日。

52. 追思浦江，王小甫，東方早報・上海書評，2015 年 2 月 8 日。

53. 舊時的痕跡，李鴻賓，東方早報・上海書評，2015 年 2 月 8 日。

54. 一部傾注生命的《遼史》——記劉浦江教授的《遼史》修訂工作，邱靖嘉，東方早報・上海書評，2015 年 2 月 8 日。

55. 天然清流，不雜渭涇：憶劉浦江教授，鄧小南，文匯報・文匯學人，2015 年 2 月 6 日第 14 版。

56. 老淚獨吟憶浦江，王子今，文匯報・文匯學人，2015 年 2 月 6 日第 15 版。

57. 摯江灑淚送浦江，榮新江，文匯報・文匯學人，2015 年 2 月 6 日第 16 版。

58. 功在學術，雖歿猶榮，張帆，文匯報・文匯學人，2015 年 2 月 6 日第 17 ～18 版。

59. 懷念劉浦江先生，唐均，南方都市報，2015 年 4 月 8 日，RB15 版。

60. 中元之夜說浦江，羅新，東方早報・上海書評，2015 年 9 月 13 日。

61. 劉浦江的契丹小字研究，李藝，黑龍江史志，2015 年第 14 期。

（四）書評、序、出版信息

1. 10～13 世紀中國歷史的全景式展現——《遼宋西夏金代通史》簡評，孫繼民、張春蘭，人民日報，2011 年 10 月 20 日第 7 版。

2. 21 世紀遼宋西夏金史研究的里程碑式巨著——《遼宋西夏金代通史》，張春蘭，河北學刊，2012 年第 1 期。

3. 彭曉燕《歐亞歷史中的哈喇契丹》述評，邱軼皓，元史及民族與邊疆研究（第二十三輯），上海古籍出版社，2011 年。

4. 《中國歷史·喀喇汗王朝史 西遼史》讀後，周峰，民族研究，2011 年第 2 期。

5. 貴在成「一家之言」——《中國歷史·喀喇汗王朝史西遼史》評述，田衛疆，中國社會科學報，2011 年 2 月 24 日第 18 版。

6. 貴在成「一家之言」——《喀喇汗王朝史、西遼史》（修訂版）評述，田衛疆，新疆大學學報（哲學人文社會科學版），2011 年第 3 期。

7. 漢文史料與穆斯林史料的結合——魏良弢老師新版《喀喇汗王朝史、西遼史》學習札記，華濤，新疆大學學報（哲學人文社會科學版），2011 年第 3 期。

8. 《中國歷史·喀喇汗王朝史·西遼史》讀後感，奇曼·乃吉米 ‧，新疆大學學報（哲學人文社會科學版），2011 年第 3 期。

9. 我國第一部研究喀喇汗王朝專著再版——《中國歷史·喀喇汗王朝史·西遼史》評介，阿合買提·蘇來曼，新疆大學學報（哲學人文社會科學版），2011 年第 3 期。

10. 博學　慎思　篤行——讀魏良弢師《喀喇汗王朝史、西遼史》，孟楠，新疆大學學報（哲學人文社會科學版），2011 年第 3 期。

11. 《遼夏關係史》評介，周峰，遼金西夏研究 2010，同心出版社，2012 年。

12. 楊浣：《遼夏關係史》，許偉偉，華西語文學刊（第八輯），四川文藝出版社，2013 年。

13. 《遼金西夏研究年鑒 2009》評介，楊雨舒，遼金西夏研究 2010，同心出版社，2012 年。

14. 《遼金西夏研究 2010》評介，李西亞，東北史地，2012 年第 6 期。

15. 遼金西夏史研究的又一得力工具——《遼金西夏研究 2011》讀後，李西亞，遼金西夏研究 2012，同心出版社，2014 年。

16. 肖愛民《遼朝政治中心研究》評介，剛巴圖，赤峰學院學報（漢文哲學社會科學版），2015 年第 6 期。

17. 金毓黻《宋遼金史》研究，趙岩，黑龍江大學碩士學位論文，2014 年。

18. 讀宋德金先生《一本書讀懂遼金》，劉傑，北方文物，2013 年第 3 輯。

19. 《劍橋中國史》中的金史研究，陳晨，黑龍江大學碩士學位論文，2014 年。

20. 《遼金元史十五講》，婁建勇，書品，2011 年第 6 期。

21. 不羈之忠——評介 Naomi Standen, Unbounded Loyalty：Frontier Crossings in Liao China，吳國聖，（臺灣）新史學，第 22 卷第 3 期，2011 年 9 月。

22. La steppe et l'empire: La formation de la dynastie Khitan（Liao） IVe–Xe siècle by Pierre Marsone（review），François Louis, *Journal of Song-Yuan Studies*, Volume 43, 2013.

23. China as a Sea Power 1127–1368 by Lo Jung-Pang（review），Derek Heng, *Journal of Song-Yuan Studies*, Volume 43, 2013.

24. Cultural Authority and Political Culture in China: Exploring Issues with the Zhongyong and the Daotong during the Song, Jin and Yuan Dynasties by Christian Soffel and Hoyt Cleveland Tillman（review），Peter Bol, *Journal of Song-Yuan Studies*, Volume 43, 2013.

25. 20 世紀歐美學界的女眞研究——以《女眞統治下的中國：金代思想與文化史》爲例，霍明琨、武志明，東北史地，2011 年第 1 期。

26. 《女眞統治下的中國：金代思想與文化史》——西方學界金史研究的第一個黃金時代，霍明琨，遼金史論集（第十二輯），吉林大學出版社，2012 年。

27. 評《經略幽燕：宋遼戰爭軍事災難的戰略分析》，王化雨，北大史學（第 18 輯），北京大學出版社，2013 年。

28. 書評：經略幽燕——宋遼戰爭軍事災難的戰略分析，黃英士，（臺灣）華岡史學（創刊號），2013 年 12 月。

29. 關注現實 重視歷史——評李谷城遺著《遼代南京留守研究》，宋德金，南方都市報，2013 年 11 月 24 日 GB22 版。

30. 評李谷城遺著《遼代南京留守研究》，宋德金，遼金史研究通訊，2012～2013 合刊。

31. 關注現實 重視歷史——評李谷城遺著《遼代南京留守研究》，宋德金，中國遼夏金研究年鑒 2013，中國社會科學出版社，2015 年。

32. 宋遼金元歷史文化遺產與保定社會經濟發展（代序），姜錫東，保定宋遼歷史文化遺產及其開發研究，河北大學出版社，2015 年。

33. 斷代遼寧地方史的新成就：肖忠純先生《遼代遼寧史地研究》讀後，王彥力，遼寧行政學院學報，2013 年第 11 期。

34. 辯證與求實：《遼金黃龍府叢考》評介，高福順，延邊大學學報（社會科學版），2015 年第 1 期。

35. 《遼金黃龍府叢考》讀後，李一、金愉，東北史地，2015 年第 4 期。

36. 新刊紹介　飯山知保著『金元時代の華北社會と科挙制度：もう一つの士人層』，史滴（33），2011 年 12 月。

37. 飯山知保著《金元時代の華北社會と科舉制度：もう一つの「士人層」》，渡辺健哉，東洋史研究（71-4），2013 年。

38. 《遼代石刻文續編》讀後，愛新覺羅·烏拉熙春，東北史地，2011 年第 1 期。

39. 《遼代石刻文續編》訂止與補注，葛華廷、土土亭，遼金史研究通訊，2012～2013 合刊。

40. 《遼代石刻文續編》訂正與補注，葛華廷、王玉亭，遼金歷史與考古（第五輯），遼寧教育出版社，2014 年。

41. 《遼代石刻文續編》訂正與補注，葛華廷、王玉亭，契丹學論集（第一輯），內蒙古人民出版社，2015 年。

42. 《遼代石刻文續編》校點舉誤，李孝蓉，青年作家，2014 年第 20 期。

43. 《遼代石刻文續編》校注商榷，周阿根，江海學刊，2013 年第 2 期。

44. 劉鳳翥、唐彩蘭、青格勒：《遼上京出土的遼代碑刻彙輯》，吉如何，華西語文學刊（第八輯），四川文藝出版社，2013 年。

45. 《內蒙古遼代石刻文研究》（增訂本）補正，李宇峰，地域性遼金史研究（第一輯），中國社會科學出版社，2014 年。

46. 《內蒙古遼代石刻文研究》（增訂本）補正，李宇峰，東北史研究，2014 年第 4 期。

47. 《契丹小字的新資料》讀後，聶鴻音，滿語研究，2011 年第 2 期。

48. 吳英喆：『契丹小字新発見資料釈読問題』，宮海峰，華西語文學刊（第八輯），四川文藝出版社，2013 年。

49. 四十二載苦堅守 春華秋實凝碩果——《契丹文字研究類編》出版，康鵬，書品，2015 年第 3 期。

50. 五十餘年寫一書，甘苦欣慰誰人知——劉鳳翥與《契丹文字研究類編》的半世緣，張少珊，中國社會科學報，2015 年 5 月 8 日。

51. 關於康丹的《契丹語與契丹文》，彭轄茹罕，（韓國）北方文化研究（第 6 期），2015 年 12 月。

52. 即實：《謎田耕耘——契丹小字解讀續》，康鵬，華西語文學刊（第八輯），四川文藝出版社，2013 年。

53. 《金代石刻輯校》評介，孫建權，北方文物，2012 年第 1 期。

54. 《全金石刻文輯校》評價，石克，遼金西夏研究年鑒 2013，中國社會科學出版社，2015 年。

55. 歷史上的蕭太后與蕭太后的歷史——《歷史上的蕭太后》評介，李西亞，黑龍江民族叢刊，2011 年第 2 期。

56. 還原真實的金兀朮——評《歷史上的金兀朮》再版，苗天娥，中國文物報，2014 年 11 月 21 日第 4 版。

57. 走近真實金兀朮，瞭解金宋關係史——《歷史上的金兀朮》讀後，李西亞，遼金西夏研究年鑒 2013，中國社會科學出版社，2015 年。

58. 《文明碎片——中國東北地區遼、金、契丹、女真歷史遺跡與遺物考》書評，王文軼，滿族研究，2015 年第 2 期。

59. 對公眾考古「公眾闡釋」哲學思想背景的一點思考——《走進考古 步入宋金》讀後，王換鴿、丁金龍，文物世界，2013 年第 6 期。

60. 《大興北程莊墓地：北魏、唐、遼、金、清代墓葬發掘報告》簡介，雨珩，考古，2011 年第 2 期。

61. 《關山遼墓》簡介，葉知秋，考古，2012 年第 6 期。

62. 《關山遼墓》評介，李宇峰，遼金西夏研究 2012，同心出版社，2014 年。

63. 《內蒙古遼代壁畫》讀後，陳曉敏，遼金西夏研究 2010，同心出版社，2012 年。

64. 讀《汾陽東龍觀宋金壁畫墓》雜感，程義，中國文物報，2013 年 8 月 16 日第 4 版。

65. 《北京金代皇陵》評述，姚慶、張童心，北京文博文叢，2015 年第 4 輯。

66. 俄羅斯濱海邊疆區金代文物集釋——讀《俄羅斯濱海邊疆區女眞文物集粹》札記，彭善國，邊疆考古研究（第 16 輯），科學出版社，2015 年。

67. 《俄羅斯濱海邊疆區渤海文物集萃》與《俄羅斯濱海邊疆區女眞文物集萃》讀後，馮恩學，中國文物報，2013 年 8 月 9 日第 4 版。

68. 北東アジア地域社會史研究の新たな一步：中澤寬將著《北東アジア中世考古學の研究：靺鞨・渤海・女眞》，高井康典行，東方（389），2013 年 7 月。

69. 評《中國遼瓷研究》，景愛，遼金歷史與考古（第三輯），遼寧教育出版社，2011 年。

70. 平成版 中國陶磁見聞錄（21）契丹國のやきもの，弓場紀知，紫明（30），2012 年 3 月。

71. 遼代金銀器造型藝術文化內涵的闡釋——讀《遼代金銀器研究》有感，劉朝暉，大連大學學報，2012 年第 1 期。

72. 達斡爾族源新論，景愛，中國社會科學報，2011 年 12 月 8 日第 8 版。

73. 鉤沉石刻文字 細寫佛教文化　略評張國慶《佛教文化與遼代社會》，向南，內蒙古社會科學（漢文版），2012 年第 4 期。

74. 遼西地區文化研究進展——評《朝陽佛教史》，李勤璞，遼金歷史與考古（第三輯），遼寧教育出版社，2011 年。

75. 金元全眞道研究的深入與拓展——評張廣保教授《金元全眞教史新研究》，趙衛東，全眞道研究（第三輯），齊魯書社，2013 年。

76. 何種仙史？誰爲正宗？——讀景安寧新著《道教全眞派宮觀、造像與祖師》，秦國帥，全眞道研究（第三輯），齊魯書社，2013 年。

77. 縝密思考　益於探索——《金代商業經濟研究》讀後，宋德金，中國社會科學報，2012 年 4 月 11 日 A05 版。

78. 金代經濟史研究的突破之路——王德朋教授新著《金代商業經濟研究》讀後，吳鳳霞，北方文物，2012 年第 3 期。

79. 尋找金代經濟史研究的突破之路——王德朋教授新著《金代商業經濟研究》讀後，吳鳳霞，遼金西夏研究 2012，同心出版社，2014 年。

80. 勾稽耙梳 精深研究——評《金代商業經濟研究》，劉肅勇，東北史地，2013 年第 6 期。

81. 《宋遼金元方志輯佚》出版，樊譽，滄桑，2012 年第 1 期。

82. 《遼金歷史與考古》書後，景愛，遼金西夏研究 2010，同心出版社，2012 年。

83. 《契丹學專輯》述評，袁香琴，中國文字研究（第二十輯），上海書店出版社，2014 年。

84. 張博泉著《甫白文存》評介，宋卿，北方文物，2012 年第 1 期。

85. 漆俠先生的遼金史研究——《漆俠全集》讀後，王善軍，漆俠與歷史學——紀念漆俠先生逝世十週年文集，河北大學出版社，2012 年。

86. 《王承禮文集》代序，李亞泉，遼金西夏研究 2010，同心出版社，2012 年。

87. 《王承禮文集》後記，遼金西夏研究 2010，同心出版社，2012 年。

88. 《陽都集》評介，陳婷婷、高著軍，大連大學學報，2012 年第 5 期。

89. 《達斡爾族源於契丹論》書後，景愛，遼金西夏研究 2010，同心出版社，2012 年。

90. 金源文史研究的必備導航——《金代人物傳記資料索引》出版，名作欣賞，2012 年第 34 期。

91. 日本學者三上次男的《金代女眞研究》，孫洪宇，黑龍江大學碩士學位論文，2013 年。

92. 《宋遼金元建制城市研究》讀後，于德源，北京文博文叢，2013 年第 4 期。

93. 品讀通俗故事領略遼金歷史——《橫掃千軍如卷席——女眞滅遼的故事》評介，楊衛東，博覽群書，2014 年第 11 期。

94. 書評：宋金元代文化權威與政治文化，鄭丞良，漢學研究（32 卷 2 期），2014 年 6 月。

95. 宋金元美學史研究的新開拓——評潘立勇教授等新著《中國美學通史·宋金元卷》，李永莒，浙江社會科學，2014 年第 9 期。

96. 歷史的責任——做好契丹遼文化研究——《契丹遼文化論集》序，孫國軍，赤峰日報，2014 年 12 月 6 日第 3 版。

97. 鄉獻證史論風流——《金代泰山文士研究》述評，李志剛，泰山學院學報，2015 年第 4 期。

98. 泰山文獻研究的新突破——評聶立申先生著《金代名士黨懷英研究》，李貞光，白城師範學院學報，2015 年第 10 期。

99. 近百年來日本中國史研究著作中遼金史相關內容提要──《20世紀以來日本中國史學著作編年》讀後感，陳俊達、李碧瑤，赤峰學院學報（漢文哲學社會科學版），2015年第1期。

100. 文化的旅程與心靈的洗禮──讀王禹浪先生《金源文化研究》有感，寇博文，哈爾濱學院學報，2015年第9期。

101. 金史研究領域的重要成果──《金源文化辭典》讀後，齊心，中國文物報，2015年12月29日總第2402期第7版。

102. 金史研究領域的鴻篇巨著──評《金源文化辭典》，王禹浪、王俊錚，哈爾濱學院學報，2015年第8期。

103. 《遼代文學史》，陳才智，中國文學年鑒，2011年。

104. 評張晶教授新著《中國詩歌通史（遼金元卷）》──以契丹詩人的詩歌創作爲中心，張卓群，五臺山，2013年第1期。

105. 還原游牧民族文學生態──評析《中國詩歌通史‧遼金元卷》，董希平，中國出版，2013年第18期。

106. 第一部全面深入研究金代散文的力作──評王永的《金代散文研究》，劉城，民族文學研究，2013年第3期。

107. 金代文學研究的新創獲──讀王慶生《金代文學編年史》，路元敦，遼金西夏研究年鑒2013，中國社會科學出版社，2015年。

108. 邊界抑或中心？──讀《宋金文學的交融與演進》，鄒春秀，中華讀書報，2013年12月11日第15版。

109. 文心史識開生面　剝繭抽絲任縱橫──評胡傳志《宋金文學的交融與演進》，鄭虹霓，中國韻文學刊，2015年第4期。

110. 開拓創新　勇於闢新──評胡傳志教授的《宋金文學的交融與演進》，左洪濤，遼金西夏研究年鑒2013，中國社會科學出版社，2015年。

111. 《全編宋人使遼詩與行紀校注考》序言，景愛，遼金西夏研究2012，同心出版社，2014年。

112. 王輝斌《宋金元詩通論》述評，蕭曉陽，寧夏師範學院學報，2012年第1期。

113. 北方民族政權歷史文化認同的典型案例──《遼金元史學研究》評價，高福順，遼寧工程技術大學學報（社會科學版），2011年第1期。

114. 胡忌《宋金雜劇考》研究，趙國棟，上海戲劇學院碩士學位論文，2012 年。

115. 《佛禪與金朝文學》序言，劉達科，遼金西夏研究 2010，同心出版社，2012 年。

116. 拓展金文學研究疆域的思考——從《佛禪與金朝文學》談起，周惠泉，社會科學戰線，2011 年第 6 期。

117. 拓展金文學研究疆域的思考——從《佛禪與金朝文學》談起，周惠泉，遼金西夏研究 2010，同心出版社，2012 年。

118. 中國古代文學研究的重要創獲——《佛禪與金朝文學》評介，姜劍雲，遼金西夏研究 2010，同心出版社，2012 年。

119. 誰是詩中疏鑿手——評狄寶心《元好問詩編年校注》，胡傳志，晉陽學刊，2012 年第 1 期。

120. 《元好問詩編年校注》讀後，顏慶餘，書品，2012 年第 2 期。

121. 評方滿錦《元好問〈論詩三十首〉研究》，狄寶心，民族文學研究，2015 年第 1 期。

122. 評方滿錦《元好問〈論詩三十首〉研究》，狄寶心，遼金西夏研究年鑒 2013，中國社會科學出版社，2015 年。

123. 評冀勤先生的《金元明人論杜甫》，劉尚榮，杜甫研究學刊，2015 年第 2 期。

124. 完整再現契丹先民畫卷——評歷史小說「消失的草原帝國」系列，張無為、孫國軍，赤峰學院學報（漢文哲學社會科學版），2012 年第 1 期。

（五）目錄索引

1. 遼史論著目錄，周峰，遼金西夏研究 2011，同心出版社，2013 年。

2. 金史論著目錄，周峰，遼金西夏研究 2011，同心出版社，2013 年。

3. 2010 年遼金史論著目錄，周峰，遼金西夏研究 2010，同心出版社，2012 年。

4. 2011 年遼金史論著目錄，周峰，遼金歷史與考古（第四輯），遼寧教育出版社，2013 年。

5. 2012 年遼史論著目錄，周峰，遼金西夏研究 2012，同心出版社，2014 年。

6. 2012 年金史論著目錄，周峰，遼金西夏研究 2012，同心出版社，2014 年。

7. 2013 年遼金史論著目錄，周峰，中國遼夏金研究年鑒 2013，中國社會科學出版社，2015 年。

8. 2013 年遼史論著目錄，王德忠、紀楠楠，遼金西夏研究年鑒 2013，中國社會科學出版社，2015 年。

9. 2013 年金史論著目錄，白剛，遼金西夏研究年鑒 2013，中國社會科學出版社，2015 年。

10. 21 世紀遼史研究論著目錄——2014 年（上），陳俊達、孫國軍，赤峰學院學報（漢文哲學社會科學版），2015 年第 7 期。

11. 21 世紀遼史研究論著目錄——2014 年（下），陳俊達、孫國軍，赤峰學院學報（漢文哲學社會科學版），2015 年第 8 期。

12. 2012 年阿城第二屆金上京歷史文化暨第十一屆中國遼金契丹女眞史學術研討會論文目錄，遼金史論集（第十二輯），中國社會科學出版社，2013 年。

13. 二〇一二年宋遼夏金文化研究論著目錄，干蓉蓉，宋代文化研究（第 20 輯），四川大學出版社，2013 年。

14. 2000～2012 年日本遼金史研究論著目錄，孫昊，遼金西夏研究 2012，同心出版社，2014 年。

15. 20 世紀金宋關係史論著目錄——建國前，陳俊達、隋昕言，赤峰學院學報（漢文哲學社會科學版），2014 年第 10 期。

16. 《女眞語言文字研究》論著目錄，郭長海，遼金西夏研究 2010，同心出版社，2012 年。

三、史料與文獻

（一）《遼史》、《金史》

1. 關於遼金元三史校點的討論——與翁獨健談話紀要，趙守儼，書品，2011 年第 2 期。

2. 本組對於遼金元三史校點問題的討論，書品，2011 年第 2 期。

3. 遼金元三史校點工作座談紀要，書品，2011 年第 2 期。

4. 清初遼、金、元三史滿文、蒙古文翻譯研究述評，烏蘭巴根，民族研究，2011 年第 4 期。

5. 《補遼金元藝文志》、《補三史藝文志》著錄小說集解，屈紅梅，華中師範大學碩士學位論文，2012 年。

6. 遼、金、元三《史》讀箚，周春健，現代哲學，2013 年第 4 期。

7. 耶律儼《皇朝實錄》與《遼史》，楊軍，史學史研究，2011 年第 3 期。

8. 《遼史》覆文續考，任文彪，遼金歷史與考古國際學術研討會論文集（下），遼寧教育出版社，2012 年。

9. 《遼史》覆文再探——以《楊晳傳》和《楊績傳》爲例，陳曉偉，中國史研究，2012 年第 2 期。

10. 《遼史》「楊晳（績）」考辨，陳曉偉，遼金史論集（第十二輯），吉林大學出版社，2012 年。

11. 《遼史·太祖紀》征渤海事獻疑，陳曉偉，中國史研究，2015 年第 3 期。

12. 遼史世表疏証，吉本道雅，京都大學文學部研究紀要（50），2011 年 3 月。

13. 《遼史·世表》史源考，李月新，赤峰學院學報（漢文哲學社會科學版），2011 年第 8 期。

14. 《遼史》公主表新補，李宇峰，東北史研究，2011 年第 4 期。

15. 遼史外戚表新補，李宇峰，東北史研究，2012 年第 3 期。

16. 補遼漢臣世系表，向南，遼金歷史與考古（第三輯），遼寧教育出版社，2011 年。

17. 《補遼漢臣世系表》續，李宇峰，遼金歷史與考古（第五輯），遼寧教育出版社，2014 年。

18. 遼史皇子表補正，谷麗芬，遼寧省博物館館刊（2013），遼海出版社，2014 年。

19. 《遼史・部族表》探析，張宏利、劉璐，遼寧工程技術大學學報（社會科學版），2014 年第 6 期。

20. 《遼史・地理志》辯誤，李錫厚，隋唐遼宋金元史論叢（第四輯），上海古籍出版社，2014 年。

21. 《遼史・地理志》東京遼陽府條記事謬誤探源，姜維公，中國邊疆史地研究，2011 年第 2 期。

22. 《遼史・地理志》東京遼陽府條記事謬誤探源，姜維公，遼金史論集（第十二輯），吉林大學出版社，2012 年。

23. 《遼史・地理志》東京遼陽府條小考——10～14 世紀遼東歷史地理的認識，吉本道雅，遼金歷史與考古國際學術研討會論文集（上），遼寧教育出版社，2012 年。

24. 《遼史・地理志》東京道建置釐正，馮永謙，遼金歷史與考古國際學術研討會論文集（上），遼寧教育出版社，2012 年。

25. 釋《遼史》「寧邊州，本唐隆鎮」說，楊浣、許偉偉，遼金史論集（第十二輯），吉林大學出版社 2012 年。

26. 《遼史・百官志》之史源、編纂及史料價值——兼論遼朝職官體系之復原，林鵠，國學研究（第 31 卷），北京大學出版社，2013 年。

27. 《遼史・百官志》南面官考正，林鵠，隋唐遼宋金元史論叢（第三輯），上海古籍出版社，2013 年。

28. 《遼史・百官志》補遺二則，秋風，遼寧大學學報（哲學社會科學版），2011 年第 4 期。

29. 《遼史》「屬國軍」條與「北面屬國官」條編纂述論，張宏利、劉璐，綏化學院學報，2015 年第 2 期。

30. 《遼史‧兵衛志》南京丁數辨正，趙宇，中國史研究，2014 年第 3 期。

31. 《遼史‧食貨志》所載遼代海事證誤，田野，古籍整理研究學刊，2013 年第 2 期。

32. 《遼史》所見祖沖之《大明曆》的文獻價值發覆，邱靖嘉，文獻，2012 年第 2 期。

33. 《遼史‧曆象志》溯源——兼評晚清以來傳統曆譜的系統性缺陷，邱靖 嘉，中華文史論叢，2012 年第 4 期。

34. 《遼史》「阻卜」名稱的演變，那順烏力吉，西部蒙古論壇，2011 年第 4 期。

35. 「耶律宗元」在《遼史》中作「耶律重元」考，肖乃鉥，遼金歷史與考 古國際學術研討會論文集（下），遼寧教育出版社，2012 年。

36. 《遼史‧姦臣傳》、《逆臣傳》傳目辨析，苗潤博，中國史研究，2013 年 第 2 期。

37. 點校本《遼史》糾誤二則，陳曉偉，中國史研究，2013 年第 2 期。

38. 《遼史》校正一則，陳俊達，黑河學院學報，2015 年第 3 期。

39. 遼朝何以「雄長二百餘年」——《遼史》論贊相關議論探究，吳鳳霞， 內蒙古社會科學（漢文版），2013 年第 3 期。

40. 《遼史‧國語解》「嫗娘改」條辨正，康鵬，中國史研究，2013 年第 2 期。

41. 勘正《金史‧太祖紀》標點之錯一則，劉肅勇，江海學刊，2011 年第 6 期。

42. 《金史》校點工作進行情況與問題，書品，2011 年第 5 期。

43. 《金史》正誤十則，孫建權，書品，2011 年第 3 期。

44. 《金史‧百官志》統軍司條探析，王嶠，齊齊哈爾師範高等專科學校學 報，2011 年第 6 期。

45. 沙剌班與《金史》編修，尚衍斌，史學史研究，2011 年第 3 期。

46. 王鶚與元代金史撰述，趙梅春，史學集刊，2011 年第 6 期。

47. 《金史‧循吏傳》校正一則，孫建權，江海學刊，2012 年第 2 期。

48. 《金史》中茶葉史料簡析，趙國棟，中國茶葉，2012 年第 6 期。

49. 清乾隆時期《金史》修訂始末，魏影，遼金史論集（第十二輯），吉林大 學出版社，2012 年。

50. 《金史‧兵志》辨正二則，康鵬，隋唐遼宋金元史論叢（第三輯），上海 古籍出版社，2013 年。

51. 《金史・選舉志》銓選用詞考釋，李鳴飛，史學集刊，2013 年第 3 期。

52. 《金史・完顏晏傳》封爵史料勘誤一則，孫紅梅，中國史研究，2013 年第 2 期。

53. 宋史與金史敘事之比較研究，劉秀娟，（臺灣）玄奘大學碩士學位論文，2013 年。

54. 中華書局校點本《金史》訛誤補勘，孫孝偉、李玉紅、劉傳龍，黑龍江史志，2014 年第 11 期。

55. 中華書局校點本《金史・趙秉文傳》證誤，孫孝偉、劉傳龍，黑龍江史志，2014 年第 9 期。

56. 《金史》點校闕誤三則，李鳴飛，中國史研究，2014 年第 3 期。

57. 《金史》勘誤一則，和談，中國史研究，2014 年第 3 期。

58. 《金史・完顏安國傳》校正一則，白剛，黑龍江民族叢刊，2014 年第 1 期。

59. 《金史・內族襄傳》勘誤一則，白剛，黑龍江史志，2014 年第 3 期。

60. 釋《金史》「豪剌唐古」，陳曉偉、孫昊，民族研究，2014 年第 1 期。

61. 《金史》「留哥」史事考辨，陳俊達，綏化學院學報，2014 年第 5 期。

62. 《金史》封爵史料勘誤補遺四則，孫紅梅，北方文物，2014 年第 2 期。

63. 不同版本《金史》「蒲峪路」名稱考，魏影，北方文物，2014 年第 3 期。

64. 《金史》闕載耶律履使宋事跡考補，和談，內蒙古大學學報（哲學社會科學版），2014 年第 4 期。

65. 中華書局點校本《金史・宗室表》考證，宋卿，北方文物，2015 年第 3 期。

66. 《金史・張浩傳》補正三則，劉肅勇，江海學刊，2015 年第 6 期。

（二）其它史料與文獻

1. 《俄藏黑水城文獻》通理大師著作考，馮國棟、李輝，遼金佛教研究，金城出版社，2012 年。

2. 契丹國志疏證，吉本道雅，京都大學文學部研究紀要（51），2012 年 3 月。

3. 關於張棣《金虜圖經》的幾個問題，孫建權，文獻，2013 年第 2 期。

4. 《大金國志・京府州軍》記事繫年辨正，孫建權，東北史地，2014 年第 3 期。

5. 俄藏黑水城金代文獻的數量、構成及其價值，孫繼民，敦煌研究，2012年第 2 期。

6. 李有棠與《遼史紀事本末》，單冬冬，安徽大學碩士學位論文，2012 年。

7. 《焚椒錄》及其史料價值考釋，尤李，古籍整理研究學刊，2011 年第 6 期。

8. 《焚椒錄》及其真偽問題研究，肖乃鍼，北京大學碩士學位論文，2013 年。

9. 《三朝北盟會編》與解釋性報導的寫作，馮瑞珍、王彩梅，探寫編，2011年第 3 期。

10. 獨創的「會編體」——《三朝北盟會編》編輯體例探析，馮瑞珍，東南傳播，2011 年第 4 期。

11. 《三朝北盟會編》異文類型研究，羅舒，編輯之友，2012 年第 4 期。

12. 《三朝北盟會編》引書數量及相關問題，湯勤福，史學史研究，2013 年第 4 期。

13. 宋《國史·契丹傳》考略，顧宏義、鄭明，遼金史論集（第十三輯），中國社會科學出版社，2013 年。

14. 宋人筆記中契丹史料的價值，呂富華，契丹學論集（第二輯），內蒙古人民出版社，2015 年。

15. 《涑水記聞》中契丹史料輯錄，呂富華，赤峰學院學報（漢文哲學社會科學版），2014 年第 8 期。

16. 《松漠記聞》版本源流考，康鵬，遼金歷史與考古國際學術研討會論文集（下），遼寧教育出版社，2012 年。

17. 《遼東行記》：展現十三世紀東北風情的社會畫卷，張懷宇，文藝評論，2014 年第 10 期。

18. 《遼東行部志》史料價值研究，王嶠，綏化學院學報，2015 年第 9 期。

19. 《歸潛志》研究，李榮榮，山西師範大學碩士學位論文，2012 年。

20. 劉祁《歸潛志》研究，王文卓，黑龍江大學博士學位論文，2014 年。

21. 淺析《歸潛志》的成書和體例，張慧敏，河北北方學院學報（社會科學版），2015 年第 5 期。

22. 王鶚《汝南遺事》成書年代辨，趙梅春，鄭州大學學報（哲學社會科學版），2013 年第 5 期。

23. 《孝經直解》作者考，歐陽縈雪，濮陽職業技術學院學報，2012 年第 6 期。

24. 《儒門事親》的卷帙問題，薛瑞兆，文史知識，2014 年第 2 期。

25. 《東垣老人傳》考釋，李浩楠，北方文物，2012 年第 3 期。

26. 金代《禮部韻略》及相關韻書研究，張民權、田迪，中國語言學報（第 16 期），商務印書館，2014 年。

27. 一部珍貴的金代書法文獻——《草書韻會》，薛瑞兆，文史知識，2012 年第 9 期。

28. 《全遼文》校勘商榷，周阿根，江海學刊，2014 年第 2 期。

29. 遼代遺文的搜集整理和研究，景愛，遼金歷史與考古國際學術研討會論文集（下），遼寧教育出版社，2012 年。

30. 《金文最》校箚——署名問題及其它，薛瑞兆，江蘇大學學報（社會科學版），2011 年第 1 期。

31. 補《金文最》缺字脫字 15 例——以石刻文獻資料爲據，王新英，東北史研究，2015 年第 3 期。

32. 《全遼金文》校補——孟攀鱗生平、交遊及佚文輯考，羅海燕，集寧師專學報，2011 年第 1 期。

33. 《全遼金文》輯佚 11 篇，羅海燕，西南交通大學學報（社會科學版），2011 年第 5 期。

34. 《全遼金文》校勘商榷，周阿根，江海學刊，2012 年第 4 期。

35. 《全遼金文》校勘商補，周阿根，江海學刊，2012 年第 5 期。

36. 《全遼金文》校點補正，周阿根，江海學刊，2013 年第 6 期。

37. 金元莊學文獻考，李瑞振，圖書館學刊，2011 年第 1 期。

38. 金代石刻文獻對《金史》中官職的補正，程俊東，北方文物，2012 年第 1 期。

39. 王圻《續文獻通考》與遼金典制，毛春偉，遼金歷史與考古國際學術研討會論文集（下），遼寧教育出版社，2012 年。

40. 方志中的金代佚詩佚文考，李衛鋒、張建偉，現代語文（學術綜合版），2012 年第 4 期。

41. 金代詞人傳記及年譜文獻提要，于東新、高彥，圖書館學研究，2013 年第 17 期。

42. 金史研究資料簡介，趙永春，地域性遼金史研究（第一輯），中國社會科學出版社，2014 年。

43. 金史研究資料簡介，趙永春，遼金西夏研究 2012，同心出版社，2014 年。

44. 金史研究資料簡介（上），趙永春，東北史研究，2012 年第 4 期。

45. 金史研究資料簡介（中），趙永春，東北史研究，2013 年第 1 期。

46. 金史研究資料簡介（下），趙永春，東北史研究，2013 年第 2 期。

47. 《元史·郭德海傳》三峰山之戰時間勘誤，白剛，中國史研究，2014 年第 3 期。

48. 「樺葉《四書》」故事考辨，劉浦江，田餘慶先生九十華誕頌壽論文集，中華書局，2014 年。

49. 杭世駿《金史補》稿、抄本及其史學價值，徐旭晟，史林，2014 年第 6 期。

50. 論兩宋涉金著述的價值與局限，薛瑞兆，江蘇大學學報（社會科學版），2014 年第 1 期。

51. 遼·西夏·金·元編譯類儒學文獻考，馬琛，儒藏論壇（第七輯），四川大學出版社，2014 年。

52. 試論金末元初文人的蒙古之行及創作，樊運景、干旭，內蒙古大學學報（哲學社會科學版），2014 年第 4 期。

53. 《夷堅志》中的金國故事，王曉華，遼寧大學碩士學位論文，2014 年。

54. 從《夷堅志》看宋金亂世，劉倩倩，名作欣賞，2015 年第 17 期。

55. 金代有關北宋文獻三考，胡傳志，徐州工程學院學報（社會科學版），2015 年第 1 期。

56. 契丹女真民族傳世文獻整理研究的思路與方法，曹萌，甘肅理論學刊，2015 年第 3 期。

57. 金蒙關係的文獻史料評述，杭立飛，新西部（理論版），2015 年第 5 期。

58. 外國史籍中有關金末蒙初歷史的記述，張儒婷、王春林，城市地理，2015 年第 22 期。

59. 《契丹西樓遺跡詩刻》及其作者考釋，李俊義，契丹學論集（第二輯），內蒙古人民出版社，2015 年。

四、政　治

（一）政治

1. 遼宋夏金政權歷史地位辨，梁斌、石豔，哈爾濱學院學報，2014 年第 4 期。

2. 遼金史研究中的正統觀，景愛，學習與探索，2014 年第 1 期。

3. 淺析契丹與北宋的正統之爭，溫中華，文史雜誌，2011 年第 6 期。

4. 宋、金時期魏蜀正閏觀研究，金洪成，寧夏大學碩士學位論文，2014 年。

5. 試論清人的遼金「正統觀」——以遼宋金「三史分修」「各與正統」問題討論為中心，趙永春、張喜豐，社會科學，2014 年第 1 期。

6. 堅持多民族的大一統觀　摒棄偏頗的「正統觀」——以遼金史研究為例，何大明，學習與探索，2014 年第 1 期。

7. 世界史の中で契丹（遼）史をいかに位置づけるか，高井康典行，アジア遊學（160），2013 年。

8. 十～十二世紀における契丹の興亡とユーラシア東方の國際情勢，古松崇志，アジア遊學（160），2013 年。

9. 契丹的「中國」認同，趙永春、張喜豐，黑龍江民族叢刊，2015 年第 1 期。

10. 「遼」國號新解，姜維公、姜維東，吉林大學社會科學學報，2014 年第 1 期。

11. 「大中央遼契丹國」考，康丹，契丹學論集（第一輯），內蒙古人民出版社，2015 年。

12. 大遼本非契丹國號說，林鵠，中華文史論叢，2014 年第 4 期。

13. 從契丹字的解讀談遼代的國號和達斡爾族的族名，劉鳳翥，遼金史論集（第十二輯），吉林大學出版社，2012 年。

14. The Great Central Liao Kitan State, Daniel Kane, *Journal of Song-Yuan Studies*, Volume 43, 2013.

15. 關於遼朝改復國號的探討，景愛，東北史研究，2012 年第 3 期。

16. 遼朝國號之謎古今誰能揭得開，楚定遠，中國地名，2012 年第 11 期。

17. 遼道宗「壽隆」年號探源——金代避諱之新證，邱靖嘉，中華文史論叢，2014 年第 4 期。

18. 北方民族政權年號寓意初探——以遼、西夏年號為中心的考察，孫偉祥，東北史地，2011 年第 3 期。

19. 遼代紀年考，封樹禮，遼金史研究，遼寧民族出版社，2013 年。

20. 淺析遙輦契丹國家形態發展，王博楠、宋筱靜，華章，2012 年第 4 期。

21. 唐代契丹的權力結構與可突于之叛，曾成，理論月刊，2015 年第 11 期。

22. 契丹「營州之亂」史料梳理，宋筱靜、王博楠，華章，2012 年第 2 期。

23. 契丹選汗說商兌——兼論所謂北族推選傳統，林鵠，田餘慶先生九十華誕頌壽論文集，中華書局，2014 年。

24. 契丹的社會構造和兩種支配體制的確立，羅永男，宋史研究論叢（第 15 輯），河北大學出版社，2014 年。

25. 耶律阿保機對世選制的調整與利用，吳鳳霞，遼寧工程技術大學學報（社會科學版），2012 年第 5 期。

26. 阿保機建立契丹專制政權的主要途徑，任愛君、王飛，北方文物，2014 年第 2 期。

27. 「變家為國」：耶律阿保機對契丹部族結構的改造，楊軍，歷史研究，2012 年第 3 期。

28. 耶律阿保機建國方略考——兼論非漢族政權之漢化命題，林鵠，歷史研究，2012 年第 4 期。

29. 論遼太宗離汴非棄中原，林鵠，中華文史論叢，2015 年第 2 輯。

30. 遼穆宗時代內政外交評析，李鵬，內蒙古師範大學學報（哲學社會科學版），2012 年第 6 期。

31. 遼世宗朝史事考，林鵠，中華文史論叢，2012 年第 4 期。

32. 遼景宗朝史事考，林鵠，隋唐遼宋金元史論叢（第五輯），上海古籍出版社，2015 年。

33. 遼聖宗朝統治階層中的契漢矛盾，馮科，內蒙古大學碩士學位論文，2014年。

34. 遼道宗朝懿德後案鉤沉，康鵬，隋唐遼宋金元史論叢（第五輯），上海古籍出版社，2015 年。

35. 試論遼人的疆域觀，張宏利、劉璐，湖湘論壇，2015 年第 1 期。

36. 論遼朝的政治中心——從中國古代北方行國政治中心談起，肖愛民，宋史研究論叢（第 15 輯），河北大學出版社，2014 年。

37. 論遼朝的政治中心——從中國古代北方行國政治中心談起，肖愛民，地域性遼金史研究（第一輯），中國社會科學出版社，2014 年。

38. 試析遼人意識中的國家政治中心——以遼代的石刻文為中心，肖愛民，遼金歷史與考古國際學術研討會論文集（下），遼寧教育出版社，2012 年。

39. 試析北宋人對遼朝政治中心的認識，肖愛民，河北大學學報（哲學社會科學版），2012 年第 2 期。

40. 立儲與奪位：遼太祖朝的皇位之爭，邱靖嘉，遼金史論集（第十二輯），吉林大學出版社，2012 年。

41. 論世選制與遼代皇位繼承，滕征凱，遼寧大學碩士學位論文，2012 年。

42. 關於遼朝前期君位繼承問題，王寅，遼寧師範大學碩士學位論文，2013 年。

43. 淺談諸弟之亂對遼皇位繼承制度的影響，耿濤，赤峰學院學報（漢文哲學社會科學版），2013 年第 9 期。

44. 試論東丹國及其政權的性質，唐烈，佳木斯教育學院學報，2014 年第 1 期。

45. 東丹國遷移遼陽與耶律倍南逃後唐，劉肅勇，東北史研究，2013 年第 1 期。

46. 耶律羽之墓誌所載「人皇王詔書」考疑，耿濤，蘭臺世界，2015 年第 33 期。

47. 遼代的皇權爭奪與玉田韓氏家族，齊偉，遼金歷史與考古（第三輯），遼寧教育出版社，2011 年。

48. 遼天祚朝「皇太叔」名號的政治文化解析，邱靖嘉，民族研究，2014 年第 1 期。

49. 漢族武裝與遼初政治，鄭毅、李鑫，遼金歷史與考古（第三輯），遼寧教育出版社，2011 年。

50. 遼初對中原政策淺議（907～959），張儒婷，遼金歷史與考古（第三輯），
    遼寧教育出版社，2011 年。

51. 後晉政權立廢與契丹南進的轉折，任仲書、馬萌，內蒙古社會科學，2015
    年第 2 期。

52. 平州入遼時間之我見，陳曉菲，滄桑，2011 年第 1 期。

53. 遼朝經略平州考，吳鳳霞，社會科學輯刊，2015 年第 4 期。

54. 契丹對遼海地區經略探析，鄭毅，東北史地，2011 年第 2 期。

55. 燕雲十六州的獲得對遼國的影響，楊丹丹、寸錫彥，金田，2015 年第
    9 期。

56. 十世紀契丹王朝構建進程中的中原因素——以遼初統治者進取幽州爲中
    心，鄭毅，遼金歷史與考古（第四輯），遼寧教育出版社，2013 年。

57. 論遼初經略燕雲十六州及其歷史意義，郭麗平，內蒙古師範大學碩士學
    位論文，2014 年。

58. 略論燕雲地區的戰略地位及歸入契丹政權版圖，郭麗平，朔方論叢（第
    三輯），內蒙古大學出版社，2013 年。

59. 五代變局與契丹肇興——以遼初統治者進取幽州爲中心，鄭毅、張儒婷，
    社會科學戰線，2011 年第 5 期。

60. 遼代的「一國兩制」，林航，文史天地，2013 年第 2 期。

61. 遼朝「因俗而治」政策的作用及思考，孫任之，內蒙古農業大學學報（社
    會科學版），2011 年第 6 期。

62. 「因俗而治」與「胡漢一體」——試論遼朝「一元兩制」的政治特色，
    鄭毅，黑龍江民族叢刊，2013 年第 6 期。

63. 遼朝「因俗而治」統治政策的實現方式及存在論意義，吳紀龍，北方文
    物，2014 年第 2 期。

64. 略論遼朝邊疆統馭方略的演變，鄭毅，黑龍江民族叢刊，2012 年第 5 期。

65. 遼對西北邊疆的征服與治理，雪蓮，內蒙古社會科學（漢文版），2015
    年第 1 期。

66. 遼對西北邊疆的管轄與治理，雪蓮，契丹學論集（第二輯），內蒙古人民
    出版社，2015 年。

67. 遼朝治理東丹國與燕雲十六州之異同，許海波，遼寧大學碩士學位論文，
    2012 年。

68. 遼朝屬國考辨，張宏利、劉璐，佳木斯大學社會科學學報，2015 年第 1 期。

69. 遼朝黑龍江流域屬國、屬部朝貢活動研究，程尼娜，宋史研究論叢（第十三輯），河北大學出版社，2012 年。

70. 女眞與遼朝的朝貢關係，程妮娜，社會科學輯刊，2015 年第 4 期。

71. 對契丹「西樓」的新認識，劉一，黑龍江民族叢刊，2014 年第 1 期。

72. 《遼史》與遼人語境中的契丹西樓，田廣林，遼寧師範大學學報（社會科學版），2011 年第 6 期。

73. 說「舍利」──兼論突厥、契丹、靺鞨的政治文化互動，孫昊，中國邊疆史地研究，2014 年第 4 期。

74. 遼朝東京海事問題研究，孫瑋，遼寧師範大學碩士學位論文，2011 年。

75. 遼朝中京地區海事研究，張宏利，遼寧師範大學碩士學位論文，2011 年。

76. 遼南京地區海事問題研究，陳曉菲，遼寧師範大學碩士學位論文，2011 年。

77. 遼朝社會保障措施述論，陳德洋，陰山學刊，2011 年第 5 期。

78. 簡析「白馬烏牛」盟的刑牲意義，蘇日娜，赤峰學院學報（漢文哲學社會科學版），2015 年第 12 期。

79. 遼朝皇帝酬獎官員的非制度性措施舉隅，關樹東，隋唐遼宋金元史論叢（第五輯），上海古籍出版社，2015 年。

80. 試論遼代出現上層婦女頻繁參政現象的原因，石豔軍，遼上京文化遺產（總第 3、4 期），2012 年 5 月 30 日、2012 年 12 月 15 日。

81. 遼代斡魯朵管理體制研究，余蔚，歷史研究，2015 年第 1 期。

82. 遼代斡魯朵研究，楊軍，學習與探索，2015 年第 5 期。

83. 遼朝斡魯朵的含義、性質與地位，肖愛民，契丹學論集（第二輯），內蒙古人民出版社，2015 年。

84. 遼代大赦三題，孫建權，東北史地，2015 年第 3 期。

85. 初論遼代忠節現象，葛志嬌，黑龍江史志，2015 年第 12 期。

86. 論遼代后族與遼代政治，路旻，青海師範大學碩士學位論文，2014 年。

87. 后族與遼朝政治研究，孫偉祥，吉林大學博士學位論文，2015 年。

88. 欽哀后家族與遼道宗朝黨爭考論，熊鳴琴，中國史研究，2013 年第 2 期。

89. 遼代后妃與臣僚的攀附關係考，崔博，邊疆經濟與文化，2015 年第 8 期。

90. 遼代後期的政治和統治集團內部的政爭——兼說遼朝的衰亡，楊樹森，遼金西夏研究 2011，同心出版社，2013 年。

91. 遼王朝對渤海國遺民的治理策略，滿岩，蘭臺世界，2015 年第 27 期。

92. 渤海遺民大延琳創建「興遼國」及其政治影響，孫煒冉、董健，瀋陽工程學院學報（社會科學版），2015 年第 2 期。

93. 遼代末期渤海遺民起義及反抗活動探析，仉惟嘉，山東農業工程學院學報，2014 年第 6 期。

94. 從夾山到余覩谷——遼天祚帝播遷史地考析，盧緒友，中國邊疆民族（第九輯），中央民族大學出版社，2015 年。

95. 「耶律大石與蕭德妃同抵夾山」考辨，韓鈞，西部蒙古論壇，2015 年第 1 期。

96. 遼末貴族政治鬥爭管窺——以耶律淳三次被擁立事件為中心的考察，張功遠，遼寧工程技術大學學報（社會科學版），2015 年第 1 期。

97. 耶律淳政權「世號為北遼」之說質疑，葛華廷、高雅輝，遼金歷史與考古（第四輯），遼寧教育出版社，2013 年。

98. 阜新與「楊家將」有淵源，李丹，阜新日報，2012 年 2 月 4 日第 5 版。

99. 遼朝政權的滅亡——因多種矛盾激化，趙晶，內蒙古大學碩士學位論文，2015 年。

100. 海東青與遼滅金興——以「鷹路鬥爭」為中心的考察，聶傳平，宋史研究論叢（第 15 輯），河北大學出版社，2014 年。

101. 箭笴山與奚國政權，姚德昌，文史精華，2011 年增刊第 1 期。

102. 論入金遼人、宋人入金後的遭際，孫明材，黑龍江史志，2014 年第 15 期。

103. 降金遼人、宋人降金原因探析，孫明材，黑龍江史志，2014 年第 16 期。

104. 論入金遼人、宋人的理政措施及實效，孫明材，邊疆經濟與文化，2014 年第 9 期。

105. 淺論金代早期契丹人對金政權的認同，宋麗媛，東北史地，2015 年第 1 期。

106. 契丹人在金朝不安定的原因簡析，李學會，黑龍江史志，2015 年第 13 期。

107. 論金代契丹人反金鬥爭及其特點，夏宇旭，吉林師範大學學報（人文社會科學版），2014 年第 5 期。

108. 論金代契丹族官員的外交活動及作用，夏宇旭，史學集刊，2013 年第 3 期。

109. 古代小說中的金朝和女眞人，宋德金，文史知識，2012 年第 1 期。

110. 金朝的歷史貢獻，景愛，白山・黑水・海東青——紀念金中都建都 860 週年特展，文物出版社，2013 年。

111. 遼金蠭起海東青——也談金代的崛起，譚曉玲，白山・黑水・海東青——紀念金中都建都 860 週年特展，文物出版社，2013 年。

112. 女眞崛起的經驗——「借才異代」，王昕，蘭臺世界，2011 年第 25 期。

113. 女眞族完顏氏與大金國建立始末，書元，黑龍江檔案，2015 年第 6 期。

114. 淺析金朝的建立與其內地建制，栗紅，黑龍江史志，2011 年第 13 期。

115. 金代女眞的政治認同與對遼政策的轉變，王耘，北方文物，2014 年第 2 期。

116. 金代統治者與「華夷之辨」觀，張申，宜春學院學報，2012 年第 5 期。

117. 金人自稱「正統」的理論訴求及其影響，趙永春、張喜豐，遼金西夏研究年鑒 2013，中國社會科學出版社，2015 年。

118. 試論金代對正統地位的塑造，龐倩，寧夏大學碩士學位論文，2013 年。

119. 南宋及金朝的中國觀，王明蓀，第三屆海峽兩岸「宋代社會文化」學術研討會論文集，浙江大學出版社，2013 年。

120. 金代政權合法地位的建立，陶晉生，宋遼金史論叢，（臺灣）聯經出版事業股份有限公司，2013 年。

121. 大金國號考釋，李秀蓮，黑河學院學報，2015 年第 5 期。

122. 契丹小字碑銘中的金代年號，孫伯君，滿語研究，2015 年第 1 期。

123. 部落制緒餘下的金初政治，許超傑，滿族研究，2015 年第 4 期。

124. 金朝武將與金代國運的興衰，賈淑榮，黑龍江民族叢刊，2012 年第 1 期。

125. The Jin Revisited:New Assessment of Jurchen Emperors, Julia Schneider, *Journal of Song-Yuan Studies*, Volume 41, 2011.

126. 占卜與金代政治，周峰，遼金歷史與考古國際學術研討會論文集（上），遼寧教育出版社，2012 年。

127. 金代鄉村紳權的建構與社會認同，劉麗麗，學理論，2012 年第 28 期。

128. 論金朝前期皇位之爭中的渤海人，杭立飛，內蒙古民族大學碩士學位論文，2015 年。

129. 金代后妃的選納範圍與標準，張宏，蘭臺世界，2011 年第 11 期。

130. 金朝公主社會地位研究，王姝，大慶師範學院學報，2015 年第 5 期。

131. 試論金代宗室的入仕及升遷途徑，李玉君、王志民，大連大學學報，2012 年第 2 期。

132. 金代宗室的任用與政治運作，李玉君，南開學報（哲學社會科學版），2012 年第 4 期。

133. 金代宗室鬥爭研究，李拓，遼寧大學碩士學位論文，2013 年。

134. 金朝近侍預政探微，孫孝偉，北方論叢，2012 年第 2 期。

135. 由遼入金的漢族官僚群體研究，陳晨，吉林大學碩士學位論文，2015 年。

136. 金朝宰執與臺諫關係略論，孫孝偉，長春師範學院學報，2011 年第 1 期。

137. 金末統治者對漢族宰執的任用研究，侯震，雞西大學學報，2011 年第 3 期。

138. 金末漢族宰執品格素質研究，侯震，蘭臺世界，2011 年第 25 期。

139. 論金熙宗改革引起的宗室貴族鬥爭，孫田，邊疆經濟與文化，2014 年第 1 期。

140. 評金朝大定年間的女眞爲本政策，王久宇，佳木斯大學社會科學學報，2012 年第 1 期。

141. 論金世宗時期漢化與舊俗的關係，劉美雲、許宏芝，山西大同大學學報（社會科學版），2015 年第 1 期。

142. 金世宗「潛邸」舊臣對世宗、章宗二朝的影響——以世宗即位遼陽爲中心，俞豁然、肖忠純，通化師範學院學報，2013 年第 3 期。

143. 金世宗大定年中亂民獨多原因之探，郭瑞鵬，蘭州工業高等專科學校學報，2012 年第 4 期。

144. 論金代女眞黨爭中的士風與詩風，黃丹丹、李棟輝，貴州民族研究，2015 年第 11 期。

145. 金代的「冷岩十俊」——《金朝明昌黨事考實》補遺，關樹東，宋史研究論叢（第十四輯），河北大學出版社，2013 年。

146. 金代明昌盛世探賾，侯震，東北史地，2014 年第 5 期。

147. 金章宗時期北征蒙古高原及其對成吉思汗帝業的影響，李方昊，金上京文史論叢（第四輯），黑龍江人民出版社，2013 年。

148. 金宣宗朝武將賜姓略議，侯震，學術交流，2015 年第 2 期。

149. 論金前期社會秩序的失範與重構，劉興亮，北方論叢，2014 年第 6 期。

150. 金代契丹人移剌窩斡起義中的奚族，周峰，契丹學論集（第一輯），內蒙古人民出版社，2015 年。

151. 金代華北社會動亂研究，曹文瀚，（臺灣）中國文化大學博士學位論文，2015 年。

152. 金朝初葉的國都問題——從部族體制向帝制王朝轉型中的特殊政治生態，劉浦江，中國社會科學，2013 年第 3 期。

153. 金朝初葉的國都問題——從部族體制向帝制王朝轉型中的特殊政治生態，劉浦江，北京文史，2013 年第 4 期。

154. 論金朝遷都開封的戰略失誤，李方昊，學理論，2012 年第 3 期。

155. 金代獎廉肅貪舉措及其實效性述論，吳瓊，長春教育學院學報，2013 年第 13 期。

156. 金代的慈善救濟事業，費勇軍，中國社會報，2013 年 5 月 24 日第 6 版。

157. 金朝的拆遷與群體性事件，思晨，決策與信息，2011 年第 6 期。

158. 宋金時期西北地緣政治的變化及特點，杜文玉，史學月刊，2011 年第 7 期。

159. 金朝地方官員與鄉村社會控制研究，陳德洋，宋史研究論叢（第十四輯），河北大學出版社，2013 年。

160. 金末元初漢人地主武裝初探——以今山東、河北地區為例，李迎春，渤海大學學報（哲學社會科學版），2011 年第 5 期。

161. 金元之際儒生社會地位考論，申喜萍，孔子研究，2011 年第 5 期。

162. 關於金末山東淮海紅襖軍的若干問題，趙文坦，齊魯學刊，2011 年第 1 期。

163. 金元時期冀州社會管窺（三），默書民，衡水日報，2011 年 3 月 16 日 B03 版。

164. 金代叛亂問題研究，孫智勇，內蒙古師範大學碩士學位論文，2013 年。

165. 金末崔立叛亂原因淺析，孫智勇，太原城市職業技術學院學報，2013 年第 1 期。

166. 論李全、楊妙眞起義，郭丁，重慶科技學院學報（社會科學版），2012 年第 16 期。

167. 蒲鮮萬奴所建東夏國之興亡始末，鮑音，赤峰學院學報（漢文哲學社會科學版），2015 年第 5 期。

168. 東夏國——金代女眞歷史的最後一抹餘暉，蘇亮，文學界（理論版），2012 年第 2 期。

169. 小議東夏國亂世立國的原因，孫田，世紀橋，2014 年第 4 期。

170. 金朝末年東北地區的割據力量，張儒婷，華章，2013 年第 34 期。

171. 蒙古滅金史事研究，金寶麗，中央民族大學博士學位論文，2011 年。

172. 金代公共資源問題的一個側面——以中都大興府仰山棲隱寺與三家村的「山林」之爭爲例，杜洪濤，史學集刊，2014 年第 2 期。

173. 論括地對金朝滅亡的影響，郝慶雲，金上京文史論叢（第四輯），黑龍江人民出版社，2013 年。

174. 也談「漢化亡金論」，孫建權，遼金歷史與考古國際學術研討會論文集（上），遼寧教育出版社　2012 年。

175. 蒙元時期金遺民研究——以金遺民的地域特性爲中心，張瑞琴，中國邊疆民族（第九輯），中央民族大學出版社，2015 年。

176. 視金朝若前朝——論清朝對金朝的尊崇與借鑒，鄧濤，東北史地，2015 年第 5 期。

177. 試論西遼帝國對中亞、西域的經略及其對絲綢之路的影響，魏志江，北方民族大學學報（哲學社會科學版），2015 年第 2 期。

178. 西遼政治制度述論，王曉靜，赤峰學院學報（哲學社會科學版），2015 年第 9 期。

179. 西遼統治下的喀什噶爾，賀繼宏、李雪梅，新疆地方志，2011 年第 3 期。

180. 西遼滅亡的原因探析，劉剛，赤峰學院學報（科學教育版），2011 年第 9 期。

181. 金初女眞貴族的傾軋與「僞齊」政權，李秀蓮，哈爾濱學院學報，2015 年第 2 期。

182. 僞齊與宋金關係研究，張文蒙，山東大學碩士學位論文，2014 年。

183. 劉齊阜昌改元始年小考，許正弘，中國史研究，2011 年第 2 期。

（二）制度

1. 遼代國家祭禮的草原文化特質探析，徐潔、秦世強，白城師範學院學報，2012 年第 1 期。

2. 契丹柴冊時地考，陳俊達，哈爾濱學院學報，2015 年第 1 期。

3. 遼代軍禮考述，武玉環、呂宏偉，黑龍江民族叢刊，2012 年第 5 期。

4. 遼代軍禮考述，武玉環、呂宏偉，遼金史論集（第十三輯），中國社會科學出版社，2013 年。

5. 遼代降禮研究，魏婕、趙智廣，語文學刊（基礎教育版），2012 年第 9 期。

6. 奇特的遼朝皇室婚儀——公主下嫁儀，葛華廷，遼上京文化遺產（總第 4 期），2012 年 12 月 15 日。

7. 契丹皇帝親征儀及打獵習俗的演變與尚武精神，（韓）金渭顯，宋史研究論叢（第十三輯），河北大學出版社，2012 年。

8. 試論遼代的避諱，呂富華，華西語文學刊（第八輯），四川文藝出版社，2013 年。

9. 遼朝避諱與遼宋關係下的遼宋互諱，辛時代，遼金史論集（第十三輯），中國社會科學出版社，2013 年。

10. 遼代帝王簡諡鈎沉——以工士點《禁扁》為中心，苗潤博，民族研究，2015 年第 3 期。

11. 遼金時期「矯制」問題研究，高玉平、仟仲書，蘭臺世界，2013 年第 21 期。

12. 遼代符牌制度研究，岳雲龍，吉林大學碩士學位論文，2015 年。

13. 遼代御容及其奉安制度，士豔雲，南京藝術學院學報（美術與設計版），2012 年第 1 期。

14. 遼代的御容及遼宋間御容交聘活動考述，劉興亮，青海社會科學，2012 年第 1 期。

15. 金代祭禮研究，徐潔，吉林大學博士學位論文，2012 年。

16. 金代社稷祭禮考述，徐潔，黑龍江民族叢刊，2012 年第 1 期。

17. 金代方丘之祭考述，徐潔、秦世強，北方文物，2013 年第 1 期。

18. 金上京太廟考述，徐潔，北方文物，2011 年第 1 期。

19. 金中都太廟之制解讀，徐潔，學習與探索，2011 年第 1 期。

20. 金汴京太廟探微，徐潔，黑龍江民族叢刊，2011 年第 4 期。

21. 金代原廟誤識釐正，徐潔，學習與探索，2012 年第 2 期。

22. 金代老年人優禮政策探析，孫紅梅，黑龍江民族叢刊，2013 年第 2 期。

23. 試論金代質子制度的幾個特點，陳金生，晉陽學刊，2013 年第 2 期。

24. 遼代儲君考，郭德慧，河北北方學院學報（社會科學版），2012 年第 1 期。

25. 再論遼朝的「天下兵馬大元帥」與皇位繼承——兼談遼代皇儲名號的特徵，邱靖嘉，民族研究，2015 年第 2 期。

26. 遼代尚父考，王善軍，社會科學戰線，2012 年第 1 期。

27. 遼代外命婦制度探析，張敏，內蒙古民族大學學報，2012 年第 4 期。

28. 遼代公主及其封賞制度，張敏，赤峰學院學報（漢文哲學社會科學版），2011 年第 8 期。

29. 遼代功臣封號探究，馬建紅，北方文物，2013 年第 3 期。

30. 遼代王號等級研究，唐抒陽，吉林大學碩士學位論文，2013 年。

31. 遼代封王情況梳理——太宗朝至穆宗朝，唐抒陽，牡丹江大學學報，2012 年第 4 期。

32. 對《遼史》中關於王爵封授情況記載的辨析七則，唐抒陽，內蒙古農業大學學報（社會科學版），2012 年第 2 期。

33. 唐代契丹的衙官，李大龍、劉海霞，中國邊疆史地研究，2012 年第 3 期。

34. 唐代契丹的衙官，李大龍，遼金史論集（第十三輯），中國社會科學出版社，2013 年。

35. 遼朝官員的本官、實職與階及其關係初探——以遼代碑誌文為中心，王玉亭，契丹學論集（第二輯），內蒙古人民出版社，2015 年。

36. 民族法語境下遼代官制的實踐與思考，盛波，山東行政學院學報，2013 年第 1 期。

37. 論契丹人的部份回鶻官號，努如拉·莫明·宇里魂、買買提祖農·阿布都克力木，新疆大學學報（哲學社會科學維文版），2013 年第 3 期。

38. 論遼代二元化的行政制度，李文軍，內蒙古民族大學學報，2005 年第 1 期。

39. 南北面官制對遼朝文化的影響，李斯、任向陽，文史博覽（理論），2011 年第 6 期。

40. 契丹國（遼朝）の北面官制とその歴史的変質（契丹[遼]と 10~12 世紀の東部ユーラシア）——（契丹[遼]の社會·文化），武田和哉，アジア遊學（160），2013 年 1 月。

41. 遼朝北面の支配機構について——著帳官と節度使を中心に，加藤修弘，九州大學東洋史論集（40），2012 年。

42. 遼朝南面官研究——以碑刻資料爲中心，楊軍，史學集刊，2013 年第 3 期。

43. 遼朝文官階制再探——以新近出土的《梁穎墓誌銘》爲中心，陳曉偉，遼金歷史與考古國際學術研討會論文集（下），遼寧教育出版社，2012 年。

44. 遼代北面宰相的淵源，黃爲放，齊齊哈爾師範高等專科學校學報，2011 年第 1 期。

45. 遼代的宰相與使相，楊軍，學習與探索，2012 年第 2 期。

46. 也談遼宰相的南、北與左、右問題，王曾瑜，隋唐遼宋金元史論叢（第四輯），上海古籍出版社，2014 年。

47. 遼代北、南宰相府地位的變化及其宰相職位設置與選任，葛華廷、王玉亭，北方文物，2015 年第 3 期。

48. 遼代北大王院的淵源，武宏麗、黃爲放，長春師範學院學報，2013 年第 1 期。

49. 遼代北大王院研究，武宏麗，長春師範大學碩士學位論文，2013 年。

50. 遼代于越職官研究，陳耀宇，青海師範大學碩士學位論文，2014 年。

51. 遼代林牙研究，沈冀閩，長春師範大學碩士學位論文，2013 年。

52. 遼代大林牙院探討，何天明，內蒙古社會科學（漢文版），2013 年第 4 期。

53. 遼朝皮室詳穩探析，王欣欣，黑龍江民族叢刊，2012 年第 5 期。

54. 從實職到逐步虛設的遼代中書令，劉仲，內蒙古師範大學碩士學位論文，2013 年。

55. 遼初中書令虛設的不可能性探析，劉仲，陰山學刊　2013 年第 2 期。

56. 遼朝太祖至世宗時期的中書令探析，劉仲，內蒙古社會科學（漢文版），2013 年第 3 期。

57. 遼朝的宮與行宮（初稿），肖愛民，契丹學論集（第一輯），內蒙古人民出版社，2015 年。

58. 契丹諸行宮都部署院初探，黃爲放，牡丹江大學學報，2011 年第 6 期。

59. 遼代的駙馬都尉，張功遠，遼寧工程技術大學學報（社會科學版），2015 年第 3 期。

60. 遼代漢人的入仕與遷轉，蔣金玲，中國史研究，2013 年第 3 期。

61. 遼初漢官群體研究，李月新，蘭臺世界，2014 年第 25 期。

62. 遼朝中期朝官系統漢官探討，劉科劍，內蒙古大學碩士學位論文，2013 年。

63. 再論遼代漢官集團的形成，齊偉、龐佳，遼寧省博物館館刊（2011），遼海出版社，2011 年。

64. 遼朝漢族官員政治地位變遷分析，宋丹、曹喜順，商業文化（上半月），2011 年第 4 期。

65. 遼朝漢族官員政治地位變遷分析，宋丹，渤海大學碩士學位論文，2012 年。

66. 試論遼代漢官集團的地域性特徵——以考古發掘墓葬爲中心，齊偉、都惜青，蘇州文博論叢（總第 5 輯），文物出版社，2014 年。

67. 契丹遼朝漢臣行述與政事變遷，王明前，寧夏大學學報（人文社會科學版），2013 年第 2 期。

68. 遼朝及第進士釋褐任官考論，高福順，學習與探索，2015 年第 2 期。

69. 遼朝釋褐進士的政治生活角色——以釋褐進士遷轉朝官與地方官爲中心，高福順，東北史地，2015 年第 1 期。

70. 遼代大理寺探討，楊逍，內蒙古社會科學（漢文版），2014 年第 6 期。

71. 遼代大理寺考，楊逍，內蒙古師範大學碩士學位論文，2015 年。

72. 《遼史‧西夏外紀》中的「團練使」和「刺史」，聶鴻音，東北史地，2011 年第 2 期。

73. 石刻所見遼代財經系統職官——《遼史‧百官志》補遺之一，張國慶，遼金歷史與考古（第三輯），遼寧教育出版社，2011 年。

74. 遼代南面財賦機構考，蔣金玲，求索，2012 年第 3 期。

75. 遼朝警巡、軍巡與巡檢制度考略，張國慶，遼寧大學學報（哲學社會科學版），2015 年第 2 期。

76. 石刻所見遼代監察獄案警巡系統職官考——《遼史‧百官志》補遺之三，張國慶，黑龍江社會科學，2011 年第 2 期。

77. 遼朝監察制度研究，許麗鵬，吉林大學碩士學位論文，2015 年。

78. 遼朝監察制度的民族特色及作用，付文武、楊發源，蘭臺世界，2014 年第 27 期。

79. 遼夏金監察制度的基本特點與當代啓示，吳歡、朱小飛，雲南大學學報，2013 年第 6 期。

80. 石刻所見遼代行政系統職官考——《遼史‧百官志》補遺之五，張國慶、王家會，遼寧省博物館館刊（2011），遼海出版社，2011 年。

81. 石刻所見遼代中央行政系統職官考——《遼史‧百官志》補遺之六，張國慶，黑龍江民族叢刊，2012 年第 1 期。

82. 石刻所見遼朝捺缽「隨駕」官考探，張國慶，赤峰學院學報（漢文哲學社會科學版），2014 年第 6 期。

83. 石刻所見遼朝捺缽「隨駕」官考探，張國慶，紅山文化‧契丹遼文化學刊，2014 年第 1 輯。

84. 遼朝供奉官考，孫偉祥，地域性遼金史研究（第一輯），中國社會科學出版社，2014 年。

85. 對《遼代石刻文編》兩處職官的再探討，田高、王玉亭，東北史研究，2012 年第 4 期。

86. 遼朝主管音樂的機構及其主要職能，李先葉，內蒙古社會科學（漢文版），2013 年第 2 期。

87. 遼金樞密制度比較研究，宋暖，遼寧大學碩士學位論文，2012 年。

88. 遼金殿前都點檢比較研究，靳靜，河北大學碩士學位論文，2011 年。

89. 遼朝墩官芻議，關樹東，隋唐遼宋金元史論叢（第二輯），上海古籍出版社，2012 年。

90. 遼朝地方制度建設與機構設置的演變，任仲書，遼金史研究，遼寧民族出版社，2013 年。

91. 補遼方鎮年表，向南，遼金歷史與考古（第四輯），遼寧教育出版社，2013 年。

92. 遼代地方要員選任方式淺談，康鵬，隋唐遼宋金元史論叢（第四輯），上海古籍出版社，2014 年。

93. 遼代五京留守研究，王旭東，吉林大學博士學位論文，2014 年。

94. 遼代上京留守選任研究，王旭東，學術探索，2014 年第 7 期。

95. 遼代南京留守的選任與轉遷研究，楊軍、王旭東，求索，2013 年第 4 期。

96. 遼代東北路統軍司考論，王雪萍、吳樹國，中國邊疆史地研究，2014 年第 1 期。

97. 遼代西南面招討司的設置與職掌，王媛慧，品牌，2015 年第 1 期。

98. 《蒙古秘史》中的「招討」之詞考，香蓮、吉日嘎拉，赤峰學院學報（漢文哲學社會科學版），2015 年第 9 期。

99. 遼代招討司和《蒙古秘史》中鐵木真封爲「招討」號的分析，吉日嘎拉，契丹學論集（第一輯），內蒙古人民出版社，2015 年。

100. 遼代西南面安撫使司研究，康鵬，隋唐遼宋金元史論叢（第一輯），紫禁城出版社，2011 年。

101. 遼代川州長寧軍節度使探究，陳天宇，遼寧工程技術大學學報（社會科學版），2015 年第 1 期。

102. 遼代節院使相關問題芻論——以石刻文獻為中心，彭文峰，保定學院學報，2012 年第 4 期。

103. 遼朝輟朝制度考述，崔學霞，河北北方學院學報（社會科學版），2012 年第 6 期。

104. 遼朝輟朝制度研究，崔學霞，河北大學碩士學位論文，2014 年。

105. 遼朝官員的丁憂與起復，張國慶，東北史地，2014 年第 1 期。

106. 遼代職官考核制度探析，武玉環，史學集刊，2014 年第 3 期。

107. 遼代職官考核與升黜制度研究，朱良娟，吉林大學碩士學位論文，2014 年。

108. 遼朝免官的原因，陳晨，劍南文學（經典閱讀），2012 年第 9 期。

109. 遼代的僧官與寺職，張國慶，遼金史論集（第十二輯），吉林大學出版社，2012 年。

110. 遼朝紫金魚袋考論，葛志嬌，遼寧工程技術大學學報（社會科學版），2015 年第 1 期。

111. 金朝儲君考，岳鵬，中國科技博覽，2012 年第 17 期。

112. 金朝儲君研究，岳鵬，河北大學碩士學位論文，2013 年。

113. 宋人所記金初「太子」辨析，岳鵬，唐山師範學院學報，2012 年第 4 期。

114. 淺析金代后妃的選納途徑，張宏，蘭臺世界，2012 年第 28 期。

115. 金朝后妃封號與選納制度探析，王姝，遼寧工程技術大學學報（社會科學版），2015 年第 5 期。

116. 遼代女真「國相」考述，孫昊，蘭臺世界，2012 年第 6 期。

117. 女真完顏部「國相」考，李秀蓮，北方文物，2014 年第 2 期。

118. 女真建國前的「國相」問題研究，李秀蓮，地域性遼金史研究（第一輯），中國社會科學出版社，2014 年。

119. 金初勃極烈制度決策機制論略，趙玉英，北方論叢，2013 年第 4 期。

120. 勃極烈制度與議政王大臣會議，錢慧祥，金戲磚影——金代山西戲曲磚雕，北京燕山出版社，2014 年。

121. 金朝初期中央官制的漸變，李麗新，遼金歷史與考古國際學術研討會論文集（上），遼寧教育出版社，2012 年。

122. 金朝宰相制度研究，孫孝偉，吉林大學博士學位論文，2012 年。

123. 金朝宰相間關係略論，孫孝偉，蘭臺世界，2013 年第 3 期。

124. 金朝宰相間關係略論，孫孝偉，遼金史論集（第十三輯），中國社會科學出版社，2013 年。

125. 金朝宰執輔政制度沿革初探——以「天眷官制」為中心，孫孝偉，東北史地，2012 年第 1 期。

126. 趙翼「金中葉以後宰相不與兵事」考辨——兼論金朝中後期尚書省與樞密院的關係，武玉環、孫孝偉，學習與探索，2011 年第 4 期。

127. 金末漢人宰執研究，侯震，吉林大學碩士學位論文，2012 年。

128. 金初燕雲樞密院研究，王灝，吉林大學碩士學位論文，2015 年。

129. 金代契丹族中央官的政治活動及地位，夏宇旭，社會科學戰線，2013 年第 5 期。

130. 金代契丹族地方官的政治活動及作用，夏宇旭，東北師大學報（哲學社會科學版），2014 年第 6 期。

131. 金代宗室管理制度考論，李玉君、趙永春，河北學刊，2012 年第 3 期。

132. 金代戶部研究，郭威，吉林大學博士學位論文，2015 年。

133. 金代刑部官員民族成分初探，姜宇、張新朝，長春教育學院學報，2015 年第 15 期。

134. 金朝散官制度初探，李方昊，求索，2013 年第 10 期。

135. 金代前期散官制度——以《三朝北盟會編》中的《攬轡錄》為線索，李鳴飛，漢學研究，2011 年第 4 期。

136. 金代前期散官表的發現及對金史研究的意義，李鳴飛，史林，2015 年第 1 期。

137. 金朝前期確有「朝奉大夫」——與倪彬先生商榷，孫建權，文物春秋，2014 年第 2 期。

138. 金末遙授（遙領）官研究，李浩楠，宋史研究論叢（第十三輯），河北大學出版社，2012 年。

139. 金代宮中承應人的選任制度，陳昭揚，臺灣師大歷史學報（第 49 期），2013 年 6 月。

140. 金代的監當官，關樹東，遼金歷史與考古國際學術研討會論文集（上），遼寧教育出版社，2012 年。

141. 金代的雜班官與元代的雜職官，關樹東，隋唐遼宋金元史論叢（第三輯），上海古籍出版社，2013 年。

142. 金代「牽攏官」考釋，羅舒，社會科學研究，2012 年第 2 期。

143. 翰林學士院與皇權的距離：金末益政院設立的制度史意義，閆興潘，北方民族大學學報（哲學社會科學版），2013 年第 3 期。

144. 社會轉型與制度變革──金代轉運司制度的確立，陳志英，佳木斯大學社會科學學報，2015 年第 5 期。

145. 金代招討司研究，王尙，吉林大學碩士學位論文，2011 年。

146. 金代統軍司初探，王嶠，牡丹江大學學報，2012 年第 3 期。

147. 金代統軍司初探，王嶠，吉林大學碩士學位論文，2013 年。

148. 金初烏古迪烈統軍司地望新考，王禹浪，哈爾濱學院學報，2013 年第 6 期。

149. 金朝「郎君」新探，趙永春、李玉君，史學彙刊，2011 年第 1 期。

150. 金朝「郎君」非宗室子弟之專稱，李玉君，史學月刊，2012 年第 2 期。

151. 金代水利機構研究，張猛，吉林大學碩士學位論文，2013 年。

152. 試論金代都水監的出現，張猛，黑龍江史志，2012 年第 13 期。

153. 金代鹽使司的職能，孫久龍、王成名，滿族研究，2013 年第 1 期。

154. 金代鹽使司職官特點，孫久龍、王成名，北方文物，2013 年第 1 期。

155. 金代監察御史的選任制度及其運作──以官員組成爲中心的考察，陳昭揚，（臺灣）東吳歷史學報（第 28 期），2012 年 12 月。

156. 金代監察御史研究，馬凱，吉林大學碩士學位論文，2014 年。

157. 金代監察御史人數考，馬凱，黑龍江史志，2014 年第 3 期。

158. 金末御史大夫人員考辨，程妮娜、馬凱，西華師範大學學報（哲學社會科學版），2014 年第 4 期。

159. 金代大理寺官員民族成分略考，姜宇，佳木斯職業學院學報，2015 年第 9 期。

160. 金代司法官員選任制度探究，姜宇，遼寧工程技術大學學報（社會科學版），2015 年第 6 期。

161. 金朝以「審計」命名的機構和職官，胡勝校，中國審計，2015 年第 18 期。

162. 金代群牧考，張士東、彭爽，古籍整理研究學刊，2014 年第 5 期。

163. 金代「治中」考略，孫佳，遼金史論集（第十三輯），中國社會科學出版社，2013 年。

164. 試析金代「治中」出現之原因——兼論金朝對「尹」字的避諱，孫建權，中華文史論叢，2015 年第 3 期。

165. 金代城市行政管理機構研究，韓光輝、魏丹、林玉軍，中國史研究，2013 年第 1 期。

166. 論金朝縣級官吏的選任與考核，武玉環，吉林大學社會科學學報，2012 年第 4 期。

167. 金朝縣級官吏的選任與考核，武玉環，金上京文史論叢（第四輯），黑龍江人民出版社，2013 年。

168. 試論金代中央政府史員的出職，王雷，東北史地，2015 年第 3 期。

169. 試論金代對吏員的行政管理，王雷、趙少軍，遼寧省博物館館刊（2014 年），遼海出版社，2015 年。

170. 論金熙宗以來行政路官員的入仕與轉遷，孫佳，求索，2012 年第 2 期。

171. 金朝蒲峪路職官考辨，苗霖霖，蘭臺世界，2013 年第 18 期。

172. 金上京會寧府歷任地方官吏（上），郭長海，東北史研究，2012 年第 4 期。

173. 金上京會寧府歷任地方官吏（中），郭長海，東北史研究，2013 年第 1 期。

174. 金上京會寧府歷任地方官吏（下），郭長海，東北史研究，2013 年第 2 期。

175. 遼金宦官研究，王茜，吉林大學碩士學位論文，2012 年。

176. 金代漢制封爵研究，孫紅梅，吉林大學博士學位論文，2014 年。

177. 金代封國之號與國號王爵類型，孫紅梅，史學月刊，2015 年第 5 期。

178. 金代五等封爵的爵稱與爵序，孫紅梅，渤海大學學報（哲學社會科學版），2014 年第 3 期。

179. 金代流外職及其人員資格，陳昭揚，國立政治大學歷史學報（第 41 期），2014 年 5 月。

180. 金代的官員遷轉路徑——以格法為中心的觀察，陳昭揚，成大歷史學報（第 47 期），2014 年 12 月。

181. 金代考課制度研究——以文官為中心，吳瓊，遼寧大學碩士學位論文，2014 年。

182. 金代品官命婦獲封贈途徑研究，趙永春、王姝，西南大學學報（社會科學版），2014 年第 2 期。

183. 淺述金代武職官的俸祿，秦欣欣，黑河學刊，2013 年第 2 期。

184. 金代武官俸祿制度研究，秦欣欣，吉林大學碩士學位論文，2014 年。

185. 金代吏員俸祿及相關問題研究，王雷、吳炎亮、趙少軍，中國國家博物館館刊，2013 年第 10 期。

186. 淺析遼代法律與中原法律思維上的異同，丁玉玲，蘭臺世界，2013 年第 18 期。

187. 遼朝法律中儒家文化略論，冀明武，北方文物，2015 年第 4 期。

188. 遼代法律及其特色——基於碑刻資料透露出的法律信息，張志勇，遼寧工程技術大學學報（社會科學版），2012 年第 4 期。

189. 論遼代法律及其特色——基於碑刻資料透露出的法律信息，張志勇，遼金史研究，遼寧民族出版社，2013 年。

190. 契丹習慣法的沿用，任大衛，赤峰學院學報（漢文哲學社會科學版），2013 年第 4 期。

191. 從法律看遼朝的胡漢分治，譚文，科學咨詢（科技‧管理），2012 年第 3 期。

192. 遼代法律中的酷刑，付愛雲，北方文物，2014 年第 2 期。

193. 遼代死刑述略，項春松，遼金歷史與考古（第三輯），遼寧教育出版社，2011 年。

194. 遼代刑罰適用原則及其破壞——以死刑為例，吳煥超，河北北方學院學報（社會科學版），2013 年第 4 期。

195. 論遼金刑法中的「罪」與「刑」，王姍姍，遼寧大學碩士學位論文，2012 年。

196. 遼金時期刑法中「罪名」與「刑罰」的獨特性補綴，劉穎、唐麥，蘭臺世界，2015 年第 3 期。

197. 金代的立法活動與民族融合趨勢，李玉君，光明日報，2014 年 4 月 2 日第 14 版。

198. 金代法律中的儒家思想觀念，劉剛，北方文物，2014 年第 2 期。

199. 試論金代法律情理觀念，賈少龍、彭春明，黑龍江史志，2014 年第 21 期。

200. 略論金朝司法審判制度，郭長海，金上京文史論叢（第四輯），黑龍江人民出版社，2013 年。

201. 金朝前期越軌行為與社會控制探究，于菲，吉林大學碩士學位論文，2012 年。

202. 金朝法律文化中的慎刑思想析論，李玉君、何博，東嶽論叢，2015 年第 2 期。

203. 淺談女眞法律的合理性，鄭丹，遼金史研究，遼寧民族出版社，2013 年。

204. 金代「贖奴釋奴」詔令考論，胡琦琪，雲南財經大學碩士學位論文，2015 年。

205. 金代的杖刑、杖具與用杖規範，陳昭揚，新史料‧新觀點‧新視角——天聖令論集，（臺北）元照出版公司，2011 年。

206. 金代地方管理中的杖殺，陳昭揚，臺灣師大歷史學報（第 44 期），2012 年 12 月。

207. 從金朝杖刑看女眞族對中原文化的認同，李玉君，北方文物，2013 年第 3 期。

208. 女眞宗族部族組織的習慣法，王玉薇，北方文物，2014 年第 3 期。

209. 金朝家庭中夫妻間法律關係考論，王姝，黑龍江民族叢刊，2014 年第 1 期。

210. 從「官與養濟」看金代、清朝對「存留養親」的人性反思——以罪犯者的可預期性為視角，王志民、李玉君，法制與社會，2014 年第 11 期。

（三）對外關係

1. 略述契丹、奚、地豆于、室韋等古族與北朝的朝貢關係，王茜，蘭臺世界，2011 年第 25 期。

2. 唐前期營州都督府治所的變遷——兼論唐朝與奚、契丹的關係，郭繼武，首屆中國民族史研究生論壇論文集，中央民族大學出版社，2011 年。

3. 10～13 世紀多國並存時代のユーラシア（Eurasia）東方における國際關係，古松崇志，中國史學（21 號），2011 年 10 月。

4. 10 至 12 世紀東亞國際外交的對等問題，陶晉生，宋遼金史論叢，（臺灣）聯經出版事業股份有限公司，2013 年。

5. International Gifting and the Kitan World, 907-1125, Valerie Hansen, *Journal of Song-Yuan Studies*, Volume 43, 2013.

6. 契丹與渤海國的關係，赤羽目匡由撰，玲玲譯，（韓國）北方文化研究（第 6 期），2015 年 12 月。

7. 契丹と渤海との関係，赤羽目匡由，アジア遊學（160），2013 年。

8. 重新審視契丹與渤海的「世仇」關係，康建國，遼金史論集（第十三輯），中國社會科學出版社，2013 年。

9. 重新審視契丹與「渤海」的「世仇」關係，康建國，契丹學論集（第一輯），內蒙古人民出版社，2015 年。

10. 契丹與回鶻關係及其影響述論，陳德洋，（韓國）北方文化研究（第 6 期），2015 年 12 月。

11. 宋代西北吐蕃與甘州回鶻、遼朝、西夏的關係，陳慶英、白麗娜，西藏研究，2013 年第 5 期 。

12. 契丹とウイグルの関係，松井太，アジア遊學（160），2013 年。

13. Unearthing the Liao Dynasty's Relations with the Muslim World: Migrations, Diplomacy, Commerce, and Mutual Perceptions, Michal Biran, *Journal of Song-Yuan Studies*, Volume 43, 2013.

14. 契丹與突厥的關係及影響，劉治川，遼寧工程技術大學學報（社會科學版），2014 年第 4 期。

15. 契丹與西域諸部關係之史料考述，李愛榮、和談，蘭臺世界，2015 年第 36 期。

16. 淺析遼與唃廝囉政權的和親，陳耀宇，學理論，2013 年第 11 期。

17. 遼朝與青唐吐蕃政權和親公主研究，李浩楠，契丹學論集（第二輯），內蒙古人民出版社，2015 年。

18. 隋唐五代時期契丹族與中原政權的交往，何天明，朔方論叢（第二輯），內蒙古大學出版社　2012 年。

19. 契丹における中原王朝との婚姻に基づいた外交政策に対する認識について，藤野月子，史淵（151），2014 年。

20. 五代十國史と契丹，山崎覚士，アジア遊學（160），2013 年。

21. 契丹與「五代」華北政權的關係研究，（韓）俞垣濬，宋史研究論叢（第十三輯），河北大學出版社，2012 年。

22. 遼朝與五代十國政治關係史述評，曹流，遼金歷史與考古國際學術研討
　　會論文集（上），遼寧教育出版社，2012 年。

23. 遼初對中原政策淺議（907～959），張儒婷，遼金歷史與考古國際學術研
　　討會論文集（下），遼寧教育出版社，2012 年。

24. 唐末五代幽州劉仁恭政權對契丹的防禦，李曉奇，北方文學（下旬刊），
　　2013 年第 3 期。

25. 試析契丹與劉仁恭政權的幽州博弈，李鵬，地域性遼金史研究（第一輯），
　　中國社會科學出版社，2014 年。

26. 契丹遼朝與後唐戰和關係研究，于越，渤海大學碩士學位論文，2013 年。

27. 後晉「歲輸」淺議，張金銑，史學月刊，2011 年第 1 期。

28. 大遼與北漢聯盟關係探析，李鵬，內蒙古社會科學（漢文版），2013 年
　　第 1 期。

29. 冊封する皇帝と冊封される皇帝：契丹（遼）皇帝と北漢皇帝の事例か
　　ら，毛利英介，関西大學東西學術研究所紀要（46），2013 年，

30. 遼、宋、北漢對「雄州和議」之認知，朱奕嵐，（臺灣）東吳歷史學報（第
　　26 期），2011 年 12 月。

31. 遼代對外關係中的南京，張儒婷，現代交際，2011 年第 5 期。

32. 遼宋競爭與西京大華嚴寺，齊平，大同日報，2011 年 10 月 1 日第 3 版。

33. 五代宋遼時期異質文化交流中的誤解剖析，符海朝，宋史研究論叢（第
　　十三輯），河北大學出版社，2012 年。

34. 五代宋遼時期異質文化交流中的誤解剖析，符海朝，保定宋遼歷史文化
　　遺產及其開發研究，河北大學出版社，2015 年。

35. 宋遼文化交流的考古學觀察——以宣化遼墓的考古發現爲視角，陳朝
　　雲、劉亞玲，鄭州大學學報（哲學社會科學版），2015 年第 1 期。

36. 從遼宋關係看遼對宋詩酒文化的影響，楊柏怡，北方文物，2011 年第
　　4 期。

37. 面對契丹的軍事理論家宋太宗，黃如一，當代人（下半月），2011 年
　　第 1 期。

38. 「馳驅本爲中原用，嘗享能令異域尊」——《楊家將》中遼宋邊疆民族
　　關係探析，吳景山、強進前，衡陽師範學院學報，2014 年第 5 期。

39. 馳驅本爲中原用，嘗享能令異域尊——《楊家將》中遼宋邊疆民族關係探析，吳景山、強進前，西北民族大學學報（哲學社會科學版），2014 年第 5 期。

40. 楊家將「五郎爲僧」故事に関する一考察，松浦智子，日本アジア研究（8），2011 年。

41. 宋朝對歸明、歸朝、歸正人政策析論，徐東升，廈門大學學報（哲學社會科學版），2012 年第 1 期。

42. 北宋時期邊境管理制度研究——以宋遼沿邊地區爲中心，王會敏，河南大學碩士學位論文，2011 年。

43. 宋對遼的邊防政策與設施，段承恩，（臺灣）中國文化大學博士學位論文，2012 年。

44. 論北宋維護邊防安全的法律措施——以宋遼關係爲背景，王軼英，雲南社會科學，2012 年第 2 期。

45. 遼宋對界河越界行爲的處置，張宏利，東北史地，2014 年第 3 期。

46. 封陲之守——宋遼河東熙寧劃界諸層面，彭山杉，復旦大學碩士學位論文，2012 年。

47. 府州折氏與遼的關係，高建國，內蒙古社會科學（漢文版），2014 年第 5 期。

48. 府州折氏與遼的關係，高建國，契丹學論集（第二輯），內蒙古人民出版社，2015 年。

49. 北宋熙豐時期二府與對遼關係決策，陳朝陽，黑龍江史志，2014 年第 9 期。

50. 簡析宋仁宗時期宋遼的和平相處，張闊，黑龍江史志，2013 年第 21 期。

51. 遼興宗時遼宋關南地增幣交涉與富弼之盟是屈辱的和議，楊樹森，遼金史論集（第十三輯），中國社會科學出版社，2013 年。

52. 慶曆通寶與「慶曆增幣」淺議，馬曉偉，華夏文化，2013 年第 2 期。

53. 白馬協（伸）盟與遼聖宗睦鄰重譜牒，肖愛民，遼金史論集（第十三輯），中國社會科學出版社，2013 年。

54. 宋遼國書考述，苗潤博，遼金歷史與考古（第三輯），遼寧教育出版社，2011 年。

55. 宋遼關係中的外交文書：以牒爲例，陶晉生，宋遼金史論叢，（臺灣）聯經出版事業股份有限公司，2013 年。

56. 宋遼外交檔案文獻研究，戴麗莎，中國人民大學碩士學位論文，2015 年。

57. 宋遼外事翻譯活動探微，秦豔輝、王秀紅，蘭臺世界，2015 年第 10 期。

58. 宋遼交聘中的「走出去」與「軟實力」：以宋遼交聘中的禮物往還爲中心，張鵬，美術研究，2013 年第 2 期。

59. 北上使者多英傑 文化使者數此人，葉雨，中國民族報，2012 年 2 月 17 日第 7 版。

60. 宋朝遣遼使臣群體出身研究，王慧傑，北方文物，2014 年第 3 期。

61. 宋朝遣遼使臣群體出身研究，王慧傑，保定宋遼歷史文化遺產及其開發研究，河北大學出版社，2015 年。

62. 宋朝河北遣遼使臣初探，王慧傑，北方文物，2015 年第 2 期。

63. 宋使使遼儀研究，工凱，吉林大學碩士學位論文，2012 年。

64. 宋朝使臣對遼交往禮儀規則探微，工慧傑，蘭臺世界，2012 年第 3 期。

65. 宋朝遣遼使節對宋遼關係的影響，王慧傑，宋史研究論叢（第十二輯），河北大學出版社，2011 年。

66. 論北宋對遼間諜政策，王軼英，樂山師範學院學報，2014 年第 3 期。

67. 遼宋時期諜戰的運用，屈羅木圖，內蒙古財經大學學報，2014 年第 4 期。

68. 宋遼刺事人地域、身份探析，武文君，赤峰學院學報（漢文哲學社會科學版），2015 年第 11 期。

69. 宋遼帝后生辰與哀喪的交聘活動——以宋眞宗、遼承天太后、遼聖宗爲主，蔣武雄，東吳歷史學報（第 25 卷），2011 年 6 月。

70. 試論北宋出使使臣的外交情報搜集活動，袁良勇，宋史研究論叢（第十二輯），河北大學出版社，2011 年。

71. 北宋赴遼使節「辭不行」現象初探，韓利琴，重慶交通大學學報（社會科學版），2011 年第 1 期。

72. 北宋使臣監察啓示錄，王恩山，地域性遼金史研究（第一輯），中國社會科學出版社，2014 年。

73. 宋朝遣遼使臣所受賞罰不一致成因探析，王慧傑，蘭臺世界，2013 年第 33 期。

74. 淺議遼朝接待宋朝使節的酒禮，曹顯徵，契丹學論集（第一輯），內蒙古人民出版社，2015 年。

75. 宋臣劉敞使遼的行程，蔣武雄，（臺灣）東吳歷史學報（第 30 期），2013 年 12 月。

76. 宋臣彭汝礪使遼的行程，蔣武雄，（臺灣）史學彙刊（第 34 期），2015 年 12 月。

77. 宋代出使文學研究，陳大遠，吉林大學博士學位論文，2014 年。

78. 兩宋出使遼金詩闡論，陳大遠，北方論叢，2012 年第 6 期。

79. 兩宋使北詩三論，蔣英，湖北社會科學，2012 年第 9 期。

80. 兩宋與北朝交聘詩之差異及其形成原因，白金，文學評論叢刊（第 15 卷第 2 期），南京大學出版社，2014 年。

81. 北宋使遼（契丹）関係詩考，中村昌彥，帝京大學福岡醫療技術學部紀要（7），2012 年。

82. 歐陽修的兩首使遼詩，趙麗春，遼上京文化遺產（總第 3 期），2012 年 5 月 30 日。

83. 試論蘇頌「使遼詩」中的愛國情懷，胡彥，開封教育學院學報，2014 年第 7 期。

84. 論蘇轍的使遼詩，王文科，河南大學學報（社會科學版），2015 年第 2 期。

85. 宋遼交聘背景下的彭汝礪使遼詩，沈文凡、陳大遠，學習與探索，2011 年第 6 期。

86. 宋人出使遼金「語錄」的史學價值，趙永春，淮陰師範學院學報（哲學社會科學版），2013 年第 3 期 。

87. 從宋臣陳襄《神宗皇帝即位使遼語錄》論其使遼事跡，蔣武雄，（臺灣）史彙（第 15 期），2011 年 12 月。

88. 『神宗皇帝即位使遼語録』の概要と成立過程，澤本光弘，アジア遊學（160），2013 年。

89. 遼使儒化現象研究，姜維東，社會科學戰線，2011 年第 5 期。

90. 宋代翰林學士與契丹（遼）及金的交聘，唐春生、孟穎，重慶師範大學學報（哲學社會科學版），2011 年第 5 期。

91. 遼朝對外遣使研究，紀祥，遼寧大學碩士學位論文，2013 年。

92. 遼朝使宋國信使研究，蘇丹，吉林大學碩士學位論文，2014 年。

93. 遼朝使宋國信使的選任，蘇丹，黑龍江史志，2013 年第 12 期。

94. 遼代劉六符兄弟與遼宋外交，蔣武雄，（臺灣）中央大學人文學報（第 57 期），2014 年 4 月。

95. 遼代錦州臨海軍節度使出使外交考，陳天宇、肖忠純，赤峰學院學報（漢 文哲學社會科學版），2015 年第 1 期。

96. 從墓誌論遼臣在遼宋外交的事跡，蔣武雄，（臺灣）東吳歷史學報（第 27 期），2012 年 6 月。

97. 遼使「儒化」現象研究，姜維東，遼金史論集（第十二輯），吉林大學出 版社，2012 年。

98. 北宋佚名《景德四圖・契丹使朝聘圖》考釋，尹承，故宮博物院院刊， 2015 年第 1 期。

99. 宋遼金戈的暫時終結──澶淵之盟，高凌宇，金田，2015 年第 12 期。

100. 「澶淵之盟」平議，楊國宜，黃河科技大學學報，2011 年第 1 期。

101. 「澶淵之盟」對遼朝的影響，周木強，安慶師範學院學報（社會科學版）， 2012 年第 3 期。

102. 試析澶淵結盟之前的遼宋關係，魏琳，遼寧師範大學碩士學位論文， 2011 年。

103. 宋遼「澶淵之盟」的訂定與啓示，何世同，（臺灣）中華戰略學刊（第 101 卷），2012 年 3 月。

104. 蕭綽與澶淵之盟略談，胡可夫、熊威，文藝生活（下旬刊），2012 年 第 2 期。

105. 由澶淵之盟看宋遼交聘制度，郭松雪，遼金歷史與考古（第五輯），遼寧 教育出版社，2014 年。

106. 澶淵の盟について：盟約から見る契丹と北宋の関係，毛利英介，アジ ア遊學（160），2013 年。

107. 論「澶淵之盟」後的契丹跨界入宋者，徐世康，哈爾濱學院學報，2014 年第 1 期。

108. 澶淵之盟與宋詞之興，段永強，名作欣賞，2011 年第 26 期。

109. 從「澶淵之盟」爭論看自貿區，薛谷香，杭州金融研修學院學報，2015 年第 8 期。

110. 「澶淵之盟」要了遼國的命，王吉舟，領導文萃，2015 年第 14 期。

111. 虛實之間：墓誌所見澶淵之盟中張皓事跡的「眞實」與「塑造」，仝相卿，歷史教學（下半月刊），2015 年第 12 期。

112. 論盟誓背景下北宋對遼策略的隱憂，安國樓、王國宇，河南師範大學學報（哲學社會科學版），2015 年第 5 期。

113. 論北宋晚期徽宗君臣收復燕雲之國策，楊小敏、張自福，天水師範學院學報，2011 年 第 1 期。

114. 淺析北宋聯金復燕政策，陳昱彤，科學中國人，2015 年第 15 期。

115. 海上之盟前的宋朝與女眞關係，程民生，社會科學戰線，2012 年第 3 期。

116. 論宋金《海上之盟》的平等性，冷秉程，世紀橋，2011 年第 7 期。

117. 「海上之盟」決策研究——以徽宗爲中心，冉曉旭，首都師範大學碩士學位論文，2015 年。

118. 蘇過對宋金攻遼的詩意呈現及原因探究，丁沂璐、慶振軒，北方民族大學學報（哲學社會科學版），2015 年第 4 期。

119. 幽州的取得與北宋的滅亡，曾謙，江漢論壇，2013 年第 1 期。

120. 童貫：大金帝國眞正的國父，黃如一，舊聞新知，2011 年第 3 期。

121. 《宋史》將張邦昌列入叛臣傳是冤案，劉肅勇，中國社會科學報，2012 年 10 月 29 日 A04 版。

122. 金將完顏兀朮渡長江到臨安追捉宋高宗，張狆，蘭臺世界，2012 年第 12 期。

123. 靖康之變康王出質金營的兩個問題，鄭明寶，中華文史論叢，2012 年第 4 期。

124. 北宋徽、欽二帝在金國生活述略，周喜峰，金上京文史論叢（第四輯），黑龍江人民出版社，2013 年。

125. 徽欽二帝在金「行宮」及其境遇狀況考，那海洲、張相和、郭長海，滿族研究，2011 年第 3 期。

126. 五國城與徽欽二帝的死地，張克、劉威，尋根，2011 年第 4 期。

127. 金國送回的宋徽宗靈柩是一口空棺材，劉肅勇，文史月刊，2012 年第 3 期。

128. 宋韋妃帝姬金上京受淩辱柔福公主逃回南宋遭陷害，陳士平，黑龍江史志，2014 年第 18 期。

129. 張浚：一生抗金的南宋名臣，晏建懷，文史天地，2014 年第 12 期。

130. 試從兩宋交際嘉陵江流域政區建置變化看宋金對峙態勢，周倫毅，三峽論壇（三峽文學‧理論版），2014 年第 5 期。

131. 南宋抗金之江防機構考，熊燕軍，江漢學術，2013 年第 1 期。

132. 紹興五年南宋朝廷「漸圖恢復」下的對金態度，陳忻，重慶師範大學學報（哲學社會科學版），2014 年第 3 期。

133. 「南北中興」始隆興，韓晗，中國民族報，2014 年 3 月 7 日第 9 版。

134. 金朝前期的事金宋人研究，劉叢，東北師範大學碩士學位論文，2012 年。

135. 宋金對峙時期「歸正人」研究，蔣怡，華中師範大學碩士學位論文，2012 年。

136. 南宋時期歸正人研究，曹小波，渤海大學碩士學位論文，2012 年。

137. 南宋歸正人若干問題研究，張沖，河北大學碩士學位論文，2014 年。

138. 宋金對峙時期南宋歸止人政策之運行，謝波，宋史研究論叢（第 15 輯），河北大學出版社，2014 年。

139. 金朝外交禮儀制度研究，張中，安徽師範大學碩士學位論文，2013 年。

140. 宋金交聘禮儀研究，王大鵬，遼寧大學碩士學位論文，2013 年。

141. 宋金交聘的新文獻《使金覆命表》研究，周立志，北方文物，2013 年第 1 期。

142. 論宋金交聘的運作流程——以宋之才《使金賀生辰還覆命表》為中心的考察，周立志，東北史地，2015 年第 2 期。

143. 宋人使金文獻研究，李冰鑫，吉林大學碩士學位論文，2014 年。

144. 宋金交聘中「翻譯」活動初探——倪思《重明節館伴語錄》考察，仝相卿，北方民族大學學報（哲學社會科學版），2013 年第 2 期。

145. 宋金交聘中南宋泛使之遣的歷史演變論略，劉春霞，天中學刊，2012 年第 1 期。

146. 論朱弁羈留金朝的創作，白新輝，名作欣賞，2015 年第 11 期。

147. 宋朝秦檜是否為金朝「奸細」考辨，辛時代，遼寧工程技術大學學報（社會科學版），2015 年第 4 期。

148. 宋高宗時期赴金使節的變化，韓利琴，綿陽師範學院學報，2012 年第 3 期。

149. 「洪氏父子」使金論述，李明明，長江大學學報，2014 年第 3 期。

150. 宋金關係中的崔與之——以嘉定年間爲中心的考察，武玉環、孫孝偉，北方文物，2011 年第 2 期。

151. 嘉定絕幣與宋金關係之變化，王高飛，綿陽師範學院學報，2011 年第 12 期。

152. 南宋范成大使金研究，張代親，（臺灣）東吳大學碩士學位論文，2012 年。

153. 從周必大《思陵錄》看淳熙十四年宋金外交之隱秘，許浩然，殷都學刊，2015 年第 2 期。

154. 詩學、私交與對金態度——胡銓、周必大的鄉邦唱和，許浩然，井岡山大學學報（社會科學版），2015 年第 2 期。

155. 從「覘國」視角探析南宋使金詩文，劉珺珺，殷都學刊，2011 年第 3 期。

156. 論楊萬里接送金使詩，胡傳志，宋代文學國際研討會論文集（第六屆），巴蜀書社，2011 年。

157. 論許及之的使金詩，孫明材，電子科技大學學報（社科版），2014 年第 6 期。

158. 弱勢外交下的宋代使金詞，彭國忠，安徽師範大學學報（人文社會科學版），2012 年第 6 期。

159. 宋金關係變化與斥堠鋪、擺鋪的置廢，郭磊，德州學院學報，2011 年第 3 期。

160. 南宋統治者處置李全問題的錯誤及其原因，俞暉、俞兆鵬，江漢論壇，2012 年第 4 期。

161. 從聯金滅遼到聯蒙滅金，閆濤，試題與研究（新課程論壇），2011 年第 5 期。

162. 論金朝朝貢冊封體制的衰亡，神田勇揮，吉林大學碩士學位論文，2012 年。

163. 金代東北與中亞有關問題研究，張然，華章，2011 年第 1 期。

164. 金人對北宋人物的看法，王明蓀，浙江學刊，2013 年第 3 期。

165. 略論金末的外交關係，合燦溫，民族論壇，2014 年第 5 期。

166. 遼金與金宋關係，王崗，北京文史，2013 年第 4 期。

167. 北宋末年遼、金議和探析，張艦戈，蘭臺世界，2015 年第 21 期。

168. 契丹與高句麗關係考述，孫煒冉、李樂營，通化師範學院學報，2014 年第 1 期。

169. 高麗與宋遼金關係比較研究，林國亮，延邊大學博士學位論文，2012 年。

170. 遼麗封貢制度研究，劉一，滿族研究，2012 年第 2 期。

171. 試談遼金與高麗的文化交流，黃飛，科學時代，2013 年第 11 期。

172. 地緣政治視野下高麗和遼、宋關係探究，胡婷，東北史地，2014 年第 4 期。

173. 關於聖宗朝遼朝與高麗關係的幾個問題，李貴英，遼寧師範大學碩士學位論文，2011 年。

174. 從保州問題看遼中期與高麗關係，張猛，佳木斯教育學院學報，2012 年第 5 期。

175. 遼與高麗關係演變中的使職差遣，張國慶，遼金歷史與考古（第四輯），遼寧教育出版社，2013 年。

176. 遼對高麗的第一次征伐新探，陳俊達，邢臺學院學報，2014 年第 3 期。

177. 淺談遼麗關係史研究中的概念辨析問題——以「使節」「使臣」「使者」為例，陳俊達，吉林省教育學院學報（上旬），2015 年第 8 期。

178. 試析遼朝遣使高麗前期的階段性特點（公元 922～1038 年），陳俊達，齊齊哈爾大學學報（哲學社會科學版），2015 年第 4 期。

179. 遼朝遣使高麗年表簡編（前期：922 年至 1038 年），陳俊達，黑龍江史志，2015 年第 5 期。

180. 遼朝遣使高麗年表簡編——後期：1039 年至 1120 年，陳俊達，黑龍江史志，2015 年第 8 期。

181. 麗遼「關係分期」「朝貢分期」與「遣使分期」辨析——東亞封貢體系形成理論研究之一，陳俊達，雞西大學學報，2015 年第 5 期。

182. 關於遼朝遣使冊封、加冊及賀高麗國王生辰的新思考——兼論封貢體系下宗主國宗主權的行使，陳俊達、邵曉晨，赤峰學院學報（漢文哲學社會科學版），2015 年第 5 期。

183. 11 世紀高麗與朝鮮半島東北部女真關係研究——以《高麗史》中相關政治語彙為中心，孫昊，東北亞研究論叢（第七輯），東北師範大學出版社，2014 年。

184. 金麗交聘路線考，孫建權，東北史地，2011 年第 6 期。

185. 高麗前期の官僚李文鐸の墓誌を通じてみた高麗・金関係について，近藤剛，教育・研究（中央大學附屬中學校・高等學校），24 號，2011 年。

186. 金朝遣使高麗年表，合燦溫，黑龍江史志，2015 年第 14 期。

187. 錢穆《國史大綱》「女眞攻掠高麗、日本」條考釋，彭鋒，北京社會科學，2015 年第 4 期。

188. 1019：刀伊對日本的襲擊，吳起、修斌，暨南史學（第九輯），廣西師範大學出版社，2014 年。

189. 遼代漢文石刻所見遼夏關係考，陳瑋，北方文物，2012 年第 4 期。

190. 遼代漢文石刻所見遼夏關係考，陳瑋，華西語文學刊（第八輯），四川文藝出版社，2013 年。

191. 遼夏和親對遼夏關係的影響，李想，神州（中旬刊），2013 年第 8 期。

192. 遼夏關係對宋夏和戰的影響，王雅麗，國立臺灣師範大學碩士學位論文，2012 年。

193. 碑誌所見遼代赴西夏外交使臣事略考述，李宇峰，西夏學（第七輯），上海古籍出版社 2011 年。

194. 遼金易代之際的西夏問題，孫尚武、楊浣，遼金歷史與考古國際學術研討會論文集（上），遼寧教育出版社，2012 年。

195. 金朝與西夏關係初探，袁曉陽，黃河科技大學學報，2011 年第 3 期。

196. 金夏之間的早期交涉，孫尚武、楊浣，遼金史論集（第十三輯），中國社會科學出版社，2013 年。

197. 金人文集中石刻史料所見金夏關係考，陳瑋，古籍整理研究學刊，2013 年第 3 期。

198. 金代漢文石刻所見金夏關係研究，陳瑋，北方文物，2014 年第 4 期。

199. 金對西夏使節接待制度研究，張鵬，赤峰學院學報（漢文哲學社會科學版），2014 年第 2 期。

200. 夏金末年夏使入金賀正旦儀式考論——以《金史》「新定夏使儀」爲中心，王剛、李延睿，北方民族大學學報（哲學社會科學版），2015 年第 4 期。

201. A New Kind of Northerner:Initial Song Perceptions of the Mongols, Chad D. Garcia, *Journal of Song-Yuan Studies*, Volume 42, 2012.

202. 金朝與蒙古諸部關係研究，寧波，邊疆經濟與文化，2014 年第 11 期。

203. 蒙金使者往來研究，白剛，吉林大學碩士學位論文，2015 年。

（四）軍事

1. 後突厥時期唐、突厥、契丹在北疆的軍事角逐及其影響，邊保應，內蒙古師範大學碩士學位論文，2011 年。

2. 契丹可突于與唐四次大戰考論，任麗穎、孟凡雲，北方文物，2012 年第 1 期。

3. 在歷史的夾縫中：五代北宋時期的「契丹直」，劉浦江，中華文史論叢，2012 年第 4 期。

4. 論巫術在契丹對外戰爭中的作用——以契丹與中原政權的戰爭爲中心，馬馳原，河北北方學院學報（社會科學版），2014 年第 6 期。

5. 遼、金戰法的歷史演變，劉慶，遼金史論集（第十二輯），吉林大學出版社，2012 年。

6. 遼金西京大同的軍事地位，石維娜，山西大同大學學報（社會科學版），2011 年第 2 期。

7. 契丹軍制史稿，陳述，遼金歷史與考古（第二輯），遼寧教育出版社，2011 年。

8. 遼朝軍隊的分類及其編組，黃英士，（臺灣）中正歷史學刊（第 17 期），2014 年 12 月。

9. 遼朝軍隊的軍兵種研究，劉雄，遼寧大學碩士學位論文，2014 年。

10. 遼朝邊防研究，杜鵑，遼寧大學碩士學位論文，2014 年。

11. 遼朝海軍考述，張宏利，大慶師範學院學報，2014 年第 1 期。

12. 遼代邊境防禦策略與軍事部署研究，陳凱軍，渤海大學碩士學位論文，2013 年。

13. 遼朝戍邊制度研究，趙瑞，吉林大學碩士學位論文，2013 年。

14. 遼朝軍隊軍需裝備研究，李龍，遼寧大學碩士學位論文，2013 年。

15. 遼初軍事戰略研究，楊超，吉林大學碩士學位論文，2015 年。

16. 契丹大帳皮室軍研究，何希，吉林大學碩士學位論文，2015 年。

17. 契丹皮室軍職能轉變原因探析，何希，遼寧工程技術大學學報（社會科學版），2015 年第 1 期。

18. 契丹皮室軍職能轉變原因探析，何希，東北史地，2015 年第 2 期。

19. 遼太祖與元太祖侍衛親軍比較分析，馮科，廣播電視大學學報（哲學社會科學版），2015 年第 3 期。

20. 耶律德光南下對遼朝的軍事影響，張晉忠，朔方論叢（第四輯），內蒙古大學出版社，2015 年。

21. 五代、南宋的河朔農民武裝，岳東，黃河科技大學學報，2012 年第 3 期。

22. 遼與後唐定州之戰及其影響，于越，廊坊師範學院學報（社會科學版），2012 年第 2 期。

23. 中國歷史上的「信心建立措施」：以宋遼軍事關係為例，丁樹範、黃恩浩、王俊評，（臺灣）遠景基金會季刊（第 13 卷第 2 期），2012 年 4 月。

24. 宋遼戰爭，朱增泉，神劍，2011 年第 6 期。

25. 楊業兵敗身死之役　雍熙北伐：收復幽雲成泡影，熊崧策，國家人文歷史，2013 年第 9 期。

26. 北宋對遼軍事策略的三次轉變（974～989），馬萌，渤海大學碩士學位論文，2014 年。

27. 宋太宗朝「將從中御」政策施行考——以宋遼、宋夏間著名戰役為例，田志光，軍事歷史研究，2011 年第 2 期。

28. 北宋前期對遼軍事活動中的宦官群體——以《宋史·宦官傳》為例，馬萌，學理論，2013 年第 23 期。

29. 宋遼戰爭中武將的便宜行事權，王軼英、史改俠、李娜，赤峰學院學報（漢文哲學社會科學版），2014 年第 7 期。

30. 宋遼戰爭：宋初軍旅詩的內核，袁君煊、肖華，山西大同大學學報（社會科學版），2014 年第 2 期。

31. 高梁河之戰中遼軍獲勝原因初探，劉雄、李慧慧，劍南文學（經典閱讀），2012 年第 9 期。

32. 宋遼徐河之戰及其影響，顧宏義、鄭明，遼金史論集（第十二輯），吉林大學出版社，2012 年。

33. 北宋戰略防禦階段的宋遼戰爭與澶淵之盟——立足宋軍戰法探討，黃俊峰，中國人民大學碩士學位論文，2015 年。

34. 公元 1122 年北宋攻遼南京之戰：一場看似不起眼、卻引起中國歷史巨變的戰爭，何世同，（臺灣）中華戰略學刊（第 100 期），2011 年 3 月。

35. 蘇過對宋金攻遼的詩意呈現及原因探究，丁沂璐、慶振軒，北方民族大學學報（哲學社會科學版），2015 年第 4 期。

36. 金太祖進軍遼南的策略與措施，劉肅勇，遼寧省博物館館刊（2014 年），遼海出版社，2015 年。

37. 信任危機下的叛遼降金武將，賈淑榮，西南大學學報（社會科學版），2012 年第 6 期。

38. 金朝初期對遼戰爭中降金契丹將士的軍事活動及作用，夏宇旭，北方文物，2011 年第 4 期。

39. 亡國遺民的軍功：金朝對外戰爭中的契丹將士，夏宇旭，首都師範大學學報（社會科學版），2014 年第 6 期。

40. 小議出河店之戰成因，邱海林，牡丹江師範學院學報（哲學社會科學版），2013 年第 5 期。

41. 出河店之戰初探，邱海林，黑龍江史志，2013 年第 14 期。

42. 遼金爭奪興中府及其影響，吳鳳霞、王彥力，渤海大學學報（哲學社會科學版），2014 年第 2 期。

43. 金代前期軍事心理戰論析，賈淑榮，北方論叢，2011 年第 6 期。

44. 金朝水軍諸問題研究，趙曉帆，河北大學碩士學位論文，2012 年。

45. 金代「細軍」探微，志群、姜賓，中國史學（21），2011 年 10 月。

46. 試釋《金史‧兵志》中的「合里合軍」，胡小鵬，西北師大學報（社會科學版），2015 年第 6 期。

47. 金中都城駐軍初探，姜賓，首都師範大學學報（社會科學版），2011 年增刊。

48. 金代兵器淺談，劉麗萍，東北史地，2011 年第 5 期。

49. 金代武將群體研究，賈淑榮，吉林大學博士學位論文，2012 年。

50. 《金代武將群體研究》概要，賈淑榮，地域性遼金史研究（第一輯），中國社會科學出版社，2014 年。

51. 金代武將管理措施論析，賈淑榮，黑龍江民族叢刊，2013 年第 5 期。

52. 金代武將的範疇及界定考，賈淑榮，北方文物，2013 年第 4 期。

53. 從武將選任解讀金代軍事實力的盛衰，賈淑榮，內蒙古民族大學學報（社會科學版），2013 年第 5 期。

54. 略論金初戰馬資源與馬政，孫建權，遼寧省博物館館刊（2011），遼海出版社，2011 年。

55. 金代北京路的軍事戰爭，寧波，蘭臺世界，2015 年第 16 期。

56. 馬植與宋金戰爭之關係新論，袁源，齊齊哈爾大學學報（哲學社會科學版），2015 年第 3 期。

57. 金軍南侵與靖康初年中央統軍體制的調整，賈連港，宋史研究論叢（第16 輯），河北大學出版社，2015 年。

58. 太行山寨：大宋抗金的最後底牌，北溟，中華遺產，2014 年第 11 期。

59. 金初攻宋西路軍統帥探微，陳俊達，寧夏大學學報（人文社會科學版），2014 年第 3 期。

60. 主戰派陳康伯全力抗金 主戰帥虞允文猛力抗戰 主戰將時俊盡力抗擊 采石在一場金侵宋勝刀光劍影大戰中成為瑰色地名，鄧慶，中國地名，2014 年第 7 期。

61. 試探宋金和戰與高宗心態的轉折，黃繁光，宋史研究論文集（2010），湖北人民出版社，2011 年。

62. 史浩與宋金和戰——以德順之敗和隆興北伐為中心，汪聖鐸、喬東山，浙江學刊，2011 年第 2 期。

63. 隆興元年的宋金宿州之役，李天鳴，宋史研究論文集（2010），湖北人民出版社，2011 年。

64. 論南宋前期吳玠、吳璘在關隴地區的抗金鬥爭，馮保魁、王娟娟，隴東學院學報，2014 年第 4 期。

65. 論宋金柘皋之戰及其影響，張薇，長春工業大學學報（社會科學版），2014 年第 4 期。

66. 柘皋之戰與南宋初年的收兵權，湯文博、覃浩鵬，葛金芳教授七十壽慶文集，中山大學出版社，2015 年。

67. 再論宋金戰爭中的趙鼎，康莉娟，青春歲月，2013 年第 20 期。

68. 膠西海戰再考釋，王青松，宋史研究論叢（第十四輯），河北大學出版社，2013 年。

69. 嘉定十五年至寶慶三年的宋金戰事，李天鳴，第三屆海峽兩岸「宋代社會文化」學術研討會論文集，浙江大學出版社，2013 年。

70. 變亂之際：南宋初年的楚州，韓桂華，第三屆海峽兩岸「宋代社會文化」學術研討會論文集，浙江大學出版社，2013 年。

71. 宋金隔淮相峙與壽春之防，許斌，新餘學院學報，2014 年第 1 期。

72. 試論金宣宗時期的金夏之戰，陳德洋，西夏學（第九輯），上海古籍出版社，2014 年。

73. 金夏后期邊境衝突及其特點，杜珊珊，學理論，2015 年第 26 期。

74. 曷懶甸之戰：女真的崛起，韓晗，中國民族報，2014 年 1 月 24 日第 9 版。

75. 試論女真及其金朝與高麗之間的戰爭，孫希國、宋俊成，遼寧教育行政學院學報，2013 年第 6 期。

76. 金末防秋，曹文瀚，（臺灣）華岡史學（第 2 期），2014 年 12 月。

77. 蒙、金三峰山之役若干問題新探，韓玲，內蒙古大學碩士學位論文，2014 年。

78. 金末義軍與晚金軍事研究，李浩楠，河北大學博士學位論文，2013 年。

79. 金元鼎革之際漢人武裝研究，李迎春，渤海大學碩士學位論文，2013 年。

80. 論蒙金征戰之際北方地區的漢人武裝崛起，李迎春、張軍麗，渤海大學學報（哲學社會科學版），2012 年第 6 期。

81. 蒙金戰爭與東北局勢的變化（上、下），張儒婷、王春林，鴨綠江（下半月版），2015 年第 11、12 期。

82. 外交使節所述早期蒙金戰爭，黨寶海，清華元史（第三輯），商務印書館，2015 年。

83. 金朝河北地區抗蒙水寨山寨考，土菱菱、李浩楠，河北大學學報（哲學社會科學版），2013 年第 1 期。

84. 試論金朝河東地區山寨抗蒙作戰，李浩楠，內蒙古社會科學（漢文版），2013 年第 2 期。

85. 十三世紀金元戰爭前後的蒲州城市景觀變遷，楊曉國，史志學刊，2015 年第 2 期。

86. 張北野狐嶺「無窮之門」的烽火狼煙，蘇綰，環球人文地理，2013 年第 21 期。

87. 金朝末年東北地區的割據力量，張儒婷，華章，2013 年第 34 期。

88. 金朝的滅亡：決定金朝命運的三次大戰，本刊編輯部，當代人・歷史解密，2011 年第 12 期。

五、經　濟

(一) 概論

1. 契丹經濟史研究，張競超，中央民族大學碩士學位論文，2012 年。

2. 契丹遼朝國家經濟區域整合的歷史軌跡，王明前，青海師範人學民族師範學院學報，2015 年第 1 期。

3. 論遼從遊牧經濟向農耕與游牧並重的轉變與農牧和諧關係的實現，陳啓喆，文山學院學報，2011 年第 5 期。

4. 遼朝南農北牧大格局之形成考，郭麗平，學理論，2013 年第 27 期。

5. 略論野生動物資源與遼代社會，夏宇旭，蘭臺世界，2013 年第 7 期。

6. 遼金時期西遼河流域人地關係研究，張景博，遼寧大學碩士學位論文，2012 年。

7. 遼代遼西走廊經濟的發展，金豔麗，遼金歷史與考古國際學術研討會論文集（上），遼寧教育出版社，2012 年。

8. 遼代醫巫閭地區社會經濟的發展，付智健、肖忠純，遼寧經濟管理幹部學院、遼寧經濟職業技術學院學報，2015 年第 6 期。

9. 簡論遼金王朝在伊通河流域的發展，楊雨舒，遼金史研究，遼寧民族出版社，2013 年。

10. 遼代幽雲地區土地買賣的幾個問題——以遼代石刻資料爲中心，王曈，中國經濟史研究，2011 年第 3 期。

11. 遼代幽州地區的家庭糧食消費與供給，王曈，遼金歷史與考古國際學術研討會論文集（上），遼寧教育出版社，2012 年。

12. 遼朝的貧富分化及其對策初探，王欣欣，蘭臺世界，2013 年第 27 期。

13. 遼金二朝財政體系初探，王明前，長春金融高等專科學校學報，2012 年第 2 期。

14. 淺議歷史上的利率問題——以遼金元為研究對象，楊小敏、王中良，東京文學，2011 年第 5 期。

15. 試論金世宗時期臨潢府（路）經濟發展的動因，賈淑榮，內蒙古民族大學學報（社會科學版），2011 年第 3 期。

16. 論金世宗時期臨潢府（路）經濟的發展，賈淑榮，蘭臺世界，2011 年第 22 期。

17. 金代興中府及其毗鄰州縣經濟發展的原因，吳鳳霞，遼寧工程技術大學學報（社會科學版），2015 年第 3 期。

18. 金代吏員集團對經濟的影響，王雷、趙少軍，黑龍江史志，2011 年第 17 期。

19. 論金代宗室的經濟收入及經濟犯罪，李玉君、王志民，河北科技大學學報（社會科學版），2012 年第 2 期。

20. 論農耕經濟與金朝及女眞族社會發展進程，王德忠，遼金史論集（第十三輯），中國社會科學出版社，2013 年。

21. 論農耕經濟與金朝及女眞族社會發展進程，王德忠，金上京文史論叢（第四輯），黑龍江人民出版社，2013 年。

22. 金朝的水利和社會經濟，關樹東，遼金史論集（第十三輯），中國社會科學出版社，2013 年

23. 簡述金朝中葉中都及周邊地區經濟產業，黃明康，金上京文史論叢（第四輯），黑龍江人民出版社，2013 年。

24. 金代北京路經濟發展與環境變遷，寧波，宋史研究論叢（第十四輯），河北大學出版社，2013 年。

25. 遼宋金時期的水旱災害、水利建設與經濟重心的轉移——以黃淮海地區和東南江淮兩浙地區為考察對象，關樹東，隋唐遼宋金元史論叢（第四輯），上海古籍出版社，2014 年。

26. 試論遼代貧弱群體及其政府對策，陳德洋，契丹學論集（第一輯），內蒙古人民出版社，2015 年。

27. 金朝女眞人貧困化問題研究，張光旺，吉林大學碩士學位論文，2015 年。

（二）人口、戶籍與移民

1. 遼朝人口總量考，楊軍，史學集刊，2014 年第 3 期。

2. 簡析遼契丹人口思想與遼代阜新人口，賴寶成，社科縱橫，2015 年第 11 期。

3. 契丹の徙民政策と渤海係瓦當，向井祐介，遼文化・慶陵一帶調查報告書 2011，京都大學大學院文學研究科，2011 年。

4. 遼對渤海人的移民及其安置，孫煒冉，博物館研究，2015 年第 1 期。

5. 遼代北方民族的內聚：遼寧地區的移民及其影響，肖忠純，內蒙古社會科學（漢文版），2012 年第 1 期。

6. 遼代移民遼西及其影響探析，吳鳳霞，北方文物，2015 年第 2 期。

7. 遼代人、小凌河流域的移民與經濟開發，肖忠純，遼金史論集（第十三輯），中國社會科學出版社，2013 年。

8. 遼金時期二稅戶人身依附關係及其演變，高玉平，赤峰學院學報（哲學社會科學版），2013 年第 10 期。

9. 遼金時期依附關係研究——以官戶、監戶、驅、二稅戶爲例，高玉平，渤海大學碩士學位論文，2014 年。

10. 簡論金代契丹族二稅戶及驅奴，夏宇旭，吉林師範大學學報（人文社會科學版），2011 年第 1 期。

11. 金代家庭人口數量考略——以金代石刻文獻爲中心，王新英、賈淑榮，黑龍江民族叢刊，2014 年第 6 期。

12. 從幸福鄉古村落遺址看金代雙城人口狀況，那正俊，東北史研究，2015 年第 3 期。

13. 金代括戶問題述論，張婷婷，華北水利水電學院學報（社科版），2012 年第 2 期。

14. 金代的戶口調查統計及其啓示，王孝俊，河南財政稅務高等專科學校學報，2012 年第 3 期。

15. 關於金代戶籍類型的考察，韓光輝、吳炳乾，北方文物，2012 年第 3 期。

16. 金太宗時期女眞人內徙考，郝素娟，古籍整理研究學刊，2015 年第 4 期。

17. 金代東北地區的移民與農業開發，寧波，蘭臺世界，2013 年第 3 期。

18. 10～13 世紀朝鮮半島的華人移民活動，蘆敏，江西社會科學，2014 年第 1 期。

（三）賦役制度

1. 宋遼金時期賦稅——中國稅史之四，蔡昌，財會學習，2014 年第 6 期。
2. 遼金時期賦役制度比較研究，郭穎，遼寧大學碩士學位論文，2011 年。
3. 金代酒稅制度初探，張振和，北方文物，2013 年第 3 期。
4. 金代鹽稅法淺談，沈昀，北方文物，2014 年第 3 期。

（四）貿易、商業

1. 遼代榷場設置述論，程嘉靜，內蒙古社會科學（漢文版），2015 年第 2 期。
2. 宋遼「榷場」貿易考究，許淑慧，蘭臺世界，2015 年第 33 期。
3. 北宋對遼榷場置廢及位置考，張重豔，寧夏社會科學，2013 年第 3 期。
4. 宋遼貿易戰論析，劉欣、呂亞軍，北方論叢，2012 年第 3 期。
5. Early Islamic Sources on the Kitan Liao: The Role of Trade, Anya King, *Journal of Song-Yuan Studies*, Volume 43, 2013.
6. 遼代商業研究，程嘉靜，吉林大學博士學位論文，2015 年。
7. 略論遼朝的鹽、酒專賣，王欣欣，蘭臺世界，2012 年第 28 期。
8. 遼、金、元朝榷鹽辨析與制度經濟交易成本的關聯，楊成光、趙斌，商業時代，2013 年第 24 期。
9. 金代北京地區糧食物流實踐研究，陳喜波，中國儲運，2011 年第 10 期。
10. 論南宋與金對峙時期淮河下游的榷場貿易，曹小波，南昌教育學院學報，2011 年第 3 期。
11. 試論宋金交聘中的走私貿易，李輝，國際社會科學雜誌（中文版），2014 年第 2 期。
12. 南宋與金對峙時期雙方海上貿易研究，孫國陽，中國海洋大學碩士學位論文，2014 年。
13. 淺論金夏間的貢榷貿易，杜珊珊，新西部（理論版），2015 年第 8 期。
14. 《金史》夏金榷場考論，劉霞、張玉海，寧夏社會科學，2015 年第 6 期。
15. 交易有無：宋、夏、金榷場貿易的融通與互動——以黑水城西夏榷場使文書爲中心的考察，郭坤、陳瑞青，寧夏社會科學，2015 年第 5 期。
16. 金與王氏高麗的貢賜貿易，孫希國、宋俊成，蘭臺世界，2014 年第 12 期。

（五）自然災害、救災及環境保護

1. 遼金時期氣候初探，趙文生，東北史研究，2015 年第 2 期。

2. 遼代自然災害的時空分佈特徵與基本規律，蔣金玲，東北師大學報（哲學社會科學版），2012 年第 3 期。

3. 遼代自然災害與蟲害，金渭顯，遼金歷史與考古國際學術研討會論文集（上），遼寧教育出版社，2012 年。

4. 遼代的水患及相關問題研究，張國慶，遼金歷史與考古國際學術研討會論文集（上），遼寧教育出版社，2012 年。

5. 遼朝時期內蒙古地區旱災分析，史風春，契丹學論集（第一輯），內蒙古人民出版社，2015 年。

6. 遼金時期自然災害的統計分析與政府的防災救災措施研究，劉瑋瑋，遼寧大學碩士學位論文，2014 年。

7. 試論遼朝自然災害與饑民救濟，陳德洋，遼寧省博物館館刊（2013），遼海出版社，2014 年。

8. 遼代救災體制探析，蔣金玲，遼金史論集（第十三輯），中國社會科學出版社，2013 年。

9. 遼代社會保障救助事業研究，朱蕾，遼金歷史與考古（第五輯），遼寧教育出版社，2014 年。

10. 遼朝中晚期部落賑濟現象探析，李月新，北方文物，2015 年第 5 期。

11. 遼朝中晚期的部落賑濟探析，李月新，遼寧工程技術大學學報（社會科學版），2015 年第 5 期。

12. 金代蝗災的特點及社會影響分析，馮娟娟，洛陽師範學院學報，2012 年第 6 期。

13. 宋金時期山東地區災害研究，李曉康，山東師範大學碩士學位論文，2012 年。

14. 芻議金朝政府在黃河災後的救濟措施，仇惟嘉，山東農業工程學院學報，2015 年第 1 期。

15. 宋、金治河文獻鉤沉——《河防通議》初探，劉浦江，輿地、考古與史學新說——李孝聰教授榮休紀念論文集，中華書局，2012 年。

16. 遼金元時期生態保護舉措初探，畢季菡、李莉，河北林業科技，2014 年第 2 期。

17. 遼代後期契丹腹地生態環境惡化及其原因，張國慶，遼寧大學學報（哲學社會科學版），2014 年第 5 期。

18. 論金代女眞人對林木資源的保護與發展，夏宇旭，北方文物，2014 年第 1 期。

19. 試論自然災害對遼朝中後期政局的影響，辜永碧，赤峰學院學報（漢文哲學社會科學版），2015 年第 8 期。

20. 金世宗朝保護野生動物政策及其原因分析，吳迪、楊秀麗，北方文物，2015 年第 2 期。

（六）農牧業

1. 中國遼代農業發展的主要動因，桑秋傑，瀋陽農業大學學報（社會科學版），2013 年第 3 期。

2. 遼代契丹故地的農牧業與自然環境，楊軍，中國農史，2013 年第 1 期。

3. 試論遼上京農業特點，李文偉、孫永剛，赤峰學院學報（漢文哲學社會科學版），2015 年第 11 期。

4. 遼朝上京、中京地區農業發展研究，陶莎，吉林大學碩士學位論文，2011 年。

5. 試論遼西京農業的發展與遼朝民族融合的關係，馮兆國，考試周刊，2011 年第 50 期。

6. 從出土的鐵製農用工具探討遼代朝陽地區的農業經濟生產狀況，王冬冬，遼金歷史與考古（第五輯），遼寧教育出版社，2014 年。

7. 遼代遼寧地區農業經濟的興衰演變，肖忠純，渤海大學學報（哲學社會科學版），2013 年第 2 期。

8. 西瓜引種中國及其栽培技術的傳播，吳迪，農業考古，2015 年第 6 期。

9. 遼代畜牧業發展簡述，程嘉靜，契丹學論集（第二輯），內蒙古人民出版社，2015 年。

10. 契丹漁事，徐秉琨，遼金歷史與考古國際學術研討會論文集（上），遼寧教育出版社，2012 年。

11. 遼金屯田之比較，張國慶、邵東波，北方文物，2015 年第 3 期。

12. 論金代的糧食生產與糧食交易，王德朋，黑龍江社會科學，2011 年第 4 期。

13. 論金朝女眞族農業平民經濟狀況的特殊表現，宋立恒，內蒙古社會科學（漢文版），2011 年第 3 期。

14. 試論元代以前北方民族對畜牧業的管理，白雲，內蒙古社會科學（漢文版），2012 年第 6 期。

15. 上京路金代大糧倉，郭長海，金上京文史論叢（第四輯），黑龍江人民出版社，2013 年。

16. 略論金代東北土地制度與農業發展，沈岩，文山學院學報，2015 年第 4 期。

17. 關於金代農業科學技術發展的思考，李速達，黑龍江史志，2015 年第 14 期。

18. 金代植樹考述，周峰，農業考古，2015 年第 4 期。

（七）手工業

1. 遼朝手工業門類與生產場所考述——以石刻文字資料爲中心，張國慶，遼寧工程技術大學學報（社會科學版），2015 年第 5 期。

2. 遼代燕京地區的手工業，章永俊，北京文博文叢，2013 年第 1 輯。

3. 遼代阜新地區手工業發展狀況考述，王希安，遼寧工程技術大學學報（社會科學版），2013 年第 5 期。

4. 遼代大淩河流域手工業探析，肖忠純，渤海大學學報（哲學社會科學版），2014 年第 4 期。

5. 遼代製瓷業對歷史的貢獻，羅平、余虹，收藏界，2011 年第 2 期。

6. 試析「澶淵之盟」對遼代陶瓷製造業的影響，武天祐、寧國強，內蒙古農業大學學報（社會科學版），2015 年第 3 期。

7. 淺析巴林石在遼代的開採與利用，姜博，赤峰學院學報（漢文哲學社會科學版），2014 年第 5 期。

8. 遼代礦冶採煉和金工器物的考古學考察，馮永謙，遼金歷史與考古（第五輯），遼寧教育出版社，2014 年。

9. 女眞建國前傳統手工業初探，劉傑，廊坊師範學院學報（社會科學版），2013 年第 5 期。

10. 金代手工業研究，劉傑，渤海大學碩士學位論文，2014 年。

11. 改革開放以來的金代手工業研究，劉傑，東北史地，2014 年第 1 期。

12. 金代中都地區手工業述略，章永俊，首都師範大學學報（社會科學版），2012 年第 3 期。

13. 金朝船隻的建造與監察，曹凜，中國船檢，2011 年第 1 期。

14. 從金代遺存看女眞冶鐵業的發展，李瑩，黑龍江史志，2011 年第 11 期。

15. 中國燒酒起源新探，馮恩學，吉林大學社會科學學報，2015 年第 1 期。

（八）貨幣

1. 淺析遼代貨幣種類與貨幣制度，陳佳男，科學與財富，2015 年第 9 期。

2. 淺談遼代錢幣的流通問題，任雁，文物世界，2014 年第 3 期。

3. 略談契丹鑄幣業的萌芽，李國峰，中國科技投資，2013 年第 27 期。

4. 從遼代的政治制度演進和經濟發展談遼錢的種類和版別，唐武雲，金融經濟，2014 年第 4 期。

5. 從遼王朝貨幣制度看中華民族融合發展的歷史，李芳，山西財政稅務專科學校學報， 2014 年第 3 期。

6. 遼金元代白銀的使用及貨幣化的逐步確立，蘇利德，內蒙古統計，2014 年第 6 期。

7. 從遼代窖藏看遼代貨幣制度的幾個問題，劉興亮、閆興潘，蘭臺世界，2013 年第 21 期。

8. 從遼代窖藏古錢看遼代貨幣制度的特點，王彥力，遼金歷史與考古（第五輯），遼寧教育出版社，2014 年。

9. 雙龍村出土 143 公斤遼代窖藏錢幣，康立軍，遼上京文化遺產（總第 1 期），2011 年 7 月 1 日。

10. 河北昌黎發現遼代窖藏錢幣，呂豔彬，中國文物報，2012 年 9 月 7 日第 2 版。

11. 簡析遼、金窖藏錢，張秋紅，黑龍江史志，2015 年第 5 期。

12. 淺談遼代年號錢，李麗新，北方文物，2011 年第 2 期。

13. 遼代年號錢賞析，李麗新，遼金歷史與考古（第三輯），遼寧教育出版社，2011 年。

14. 從五枚遼錢談起，楊益，收藏參考，2011 年第 6 期。

15. 「天贊通寶」與遼初錢幣設計芻議，何天明，朔方論叢（第三輯），內蒙古大學出版社，2013 年。

16. 遼錢珍品薈萃——「天顯通寶」、「天祿通寶」、「應曆通寶」、「保寧通寶」，王建國，收藏界，2011 年第 5 期。

17. 「天朝萬順」契丹文大錢，王志榮，收藏界，2011 年第 11 期。

18. 也談「助國元寶」和「壯國元寶」錢的歸屬問題，董國新，江蘇錢幣，2011 年第 2 期。

19. 「大元通寶」與「壯國元寶」，黃明東，收藏界，2011 年第 1 期。

20. 亦談遼太祖立國開元大銀幣，陳瑞海，收藏界，2011 年第 5 期。

21. 遼「應曆通寶」背高浮雕龍紋金錢，蘇國治，收藏界，2011 年第 9 期。

22. 兩種「天慶」兩重天，海泉，收藏界，2011 年第 1 期。

23. 絲綢之路上一古錢，帥照東，新疆錢幣，2015 年第 2 期。

24. 遼錢新品「大安年寶」再發現，李洪義，收藏界，2012 年第 1 期。

25. 遼契丹文「大安銀寶」銀幣考釋，李亞婷，東方收藏，2012 年第 7 期。

26. 遼錢中的珍品——「大遼天慶」折十大錢鑒賞，袁克林，收藏界，2012 年第 3 期。

27. 古幣三品，天雨，收藏界，2011 年第 1 期。

28. 珍幣二品，劉盛全，收藏界，2011 年第 10 期。

29. 「太元貨泉」之謎，海泉，收藏界，2012 年第 9 期。

30. 西遼錢幣小議，黎鳳歧，收藏界，2011 年第 3 期。

31. 吉爾吉斯發現的「續興元寶」與西遼年號考，（俄）別利亞耶夫、斯達諾維奇著，李鐵生譯，中國錢幣，2012 年第 1 期。

32. 遼金錢幣鑒賞研究，葉麗萍，華章，2012 年第 16 期。

33. 契丹宮樂 八音和鳴，劉春聲，中國收藏，2014 年第 12 期。

34. 二十載圓夢生肖錢，張德友，中國收藏，2012 年第 4 期。

35. 如何客觀看待遼、金、西夏三朝新面世錢幣，董大勇，收藏界，2012 年第 6 期。

36. 一種鑒定西夏、遼、金、元代錢幣輔助方法的探討，萬泉，中國錢幣，2014 年第 6 期。

37. 金代貨幣研究綜述，侯震、葉帥斌，經濟研究導刊，2015 年第 3 期。

38. 關於金代錢幣制度特徵的探討，李速達，黑龍江史志，2014 年第 13 期。

39. 金代前期貨幣制度研究，黃澄、李士良，遼金歷史與考古國際學術研討會論文集（上），遼寧教育出版社，2012 年。

40. 金章宗時期貨幣制度改革失敗原因探析，黃金東，史學集刊，2011 年第 4 期。

41. 淺談金代錢幣中的漢化色彩，由紅蕾，劇作家，2014 年第 2 期。

42. 汾陽金墓壁畫與中國古代錢幣兌換業，劉建民，中國錢幣，2011 年第 3 期。

43. 中國金朝貨幣的演變與發展文獻綜述，齊浩志，長春金融高等專科學校學報，2014 年第 2 期。

44. 金朝銅錢貨幣流通貯藏形態管窺——以出土金朝錢幣實物爲中心，楊君，中國錢幣，2015 年第 6 期。

45. 金代窖藏銅錢研究，張崴、王德朋，遼金歷史與考古（第三輯），遼寧教育出版社，2011 年。

46. 北京右安門出土金代窖藏錢幣，中國錢幣，2013 年第 6 期。

47. 北京右安門出土金代窖藏錢幣初探，李維，中國錢幣，2013 年第 6 期。

48. 河北阜城發現金代窖藏錢幣，王曉岩、張浩、王琳，文物春秋，2014 年第 5 期。

49. 昌黎縣康塾坨村發現金代窖藏錢幣，田強，文物春秋，2014 年第 2 期。

50. 黑龍江省雙城市單城鎮金代錢幣窖藏，張濤，北方文物，2012 年第 4 期。

51. 大慶地區金代窖藏銅錢的幾個問題，唐國文，大慶社會科學，2011 年第 2 期。

52. 營口出土的金代窖藏銅幣的歷史研究，吳鵬，學理論，2012 年第 7 期。

53. 金代紙幣版式及演變，張慧慧、周文華、施繼龍，北京印刷學院學報，2015 年第 6 期。

54. 「淄州交會」銅鈔版的發現與研究，陳旭，中國錢幣，2014 年第 6 期。

55. 珍貴的金代崇慶交鈔鈔版，劉存忠，收藏界，2011 年第 7 期。

56. 金朝貨幣交鈔管理措施與成效，陳振斌，遼寧工程技術大學學報（社會科學版），2015 年第 2 期。

57. 金代交鈔制度新議，王德朋，河南大學學報（社會科學版），2011 年第 6 期。

58. 淺析金代交鈔演變及政府推行交鈔的具體措施，矯石，赤子（上中旬），2014 年第 21 期。

59. 宋金元紙幣的發展演變及其影響，張步海，山東大學碩士學位論文，2013 年。

60. 試述金代紙幣通貨膨脹的成因及啓示，蘇利德，朔方論叢（第四輯），內蒙古大學出版社，2015 年。

61. 從「錢楮並用」到「銀鈔相權」——宋金元時期傳統中國的市場結構與貨幣流通，王文成，思想戰線，2014 年第 6 期。

62. 「錢荒」與金代交鈔制度變遷，裴鐵軍，社會科學輯刊，2015 年第 1 期。

63. 金代交鈔對北宋交子的借鑒與創新，張雙雙，黑龍江史志，2015 年第 5 期。

64. 金代貞祐寶券與平涼府社會經濟研究，曹源，石河子大學學報（哲學社會科學版），2015 年第 5 期。

65. 說正隆元寶，潘世傑，收藏家，2012 年第 7 期。

66. 「大定通寶」背「申酉」銀質大錢的話題，馬勇，收藏界，2012 年第 4 期。

67. 七枚「大定通寶」之異品，姚秀生，收藏界，2013 年第 3 期。

68. 從大定萬歲錢說起，海泉，東方收藏，2013 年第 8 期。

69. 「大定通寶」龍首連錢品賞，袁華惠，收藏界，2011 年第 4 期。

70. 泰和通寶源流初考，王儷閣，中國錢幣，2014 年第 5 期。

71. 收藏「泰和通寶」試辨金元之別，黃明東，收藏界，2011 年第 4 期。

72. 「泰和通寶」折十大錢，馬勇，收藏界，2011 年第 3 期。

73. 金「泰和重寶」折十大錢，唐養文、周燕偉，收藏參考，2011 年第 7 期。

74. 精美絕倫的「泰和通寶」楷書折十銀質大錢，劉冠成，收藏界，2011 年第 6 期。

75. 篆書小平「泰和通寶」賞析，海泉，收藏界，2011 年第 8 期。

76. 素心無痕擁泰和，隋翰羽，收藏界，2011 年第 7 期。

77. 略論金代「泰和重寶」，李瑩，黑龍江史志，2015 年第 12 期。

78. 金代也愛瘦金體，皮學齊、徐成，中國收藏，2013 年第 11 期。

79. 金朝最後的年號錢——「天興寶會」錢淺析，黃正明，收藏界，2012 年第 12 期。

80. 金銀幣發展史上的重要里程碑——淺議金承安寶貨，崔英來，赤子，2013 年第 21 期。

81. 金代銅鑄幣，黃廣洲，江蘇錢幣，2013 年第 4 期。

82. 錦州市博物館藏遼金銀錠考，劉鱺，地域性遼金史研究（第一輯），中國社會科學出版社，2014 年。

83. 試論金代白銀的貨幣化，王雷、趙少軍，中國錢幣，2015 年第 1 期。

84. 中國最早的軍幣，李俊，科海故事博覽，2013 年第 21 期。

85. 金代銀鋋考，金德平，中國錢幣，2011 年第 2 期。

86. 金代銀幣「承安寶貨」，劉連茂，收藏界，2011 年第 11 期。

87. 金代「重貳拾肆兩壹錢」中型銀錠，屠燕治，中國錢幣，2011 年第 2 期。

88. 大金朝合錢考證，劉存忠，收藏界，2015 年第 5 期。

89. 吐魯番發現金代鎮庫鉛錠，楊文清、李紅豔，新疆錢幣，2015 年第 1 期。

90. 《吐魯番發現金代鎮庫鉛錠》一文所涉歷史問題，李樹輝，新疆錢幣，2015 年第 4 期。

91. 宋金時期的小平吉語花錢，李維，收藏，2014 年第 1 期。

92. 由一枚金代本命星官花錢說開去，趙梓凱，收藏，2015 年第 19 期。

93. 「金國通寶」銀質大錢疑是贗品——與陳瑞海先生商榷，彭乃賢，收藏界，2012 年第 12 期。

94. 精美阜昌錢 見證偽齊恥，張輝，長春日報，2015 年 12 月 20 日第 3 版。

95. 阜昌鐵錢——兼談鐵錢辨偽，董大勇，收藏界，2012 年第 9 期。

六、民　族

（一）契丹族

1. 論唐朝對契丹的政策，劉治川、肖忠純，赤峰學院學報（漢文哲學社會科學版），2014 年第 9 期。

2. 開元 22 年の唐と契丹，速水大，明大アジア史論集（18），2014 年。

3. 《大盛律令》中的「契丹」和「女直」，孫伯君，東北史地，2011 年第 2 期。

4. 淺析契丹走出山西遼河流域的原因，馮兆國，黑龍江史志，2011 年第 11 期。

5. 早期契丹與突厥的分合關係及其影響，劉治川，渤海大學碩士學位論文，2015 年。

6. 松漠諸部的離合與契丹名號在草原的傳播，任愛君，赤峰學院學報（漢文哲學社會科學版），2013 年第 6 期。

7. 松漠諸部的離合及其名號在草原地區的傳播，任愛君，契丹學論集（第二輯），內蒙古人民出版社，2015 年。

8. 很遼的遼朝 很契的丹，正旭，草原，2012 年第 1 期。

9. 契丹部族組織中的石烈，楊軍，黑龍江社會科學，2011 年第 6 期。

10. 契丹始祖傳說與契丹族源，楊軍，首都師範大學學報（社會科學版），2014 年第 6 期。

11. 契丹祖源傳說的產生及其與回鶻之關係考辨，白玉冬，中西文化交流學報（第五卷第 1 期‧徐文堪先生古稀紀念中西學論專號），2013 年 7 月。

12. 契丹「青牛白馬」傳說研究，吉孝青，東北亞研究論叢（第六輯），東北師範大學出版社，2013 年。

13. 「青牛白馬」傳說所反映的契丹歷史，孫國軍、康建國，赤峰學院學報（漢文哲學社會科學版），2012 年第 8 期。

14. 敖漢旗區域契丹族族源論——契丹遙輦氏的發祥地、世里氏的重要歷史活動舞臺，楊妹，前沿，2013 年第 23 期。

15. 契丹祖源與族源論證——從馬盂山到木葉山，趙國軍、那日蘇，黑龍江史志，2015 年第 5 期。

16. 走出契丹族發祥地馬盂山誤區，還遼史研究以清白，李景瑞，赤峰學院學報（漢文哲學社會科學版），2011 年第 6 期。

17. 走出契丹族發祥地馬盂山誤區，李景瑞，承德民族師專學報，2011 年第 1 期。

18. 神秘而遙遠的契丹人，國峰，科學大觀園，2011 年第 20 期。

19. 56 個民族中為何沒有契丹族，神州民俗（通俗版），2011 年第 9 期。

20. 走進平泉，追尋遙遠的契丹始祖，王翠琴，鄉音，2011 年第 11 期。

21. 肇源境內的古代契丹族，張文，大慶社會科學，2012 年第 3 期。

22. 試論敖漢旗在契丹歷史發展中的地位，楊福瑞，契丹學論集（第二輯），內蒙古人民出版社，2015 年。

23. 契丹後裔在遼上京的三次訪祖活動，王未想，遼上京文化遺產（總第 2 期），2011 年 9 月 30 日。

24. 遼亡後契丹族的流向，李麗新，東北史研究，2011 年第 2 期。

25. X 檔案——解讀千年的文明密碼 契丹王朝，曉邊，中國科學探險，2012 年第 1 期。

26. 金戈鐵馬逾千年 探秘消失的契丹文明，張玥玥，汽車導購，2012 年第 1 期。

27. 新世紀達斡爾族起源研究述評，景愛，遼寧工程技術大學學報（社會科學版），2012 年第 6 期。

28. 契丹民族文化衰亡之謎，佚名，時代發現，2012 年第 6 期。

29. 大柞榮族屬新考，苗威，中國邊疆史地研究，2013 年第 3 期。

30. 遼代契丹民俗中的鮮卑文化傳統論略，王綿厚，遼金史研究，遼寧民族出版社，2013 年。

31. 南宋社會中的契丹人，王善軍，南宋史及南宋都城臨安研究（續上），人民出版社，2013 年。

32. 蒙元時期契丹民族的分佈淺述契丹民族的走向，包烏日斯嘎拉、塔娜，赤峰學院學報（漢文哲學社會科學版），2014 年第 1 期。

33. 契丹後裔今何在？章奎、張成傑，老年世界，2013 年第 20 期。

34. 強悍的契丹人去哪兒了，鄧小東，文史博覽，2014 年第 5 期。

35. 揭秘雲南的契丹後裔，鄧建華，西部時報，2011 年 10 月 21 日第 12 版。

36. 滇西契丹後裔民族融合原因初探，蔣新紅、楊慶玲，保山學院學報，2014 年第 1 期。

37. 從契丹人到施甸人——雲南施甸契丹後裔土著過程述論，宋建華，雲南大學碩士學位論文，2013 年。

38. 落籍保山的契丹後裔，肖正偉，雲南日報，2013 年 1 月 11 日第 11 版。

39. 契丹——達斡爾嫩江草原的原住民族，霍曉東、傅惟光，理論觀察，2013 年第 5 期。

40. 契丹——達斡爾嫩江草原的原住民族，傅惟光，東北史研究，2015 年第 2 期。

41. 族稱「達斡爾」釋名，孟盛彬，人連民族學院學報，2011 年第 4 期。

42. 達斡爾族不是契丹後裔——對於契丹與達斡爾族 DNA 研究的幾點看法，恩和巴圖，華西語文學刊（第八輯），四川文藝出版社，2013 年。

43. 雲南保山地區契丹人後裔 ABO、Rh 血型分佈，林牧、申元英、蔣錫超，臨床檢驗雜誌，2013 年第 11 期。

44. 雲南「本人」與北方達斡爾人和契丹民族淵源通考，黃震雲，遼東學院學報（社會科學版），2015 年第 5 期。

45. 也談契丹後裔耶家坡，魏宏運，尋根，2015 年第 3 期。

（二）女眞族

1. 海上女眞——錢穆《國史大綱》史源考之一，游逸飛，（臺灣）史原（復刊第 3 期），2012 年 9 月。

2. 中國女眞族的領土意識初探，陳慧，史學集刊，2011 年第 1 期。

3. 女眞人與黑龍江流域文明，李秀蓮，黑龍江社會科學，2012 年第 2 期。

4. 東北滿族先祖的社會發展簡析，李學成，滿族研究，2015 年第 4 期。

5. 通古斯族的歷程：從湖畔漁歌到中原禮樂，譚曉玲、楊海鵬，文明，2014 年第 2 期。

6. 通古斯族系 促進中華民族多元一體格局的形成，高凱軍，文明，2014 年第 2 期。

7. 通古斯族作爲一個族系的探究，高凱軍，文明，2014 年第 2 期。

8. 元代朝鮮半島女眞人的分佈與行政建置研究，沈岩，史學集刊，2014 年第 4 期。

9. 古老的女眞，阿榮，內蒙古日報（漢），2013 年 7 月 22 日第 12 版。

10. 遼末金初女眞族族體芻議，鄭善偉，黑龍江史志，2013 年第 9 期。

11. 遼金時期女眞部族分佈綜述，那海洲，金上京文史論叢（第四輯），黑龍江人民出版社，2013 年。

12. 論遼金時期朝鮮半島女眞人分佈，沈岩，黑龍江史志，2014 年第 5 期。

13. 論女眞族群的形成與演變，范恩實，黑龍江社會科學，2013 年第 3 期。

14. 三十部女眞覆議，孫昊，歐亞學刊（新 2 輯·總第 12 輯），商務印書館，2015 年。

15. 從部族到區域：金初女眞人的崛起與文化認同之變遷，王耘，金上京文史論叢（第四輯），黑龍江人民出版社，2013 年。

16. 試論生女眞軍事部落聯盟的形成，王久宇，金上京文史論叢（第四輯），黑龍江人民出版社，2013 年。

17. 女眞之名的本音本意和金源文化史，關樹凱，東北史研究，2004 年第 1 期。

18. 金朝建國前女眞「完顏部」略考，王久宇、孫田，北方文物，2015 年第 1 期。

19. 女眞不是「東方鷹」，陳士平，黑龍江史志，2015 年第 14 期。

20. 胡里改研究，劉文生、朱國忱，東北史研究，2015 年第 3 期。

21. 金昭德皇后祖居阿陵達河畔，景文璽，東北史研究，2015 年第 3 期。

22. 略論金代女眞人對契丹文化的承襲，夏宇旭，吉林師範大學學報（人文社會科學版），2012 年第 1 期。

23. 金代女眞人心態文化的轉變，俞豁然，時代文學（下半月），2012 年第 9 期。

24. 粘姓，出自完顏粘罕乃女眞貴族，魯商，西部時報，2010 年 12 月 24 日第 12 版。

25. 涇川女眞完顏氏與漢族女神皇甫聖母之情緣——對涇川女眞完顏氏皇甫聖母信仰的人類學調查，楊田、趙利生，社科縱橫，2011 年第 11 期。

26. 金女眞完顏氏祭祖初探——對涇川完顏氏的人類學調查，楊田，甘肅理論學刊，2011 年第 5 期。

27. 涇川縣完顏氏人的文化再造——甘肅省涇川縣所存金代後裔調查報告，魯小剛，劍南文學（經典閱讀），2012 年第 6 期。

28. 黑龍江省女眞族系旅遊文化圈構建研究，于春雨、喬瑞雪，當代旅遊（學術版），2012 年第 6 期。

29. 合肥市檔案館徵集《完顏宗譜》進館，合肥市檔案局，蘭臺世界，2012 年第 34 期。

（三）渤海

1. 遼金時期遼陽渤海人政治活動軌跡考，劉肅勇，東北史地，2014 年第 5 期。

2. 遼末金初的渤海移民及其後裔在金代的社會情況，孫煒冉，通化師範學院學報，2015 年第 2 期。

3. 金代渤海高姓士人考辯，苗霖霖，黑水文明研究（第二輯），中國人百科全書出版社，2013 年。

4. 試析金朝渤海遺民集團的形成與影響，苗霖霖，遼寧省博物館館刊（2014 年），遼海出版社，2015 年。

5. 渤海族在金朝的民族影響問題淺析，陳潔，長春工業大學學報（社會科學版），2014 年第 4 期。

（四）奚族

1. 古代民族文獻所見「奚」考，洪勇明，民族研究，2011 年第 1 期。

2. 奚族研究，劉一，吉林大學博士學位論文，2014 年。

3. 奚族部落的發展與演變，王麗娟，東北史地，2015 年第 5 期。

4. 奚族的社會形態變遷，王麗娟，（韓國）北方文化研究（第 6 期），2015 年 12 月。

5. 碑刻資料所見奚族的婚姻習俗，王麗娟，河北大學學報（哲學社會科學版），2015 年第 5 期。

6. 奚族與回紇的關係管窺，王麗娟，陰山學刊，2015 年第 1 期。

7. 奚族考古資料的總結與認識，王麗娟，內蒙古大學學報（哲學社會科學版），2015 年第 2 期。

8. 奚族的畜牧業及其相關的物質習俗，王麗娟，蘭臺世界，2015 年第 16 期。

9. 奚的畜牧業及其相關的物質習俗，王麗娟、張久和，契丹學論集（第一輯），內蒙古人民出版社，2015 年。

10. 奚族文化習俗研究，王麗娟、張久和，契丹學論集（第二輯），內蒙古人民出版社，2015 年。

11. 奚族文化習俗研究，王麗娟，蘭臺世界，2015 年第 25 期。

12. 論唐玄宗對奚的民族政策，王麗娟、張久和，中央民族大學學報（哲學社會科學版），2014 年第 2 期。

13. 遼統治下奚族的地理分佈和歷史貢獻，王宇勃，遼金史研究，遼寧民族出版社，2013 年。

14. 從使遼詩看奚族社會生活，呂富華、孫國軍，黑龍江民族叢刊，2015 年第 1 期。

15. 也談遼代的烏馬山奚——兼與任愛君先生商榷，葛華廷，遼金歷史與考古（第五輯），遼寧教育出版社，2014 年。

16. 試論遼代奚族的基層管理問題，張光娟，樂山師範學院學報，2011 年第 8 期。

17. 遼代奚人的生活探析，李月新、梁磊，長春師範學院學報，2011 年第 7 期。

18. 箭笴山與奚國政權，姚德昌，東北史研究，2004 年第 1 期。

19. 奚人歷史文化遺存考述，畢德廣、曾祥江，河北師範大學學報（哲學社會科學版），2011 年第 3 期。

20. 歷史上的奚族人究竟哪去了，姚德昌，遼金歷史與考古國際學術研討會論文集（上），遼寧教育出版社，2012 年。

21. 金代奚人的政治地位，苑金銘，遼寧工程技術大學學報（社會科學版），2013 年第 2 期。

22. 金代奚人研究，苑金銘，渤海大學碩士學位論文，2014 年。

23. 奚人在金朝軍事活動中的作用，苑金銘，樂山師範學院學報，2014 年第 2 期。

24. 淺論奚族人的消亡，姚德昌，東北史研究，2014 年第 4 期。

25. 青龍縣爲何能夠成爲中國奚族文化之鄉，姚德昌，東北史研究，2015 年第 2 期。

26. 讀《新中國成立以來國內奚族研究綜述》有感，魯影，文藝生活・文藝理論，2015 年第 11 期。

（五）其它民族和部族

1. 論五國部與東北古代文明（上、中、下），滕紹箴，東北史研究，2011 年第 2、3、4 期。

2. 遼五國部族屬探微，楊海鵬，北方文物，2014 年第 2 期。

3. 遼朝黑龍江流域屬國、屬部朝貢活動研究，程尼娜，求是學刊，2012 年第 1 期。

4. 試談遼墓人物壁畫中的突厥人種，高奇，遼上京文化遺產（總第 4 期），2012 年 12 月 15 日。

5. 試論遼朝統治下的吐谷渾，陳德洋，青海民族大學學報（社會科學版），2013 年第 3 期。

6. 《夢溪筆談》中「回回」一詞再釋——兼論遼宋夏金時代的「回回」，湯開建，北方民族大學學報（哲學社會科學版），2014 年第 1 期。

7. 11 世紀的《馬衛集》與遼代蒙古乞顏部的早期歷史，王大方，契丹學論集（第二輯），內蒙古人民出版社，2015 年。

8. 遼金時期的弘吉剌部及其與乞顏部關係，康建國，赤峰學院學報（漢文哲學社會科學版），2014 年第 5 期。

9. 遼金時期的弘吉剌部及其與乞顏部關係，康建國，紅山文化・契丹遼文化學刊，2014 年第 1 輯。

10. 遼金元時期蒙古弘吉剌部領地考，孫國軍、康建國，赤峰學院學報（漢文哲學社會科學版），2015 年第 2 期。

11. 《遼史》中的「王紀剌」名稱沿革考，李俊義，（韓國）北方文化研究（第 6 期），2015 年 12 月。

（六）民族關係

1. 如何理解歷史上的民族關係——以「北宋、遼、西夏的並立」一課爲例，梁旭、吳建新，中學歷史教學參考，2015 年第 19 期。

2. 宋遼金時期民族關係的表現形式，侯勝一，黑龍江史志，2014 年第 18 期。

3. 五代更迭中北方民族的興起與發展，洪嘉璐，遼寧工程技術大學學報（社會科學版），2015 年第 4 期。

4. 遼金時期的民族遷徙與遼西走廊濱海州縣的發展，吳鳳霞，廣西民族大學學報（哲學社會科學版），2012 年第 4 期。

5. 遼金時期遼瀋地區民族文化的交流與融合，張國慶，遼金史論集（第十三輯），中國社會科學出版社，2013 年。

6. 試論遼南京地區多民族結構的形成，于璞，北京文博文叢，2012 年第 3 輯。

7. 宋元時期民族間道德生活的鬥爭與融合，魯芳，倫理學研究，2011 年第 6 期。

8. 遼金民族關係思想研究，孫政，蘭州大學博士學位論文，2013 年。

9. 遼興宗民族關係思想初探，馬曉麗、孫政，煙臺大學學報（哲學社會科學版），2011 年第 2 期。

10. 遼朝初期民族關係思想的兩大流派，崔明德、孫政，齊魯學刊，2013 年第 2 期。

11. 遼與奚族的關係演變及遼中京的建置開發，鄭毅，學理論，2012 年第 35 期。

12. 契丹人與渤海人關係探微，康建國、李月新，遼寧師範大學學報（社會科學版），2012 年第 6 期。

13. 遼代渤海國故地民族關係變遷及其影響，王德忠，史學集刊，2012 年第 2 期。

14. 從女眞貴族完顏晏墓葬出土文物看漢文化對女眞族的影響，賈英哲，黑龍江史志，2011 年第 8 期。

15. 金朝對奚族的征服與安置，周峰，金上京文史論叢（第四輯），黑龍江人民出版社，2013 年。

16. 奚與契丹的關係探討，王麗娟，（韓國）北方文化研究（契丹學特刊），2014 年。

17. 金朝與蒙古諸部關係研究，寧波，邊疆經濟與文化，2014 年第 11 期。

18. 金代河南地區民族關係研究，郭奇龍，西南大學碩士學位論文，2015 年。

（七）民族政策

1. 遼代民族政策研究，紀楠楠，東北師範大學博士學位論文，2013 年。

2. 關注他民族需求──遼代「因俗而治」民族政策成功的眞相，周國琴，貴州民族研究，2015 年第 8 期。

3. 略論遼朝民族政策的區域性特徵，紀楠楠，東北師大學報（哲學社會科學版），2011 年第 4 期。

4. 略論契丹遼朝對漢人的政策，王明蓀，（臺灣）史學彙刊（第 34 期），2015 年 12 月。

5. 試論遼對渤海遺民的統治政策，秦菲，黑河學刊，2011 年第 12 期。

6. 論金代的「諸色人」──金代民族歧視制度化趨勢及其影響，閆興潘，山西師大學報（社會科學版），2012 年第 4 期。

7. 金朝對奚族政策探微，紀楠楠，史學集刊，2012 年第 6 期。

8. 金代東北邊疆的民族管理，李西亞、林野，吉林師範大學學報（人文社會科學版），2012 年第 1 期。

9. 金代東北民族政策研究，王大光，遼寧大學碩士學位論文，2013 年。

10. 金朝北京路地區的民族政策，寧波，珞珈史苑（2013 年卷），武漢大學出版社，2014 年。

11. 試論鐵木眞建國前金朝對蒙古高原諸部的控制，陳德洋，遼金歷史與考古國際學術研討會論文集（上），遼寧教育出版社，2012 年。

12. 略論金朝對吐蕃木波部的經略，周峰，遼金史論集（第十二輯），吉林大學出版社，2012 年。

（八）民族融合

1. 遼朝時期阜新地區的民族構成與民族融合，朱蕾，遼金歷史與考古（第三輯），遼寧教育出版社，2011 年。

2. 遼朝時期阜新地區的民族構成與民族融合，朱蕾，東北史研究，2011 年第 4 期。

3. 遼墓反映的契丹人漢化與漢人契丹化，馮恩學，吉林大學社會科學學報，2011 年第 3 期。

4. 遼代契丹人與金代女眞人漢化過程的對比研究：以陵墓材料爲線索的考古學觀察，邵海波、吳敬，草原文物，2011 年第 2 期。

5. 遼代「漢人」契丹化研究——以韓知古家族爲例，付璐，中南民族大學碩士學位論文，2011 年。

6. 略論遼宋夏金對峙時期中國民族的一體化進程，段紅雲，廣西民族大學學報（哲學社會科學版），2012 年第 4 期。

7. 契丹自稱「炎黃子孫」考論，趙永春，西南大學學報（社會科學版），2012 年第 6 期。

8. 從赤峰寶山壁畫墓淺談遼早期的漢化狀況，韋正，遼金歷史與考古國際學術研討會論文集（上），遼寧教育出版社，2012 年。

9. 淺析遼朝時期的「漢人胡化」，李月新，赤峰學院學報（漢文哲學社會科學版），2012 年第 3 期。

10. 女眞族の趙良弼一族の漢化（中國化）について，山本光朗，北海道教育大學紀要（人文科學・社會科學編）62 卷 2 號，2012 年 2 月。

11. 女眞族與各族的文化交流探討，張濤，黑龍江史志，2012 年第 19 期。

12. 從民族融合的視角看蘇軾對金朝上層人物的特殊影響，譚平，長江文明，2012 年第 2 期。

13. 金代的女眞人與儒家思想文化，劉輝，東北師大學報（哲學社會科學版），2013 年第 3 期。

14. 從金代女眞貴族墓葬看女眞民族漢化進程，李玉君、吳東銘、夏一博，遼寧師範大學學報（社會科學版），2013 年第 6 期。

15. 遼の"漢人"遺民のその後，飯山知保，アジア遊學（160），2013 年。

16. 民族文化認同與金史研究，李玉君、周鯤，淮陰師範學院學報（哲學社會科學版），2014 年第 1 期

17. 金代的立法活動與民族融合趨勢，李玉君，光明日報，2014 年 4 月 2 日第 14 版。

18. 金代的立法活動與民族融合，李玉君，貴州民族報，2014 年 4 月 28 日 B03 版。

19. 金代宗室的禮儀行爲方式與民族融合趨勢，李玉君，求是學刊，2014 年第 2 期。

20. 遼、西夏、金民族政權的漢化探討，魏淑霞，西夏研究，2015 年第 4 期。

21. 略論遼朝漢人契丹化問題，孫偉祥、張金花，遼寧工程技術大學學報（社會科學版），2015 年第 3 期。

22. 從大同華嚴寺看契丹與漢民族文化融合，丁帆、陸亞飛，黑龍江史志，2015 年第 5 期。

23. 談金女眞與漢民族的融合，黃飛，蘭臺世界，2015 年第 15 期。

24. 金代北京路民族分佈格局的演變，寧波，宋史研究論叢（第 16 輯），河北大學出版社，2015 年。

七、人　物

（一）帝后

1. 耶律阿保機民族關係思想初探，孫政，煙臺大學學報（哲學社會科學版），
   2011 年第 4 期。
2. 耶律阿保機之死，羅新，東方早報，2014 年 3 月 23 日。
3. 遼太祖傳說研究，趙妍，長春師範學院碩士學位論文，2012 年。
4. 遼太祖傳說研究，鐵顏顏、黃爲放，北方文物，2012 年第 1 期。
5. 論耶律德光，王建半，吉林大學碩士學位論文，2011 年。
6. 耶律德光死因考，李浩楠，遼寧師範大學學報（社會科學版），2015 年
   第 6 期。
7. 遼太宗與石氏父子——遼晉關係新說，林鵠，北大史學（第 18 輯），北
   京大學出版社，2013 年。
8. 皇帝的綽號：帝羓，李大鳴，紫禁城，2011 年第 8 期。
9. 醃臢皇帝，陶士雲，廉政瞭望，2011 年第 4 期。
10. 中國的木乃伊皇帝，翡翠，龍門陣，2011 年第 3 期。
11. 遼穆宗歷史地位再評價，郝艾利，遼寧工程技術大學學報（社會科學版），
    2015 年第 5 期。
12. 自我的退縮、迷失、放逐——遼穆宗精神人格分析，岳淑麗、李鵬，民
    族高等教育研究，2014 年第 1 期。
13. 遼景宗的治國思想與實踐，齊放、張志勇，遼寧工程技術大學學報（社
    會科學版），2012 年第 3 期。

14. 遼道宗與天祚帝對遼朝滅亡的影響，劉梓，北方文物，2012 年第 2 期。

15. 蕭大俠的皇帝朋友們 耶律洪基與完顏阿骨打，何雋，國家人文歷史，2013 年第 4 期。

16. 天祚帝民族關係思想初探，崔明德、孫政，西南民族大學學報（人文社會科學版），2013 年第 2 期。

17. 興也天禧 亡也天禧，韓晗，中國民族報，2013 年 11 月 8 日第 8 版。

18. 耶律大石與契丹的西遷，沈曉梅，現代教育教學探索雜誌，2012 年第 1 期。

19. 耶律大石西遷對中亞地區的影響，杜娟，雲南民族大學學報（哲學社會科學版），2014 年第 3 期。

20. 敗軍之將亦英勇──契丹英雄耶律大石，廖逸蘭，炎黃世界，2013 年第 7 期。

21. 淺論遼宋「女主臨朝」，馬元元、齊磊，蘭臺世界，2011 年第 28 期。

22. 斷腕太后──述律平，柳宗書，百科知識，2015 年第 7 期。

23. 太后蕭綽愛戀宰相共創遼國大業，劉肅勇，各界，2014 年第 3 期。

24. 契丹太后蕭平晚年死於囚室，劉肅勇，各界，2012 年第 1 期。

25. 遼述律后史蹟初探，王麗娟，內蒙古大學碩士學位論文，2011 年。

26. 遼世宗皇后研究，李月新，契丹學論集（第二輯），內蒙古人民出版社，2015 年。

27. 契丹蕭太后傳說研究，武宏麗，東北史地，2013 年第 1 期。

28. 蕭太后的愛情傳奇，李興濂，各界，2013 年第 8 期。

29. 塞北紅顏，振興契丹──遼國太后蕭燕燕，武獻軍，博物，2013 年第 2 期。

30. 契丹族女政治家蕭綽的相關考證及評價，楊麗容，文藝評論，2013 年第 6 期。

31. 「承天太后（燕燕）以楚國公主嫁其弟蕭徒姑撒」辨析，史風春，契丹學論集（第二輯），內蒙古人民出版社，2015 年。

32. 「鐵血巾幗」──蕭綽，王學權，書屋，2013 年第 9 期。

33. 蕭燕燕：成為契丹太后還與舊情人同居，段戰江，當代人（下半月），2011 年第 8 期。

34. 「誰教生得滿身香」——讀納蘭詞漫談懿德皇后蕭觀音人品詩作，陳子彬，承德民族師專學報，2011 年第 4 期。

35. 遼道宗懿德皇后蕭觀音留世作品探析，王榮華，陝西廣播電視大學學報，2011 年第 3 期。

36. 遼代才女蕭觀音的詩詞創作與命運，楊秀晨、高書傑，蘭臺世界，2015 年第 24 期。

37. 從懿州走出的一代才女——蕭觀音，秦星，遼金歷史與考古國際學術研討會論文集（上），遼寧教育出版社，2012 年。

38. 遼道宗冤殺懿德皇后蕭觀音，劉肅勇，各界，2011 年第 7 期。

39. 從《焚椒錄》看宣懿誣案的成因，劉奕彤，神州，2013 年第 6 期。

40. 遼代女詩豪蕭觀音的冤案，劉其印，當代人，2011 年第 8 期。

41. 從懿州走出的一代才女——蕭觀音，秦星，遼寧省博物館館刊（2011），遼海出版社，2011 年。

42. 完顏阿骨打對遼議和研究，李鴻飛，吉林大學碩士學位論文，2012 年。

43. 大金王朝開國元勳——完顏阿骨打，江輝，黑龍江史志，2013 年第 24 期。

44. 完顏阿骨打反遼戰爭的戰略戰術與治軍，劉肅勇，滿族研究，2013 年第 3 期。

45. 金熙宗略評，孫業超，山東大學碩士學位論文，2013 年。

46. 金熙宗推行「武舉」對武學及軍事的影響探微，符傳嘉，蘭臺世界，2014 年第 24 期。

47. 金熙宗之死引起的……，蘇完，中華遺產，2014 年第 4 期。

48. 完顏亮並非無道主，劉肅勇，傳奇故事（百家講壇中旬），2011 年第 10 期。

49. 完顏亮改革及其歷史地位，劉肅勇，北方文物，2011 年第 2 期。

50. 完顏亮：一個別樣的帝王，古傲狂生，中華魂，2013 年第 24 期。

51. 海陵王完顏亮的「黑白」人生，吳東銘，百科知識，2013 年第 21 期。

52. 完顏亮「邂逅」汴京開封，劉肅勇，中國社會科學報，2011 年 2 月 10 日第 17 版。

53. 完顏亮遷都燕京與金朝的北境危機——金代遷都所涉之政治地理問題，余蔚，文史哲，2013 年第 5 期。

54. 完顏亮大一統思想形成及其攻宋戰爭失敗，劉肅勇，遼金歷史與考古（第五輯），遼寧教育出版社，2014 年。

55. 完顏亮攻打南宋慘敗始末，劉肅勇，各界，2014 年第 8 期。

56. 文化融合與完顏亮的政治吟唱，葉曉慶，黑龍江史志，2015 年第 1 期。

57. 《望海潮》與完顏亮侵宋的文化建構探微，許龍波，赤峰學院學報（漢文哲學社會科學版），2015 年第 6 期。

58. 對海陵王與金世宗評價問題的再思考——以北方民族文化爲中心，駱忠軍，河北北方學院學報（社會科學版），2015 年第 3 期。

59. 海陵王與金世宗「潛邸舊臣」研究，俞豁然，渤海大學碩士學位論文，2014 年。

60. 完顏亮：家花哪有野花香，干左，傳奇故事（百家講壇下旬），2014 年第 7 期。

61. 金代海陵王和奚人蕭裕，陳永國，蘭臺世界，2014 年第 12 期。

62. 完顏亮：不要隨便給人載綠帽，東吳春秋，傳奇故事（百家講壇下旬），2013 年第 8 期。

63. 一代霸主的遺世之作——金主完顏亮僅存八首詩詞，張福勳，南陽師範學院學報，2011 年第 7 期。

64. 論完顏亮的創作與金初文學關係，郭帥，山西大學碩士學位論文，2011 年。

65. 金世宗與海陵王比較研究，劉肅勇，遼金歷史與考古國際學術研討會論文集（上），遼寧教育出版社，2012 年。

66. 金世宗名字考略，劉浦江，北大史學（第 18 輯），北京大學出版社，2013 年。

67. 北國堯舜金世宗，趙鑒鴻，百科知識，2015 年第 5 期。

68. 金世宗的君臣共治思想與歷史文化認同，吳鳳霞，史學集刊，2012 年第 6 期。

69. 「金世宗好道術」問題考實，周思成，北方文物，2012 年第 1 期。

70. 金世宗北巡黑龍江金源故地，劉肅勇，東北史研究，2011 年第 2 期。

71. 略論金世宗的北疆經略——以對契丹、蒙古政策爲例，黃鵬，佳木斯大學社會科學學報，2011 年第 1 期。

72. 金世宗推行的安邊保境策，劉肅勇，遼金歷史與考古（第三輯），遼寧教育出版社，2011 年。

73. 金世宗的用人之道，劉建明，湖北教育（領導科學論壇），2011 年第 4 期。

74. 金世宗的用人高招，劉建明，廉政瞭望，2011 年第 15 期。

75. 論金世宗的納諫與用人，周鯤，黑龍江史志，2015 年第 13 期。

76. 金世宗的選人用人之道管窺，王孝俊，領導科學，2013 年第 20 期。

77. 論金世宗對馬政的經營，孫建權，遼金歷史與考古（第四輯），遼寧教育出版社，2013 年。

78. 滿族說部是滿漢文化融合的結晶——以《金世宗走國》爲例，孫浩宇、劉釗，民族文學研究，2013 年第 1 期。

79. 論貞懿皇后、金世宗與遼陽政變，張君弘，遼金歷史與考古（第四輯），遼寧教育出版社，2013 年。

80. 金世宗遼陽擁兵稱帝與舉朝進軍中都，劉肅勇，遼寧省博物館館刊（2013），遼海出版社，2014 年。

81. 論金世宗的婚姻對其政權的鞏固作用，孫田、王久宇，理論觀察，2014 年第 12 期。

82. 金世宗崇儉有道，潘珍，軍隊黨的生活，2014 年第 3 期。

83. 金章宗對宋政策論析，趙永春、夏莉，吉林師範大學學報（人文社會科學版），2011 年第 6 期。

84. 衛紹王繼位問題研究，邸海林，學理論，2013 年第 23 期。

85. 衛紹王的民族關係思想，李麗華，經營管理者，2015 年第 35 期。

86. 樂山樂水的金章宗（上），高文瑞，中關村，2014 年第 3 期。

87. 樂山樂水的金章宗（下），高文瑞，中關村，2014 年第 4 期。

88. 金宣宗與夏神宗之比較研究，侯震、葉帥斌，哈爾濱學院學報，2014 年第 12 期。

89. 略論金哀宗完顏守緒，王曉靜，黑龍江史志，2014 年第 13 期。

90. 金代后妃研究，楊雪，山東大學碩士學位論文，2013 年。

91. 李洪願生爲尼姑死後追封貞懿皇后，劉肅勇，各界，2013 年第 5 期。

92. 金代貞懿皇后出家原因新議，王德朋，遼寧大學學報（哲學社會科學版），2014 年第 5 期。

93. 金昭德皇后的傳奇一生，張新朝，百科知識，2014 年第 16 期。

（二）其它人物

1. 契丹可突于被殺考，孟凡雲，中南民族大學學報（人文社會科學版），2011 年第 5 期。

2. 遼「讓國皇帝」耶律倍再認識，孟昭慧，內蒙古社會科學（漢文版），2012年第 3 期。

3. 淺析耶律倍未能繼位及其被封東丹王之因，耿濤、李佳檜，佳木斯大學社會科學學報，2014 年第 1 期。

4. 試論耶律倍皇太子身份的特殊性，耿濤，牡丹江師範學院學報（哲學社會科學版），2013 年第 6 期。

5. 遼代私家藏書第一人——耶律倍，孫浩，蘭臺世界，2012 年第 24 期。

6. 東丹王耶律倍棄國出走後唐，劉肅勇，各界，2013 年第 11 期。

7. 試論「耶律倍請兵後唐」之烏有，耿濤，黑龍江民族叢刊，2014 年第 3 期。

8. 耶律倍浮海適唐問題研究，耿濤，哈爾濱師範大學碩士學位論文，2015 年。

9. 畫圖難忘故園情：流落的貴族畫家耶律倍，秦朗，收藏參考，2011 年第 8 期。

10. 遼代契丹公主研究，張靜，吉林大學碩士學位論文，2012 年。

11. 法庫出了六位遼代宰相，王岩頔、周仲全，遼寧日報，2015 年 2 月 9 日第 10 版。

12. 關於耶律宗政「悲情」的解讀，王坤，金融時報，2015 年 6 月 26 日第 9 版。

13. 《韓國華神道碑》中契丹大將蕭寧身份考，宋典，赤峰學院學報（漢文哲學社會科學版），2015 年第 7 期。

14. 遼朝中期的重要軍事將領——耶律休哥和耶律斜軫，劉梓，遼金史研究，遼寧民族出版社，2013 年。

15. 辨「耶律仁先母親是漢人」說，宋丹丹、王孝華，遼金歷史與考古（第四輯），遼寧教育出版社，2013 年。

16. 關於遼長壽公主和延壽公主的幾個問題，史風春，中國邊疆史地研究，2014 年第 1 期。

17. 關於遼朝后族室魯的幾個問題，史風春，內蒙古社會科學（漢文版），2014 年第 5 期。

18. 遼朝姦臣耶律乙辛，唐一棠，當代檢察官，2014 年第 9 期。

19. 遼朝姦臣張孝傑，朗純，當代檢察官，2014 年第 11 期。

20. 遼末金初人物耶律余睹研究，侯震，大慶師範學院學報，2014 年第 4 期。

21. 悲劇型的契丹名將耶律余覩，都興智，東北史地，2014 年第 5 期。

22. 耶律和魯斡、耶律淳父子與遼末政治，關樹東，宋史研究論叢（第 15 輯），
    河北大學出版社，2014 年。

23. 《賈師訓墓誌》「駙馬侍中劉公」辨析，蔣金玲，史學集刊，2014 年
    第 1 期。

24. 契丹令史蔡志順，毛利英介，関西大學東西學術研究所紀要（47），
    2014 年。

25. 大小武州城與遼國宰相虞仲文，彭圖，五臺山，2014 年第 7 期。

26. 亂世擇主的智與勇，孫士承，國學，2012 年第 6 期。

27. 韓延徽與契丹政權初期北遷漢人的安置，李蕊，商丘職業技術學院學報，
    2012 年第 6 期。

28. 論韓德讓與多爾袞身後迴異之原因，董馨，湖北社會科學，2013 年第
    9 期。

29. 呂舟人師並非蕭紹業考，劉德剛、劉曉紅，遼金史研究，遼寧民族出版
    社，2013 年。

30. 「契丹族」畫家胡瓌小考，魏聰聰，天津美術學院學報，2013 年第 2 期。

31. 遼代前期漢人重臣高勳生平發微，周峰，北方文物，2011 年第 1 期。

32. 遼代「楊晢（績）」問題考辨，陳曉偉、苗潤博，北方文物，2011 年
    第 3 期。

33. 一心為民馬人望，金儀，當代檢察官，2013 年第 10 期。

34. 王鼎其人考證，張永翠，衡水學院學報，2011 年第 2 期。

35. 金代始祖函普研究，綦岩，地域性遼金史研究（第一輯），中國社會科學
    出版社，2014 年。

36. 金代始祖函普略考，綦岩，蘭臺世界，2013 年第 15 期。

37. 金代始祖函普的傳說歷史化，綦岩，東北史研究，2014 年第 2 期。

38. 傳說與歷史之間——金代始祖函普研究，綦岩，牡丹江師範學院學報（哲
    學社會科學版），2012 年第 6 期。

39. 金朝始祖函普研究，羅繼岩、辛時代，社會科學戰線，2015 年第 12 期。

40. 金朝始祖函普若干問題考釋，王久宇，北方論叢，2015 年第 3 期。

41. 金代十始祖研究之「綏可」問題略考，綦岩，佳木斯大學社會科學學報，
    2011 年第 4 期。

42. 論金兀朮文學形象流變，張春曉，中國文化研究，2012 年第 4 期。

43. 高慶裔與宗翰的貴族政治，李秀蓮，金上京文史論叢（第四輯），黑龍江人民出版社，2013 年。

44. 完顏希尹薩滿身份考，王孝華，北方文物，2012 年第 4 期。

45. 金代女眞文學家完顏璹研究，楊翠翠，黑龍江大學碩士學位論文，2012 年。

46. 試論金朝完顏奔睍，王晶，黑龍江史志，2015 年第 7 期。

47. 徒單克寧與女眞貴族政治，吳垚，黑龍江史志，2012 年第 24 期。

48. 簡論徒單鎰對金代文化建設的貢獻，張鑫，牡丹江師範學院學報（哲學社會科學版），2012 年第 5 期。

49. 淺論金代將領紇石烈志寧，邸海林，世紀橋，2013 年第 9 期。

50. 蒲察通與金朝政治，彭贊超，黑龍江史志，2013 年第 19 期。

51. 「圓明大師」李洪願與金世宗登基的關聯性，邸海林，齊齊哈爾大學學報（哲學社會科學版），2013 年第 6 期。

52. 持節與執戈──金烏林荅天錫事跡考論，許正弘，（臺灣）史原（復刊第 3 期），2012 年 9 月。

53. 蕭裕叛臣身份探析，王曉靜，黑龍江史志，2014 年第 11 期。

54. 「金總管」徒單恭，石門，當代檢察官，2014 年第 5 期。

55. 淺議金代名臣張浩，仉惟嘉，長春教育學院學報，2014 年第 22 期。

56. 金代「經童宰相」胥持國新論，侯震，蘭臺世界，2014 年第 12 期。

57. 罕王門佟氏家族傳說──先祖金代帳前第一護衛夾谷胡刺，佟生武、郎春濤，僑園，2015 年第 6 期。

58. 金代傳奇詩人──施宜生，牛貴琥，女眞政權下的文學研究，三晉出版社，2011 年。

59. 洪晧在金交遊考，陳愛紅，佳木斯職業學院學報，2015 年第 6 期。

60. 關於朱弁的追跡調查，邢東風，遼金佛教研究，金城出版社，2012 年。

61. 宇文虛中研究，耿金鳳，遼寧師範大學碩士學位論文，2014 年。

62. 金源文學的奠基人，賀勇峰，內蒙古民族大學學報，2011 年第 6 期。

63. 從「宇文虛中案」說起，韓晗，中國民族報，2014 年 2 月 28 日第 9 版。

64. 宇文虛中間諜案述評，熊劍平，軍事歷史，2011 年第 1 期。

65. 一方精奇小銅印　陳述千年大案情──關於宋金名士宇文虛中等被害眞正起因的再探討，彭占傑，東北史研究，2014 年第 4 期。

66. 宋代名臣宇文虛中銅印考——由一顆印章的發現推翻歷史上一樁冤案，
馮永謙，北方文物，2015 年第 1 期。

67. 北宋遺臣宇文虛中及其詩作探析，林宜陵，（臺灣）漢學研究集刊（第
17 期），2013 年 12 月。

68. 試析宇文虛中羈旅金營時期的詩作及其心路歷程，李秀蓮，佳木斯大學
社會科學學報，2012 年第 1 期。

69. 金代父子詩人——蔡松年與蔡珪，劉其印，當代人，2014 年第 7 期。

70. 從蔡松年看「蘇學北行」，董慧，文教資料，2012 年第 7 期。

71. 論蔡松年對蘇軾豪放詞風的繼承與發展，胡生友，語文教學通訊‧D 刊
（學術刊），2012 年第 10 期。

72. 蔡珪及金世宗時期文學研究，韓曉斌，山西大學碩士學位論文，2011 年。

73. 把故鄉嵌進詩裏——金代詩人蔡珪的「故鄉」書寫，劉素萍、宋俊麗，
石家莊鐵道大學學報（社會科學版），2015 年第 4 期。

74. 趙秉文研究，王昕，黑龍江大學博士學位論文，2011 年。

75. 趙秉文研究述評，王昕，古籍整理研究學刊，2011 年第 3 期。

76. 趙秉文與遼上京，張興國，遼上京文化遺產（總第 3 期），2012 年 5 月
30 日。

77. 趙秉文仁政思想述論，王宏海，衡水學院學報，2011 年第 2 期。

78. 金人趙秉文擬作論析，王昕，哈爾濱學院學報，2011 年第 1 期。

79. 金儒趙秉文與宋儒葉適的比較研究，王昕，文藝評論，2011 年第 2 期。

80. 論「金士巨擘」趙秉文對李白杜甫的接受與傳播，潘殊閒，吉林師範大
學學報（人文社會科學版），2014 年第 1 期。

81. 論趙秉文對李白杜甫的評介與傳播，羅首壹，新西部（理論版），2014
年第 15 期。

82. 金趙秉文佚作輯考，魏崇武，晉陽學刊，2014 年第 3 期。

83. 金代趙秉文的書法與書學，黃緯中，（臺灣）中華書道（第 77 卷），2012
年 8 月。

84. 論國朝詩人王寂，陳都，名作欣賞，2012 年第 33 期。

85. 王寂生平與思想考辨，許鶴，阜陽師範學院學報（社會科學版），2011
年第 3 期。

86. 金代文學家王寂與佛教，郭銳，北方文物，2011 年第 1 期。

87. 王寂交遊考，許鶴，阜陽師範學院學報（社會科學版），2012 年第 3 期。
88. 王寂及其文學研究，蔡維倫，（臺灣）佛光大學碩士學位論文，2012 年。
89. 金代遺民文人李俊民生平行跡述考，于東新、張婧，重慶師範大學學報（哲學社會科學版），2011 年第 5 期。
90. 文化視域下的金代詞家李俊民研究，郭鳳明，內蒙古民族大學碩士學位論文，2011 年。
91. 李俊民及其詞作研究，段亞婷，山西師範大學碩士學位論文，2013 年。
92. 金代遺臣李俊民詩中所表現的「淡泊」思想，林宜陵，（臺灣）中國語文（108 卷第 3 期），2011 年 3 月。
93. 金末遺臣李俊民詩歌中的忠貞思想與積極精神，林宜陵，（臺灣）中國語文（108 卷第 6 期），2011 年 6 月。
94. 金代詞家李俊民的遺民情懷，郭鳳明、李豔春，內蒙古民族大學學報（社會科學版），2011 年第 3 期。
95. 金末元初的澤州長官段直與大儒士李俊民，段永賢，太行日報，2011 年 11 月 27 日第 2 版。
96. 金人李俊民對於唐以前文化的承繼作者，林宜陵，（臺灣）東吳中文在線學術論文（第 17 卷），2012 年 3 月。
97. 楊弘道及《小亨集》研究，岳明浩，山東師範大學碩士學位論文，2013 年。
98. 金末元初楊弘道交遊考論，樊運景，民族文學研究，2013 年第 4 期。
99. 金代文人劉祁《歸潛志》對女真人的認同心理及文學活動，白顯鵬，滿族研究，2011 年第 1 期。
100. 行身立志 卓爾不群——論金代文人劉祁《歸潛志》士人群體品評的價值取向，白顯鵬，東北師大學報（哲學社會科學版），2011 年第 1 期。
101. 金代文人劉祁文學成就探微，楊玉娟，蘭臺世界，2015 年第 12 期。
102. 劉祁詩歌述論，杜成輝，商丘師範學院學報，2012 年第 10 期。
103. 金元劉祁學習目的論述評，王海生、劉山青，忻州師範學院學報，2014 年第 2 期。
104. 風骨文人王若虛，劉其印，當代人，2015 年第 2 期。
105. 論王若虛思想中的儒與道之關係，蘇利國，社會科學論壇，2015 年第 3 期。
106. 論「以意為主」文藝思想在先唐時期的衍變——王若虛文藝思想（一），胡蓉，時代文學，2011 年第 2 期。

107. 論《滹南詩話》「以意爲主」文藝思想──王若虛文藝思想研究（二），胡蓉，時代文學，2011 年第 3 期。

108. 出經入史　尚疑好辨──也談王若虛的文學觀，蘇利國，河北北方學院學報（社會科學版），2011 年第 6 期。

109. 本理質情　平淡紀實──王若虛文學觀探析，蘇利國，濮陽職業技術學院學報，2012 年第 3 期。

110. 論金代文人王若虛對蘇軾文學思想的審美接受，于敏，赤峰學院學報（漢文哲學社會科學版），2015 年第 4 期。

111. 淺析王若虛對黃庭堅與江西詩派的批判思想，靳麗維，太原城市職業技術學院學報，2011 年第 7 期。

112. 淺析王若虛的詩文批評思想，靳麗維，山西農業大學學報（社會科學版），2011 年第 10 期。

113. 論王若虛詩學理論的批判性，池喜生，文教資料，2012 年第 13 期。

114. 王若虛校勘方法論析，王其秀，東嶽論叢，2011 年第 11 期。

115. 論王若虛《史記辨惑》之史評，張建偉，渭南師範學院學報，2011 年第 9 期。

116. 《孟子辨惑》的撰作流傳與王若虛的解經學，周春健，西夏研究，2013 年第 3 期。

117. 金代王若虛經學特色探論──以《論語辨惑》爲考察對象，唐明貴，遼金歷史與考古（第四輯），遼寧教育出版社，2013 年。

118. 王若虛及其《論語辨惑》研究，洪慧文，高雄師範大學碩士學位論文，2014 年。

119. 論王若虛《尚書義粹》的解經特色，陳良中，重慶師範大學學報（哲學社會科學版），2011 年第 1 期。

120. 王若虛美學思想研究，劉岩，內蒙古大學碩士學位論文，2013 年。

121. 論金代王若虛之批評觀，胡蓉，大眾文藝，2012 年第 2 期。

122. 辛棄疾、党懷英決著分手原因探析，聶立申，濟南大學學報（社會科學版），2014 年第 3 期。

123. 金朝党懷英泰山行跡考述，聶立申，山東農業大學學報（社會科學版），2011 年第 4 期。

124. 金代党懷英交遊及其篆書藝術研究，王守民，溫州大學學報（社會科學版），2012 年第 4 期。

125. 金代党懷英的書法與文學研究，陳曦，文藝生活（中旬刊），2015 年第 2 期。

126. 金代書法第一名家党懷英述略，黃緯中，中華書道（第 73 卷），2011 年 8 月。

127. 金代學者的文化傳承——以李純甫爲中心的考察，李美榮，史志學刊，2015 年第 2 期。

128. 略論李屏山「三教合一」思想，盧忠帥，邯鄲學院學報，2012 年第 1 期。

129. 金代居士李純甫的三教關係論，劉立夫，翁士洋，遼金元佛教研究（下）——第二屆河北禪宗文化論壇論文集，大象出版社，2012 年。

130. 李純甫居士對佛教的辯護，韓渙忠，遼金元佛教研究（下）——第二屆河北禪宗文化論壇論文集，大象出版社，2012 年。

131. 李屏山居士對莊子的辯護，韓煥忠，遼金佛教研究，金城出版社，2012 年。

132. 李純甫與孔門禪，劉達科，忻州師範學院學報，2012 年第 4 期。

133. 空門名理孔門禪——李純甫《鳴道集說》的時代特色，顧偉康，遼金佛教研究，金城出版社，2012 年。

134. 李純甫思想研究的幾個問題，閆孟祥，遼金佛教研究，金城出版社，2012 年。

135. 從文學交遊看李純甫的詩學傾向，劉志中、文琪，陰山學刊（社會科學版），2015 年第 6 期。

136. 金代文學家王庭筠生卒年考辨，楊繼剛、王齊洲，江漢論壇，2012 年第 3 期。

137. 淺析金代遼東詩人王庭筠，張春梅，青年文學，2011 年第 4 期。

138. 論金代渤海詞人王庭筠——兼論民族融合語境下詞人的藝術取向，于東新，黑龍江民族叢刊，2011 年第 5 期。

139. 王庭筠之生平仕歷及其文學創作研究，李梅，女眞政權下的文學研究，三晉出版社，2011 年。

140. 王庭筠與湖州竹派，史宏雲，文藝研究，2011 年第 5 期。

141. 金劉從益在河南政績述評，杜成輝，商丘師範學院學報，2011 年第 5 期。

142. 從人際交往中看雷淵其人，李瑞，安徽文學（下半月），2011 年第 2 期。

143. 白樸生平與創作研究綜述，王軼萍，大眾文藝，2011 年第 4 期。

144. 金代狀元劉撝娶轉運使雷思之女獻疑，李潤民，山西大同大學學報（社會科學版），2011 年第 1 期。

145. 金代兩韓玉考論，張子晗，女眞政權下的文學研究，三晉出版社，2011 年。

146. 金代河東「稷亭二段」研究，吳曉紅，女眞政權下的文學研究，三晉出版社，2011 年。

147. 麻革研究，伊博，山西師範大學碩士學位論文，2012 年。

148. 狀元王綱生平及詩文輯考，全建平，山西師大學報（社會科學版），2015 年第 4 期。

149. 金代澤州同知宋雄飛事輯，周峰，東北史地，2012 年第 5 期。

150. 金朝學者梁持勝表字辨誤，羅炳良，廊坊師範學院學報（社會科學版），2012 年第 5 期。

151. 金末元初名士魏璠考論，李潤民，2010 年三晉文化研討會論文集，三晉文化研究會，2011 年。

152. 金元之際楊果詩文創作初論，張豔，濮陽職業技術學院學報，2011 年第 3 期。

153. 論金元陵川郝氏的理學傳統，張建偉、尹姝紅，晉陽學刊，2012 年第 5 期。

154. 楊奐文學創作研究，王拓，黑龍江大學碩士學位論文，2012 年。

155. 被遺忘的名將——完顏陳和尚，雷家聖，（臺灣）國文天地（第 29 卷第 3 期），2013 年 8 月。

156. 宋江與李全，張同勝，菏澤學院學報，2013 年第 1 期。

157. 魏道明遼人金人辨，李桂芹，蘭臺世界，2013 年第 24 期。

158. 金末漢人武裝首領武仙的歷史抉擇，張哲、張迪、劉力，東北史地，2013 年第 5 期。

159. 光陰連病枕 天地一愚軒——金末詩人趙元及其詩歌簡論，韓亞男，晉城職業技術學院學報，2013 年第 6 期。

160. 氣韻渾成 清絕有致——金代山水畫家李山及其作品，楊振國，中華書畫家，2013 年第 11 期。

161. 耶律履作品存佚情況考辨，和談、董芳芳，蘭臺世界，2015 年第 34 期。

162. 《金史》闕載耶律履使宋事跡考補，和談，內蒙古大學學報（哲學社會科學版），2014 年第 4 期。

163. 契丹人耶律鑄在巴蜀的文化活動考論，和談，中華文化論壇，2014 年第 6 期。

164. 契丹儒將述律傑在元代多族士人圈中的活動考論，劉嘉偉，北方文物，2015 年第 3 期。

165. 元契丹人石抹宜孫交遊考，羅海燕，青島大學師範學院學報，2011 年第 2 期。

166. 契丹人石抹宜孫與元末浙東文壇，羅海燕，民族文學研究，2011 年第 5 期。

167. 「黑風大王」與元曲家奧敦周卿，楊波，晉中學院學報，2015 年第 1 期。

八、元好問

（一）生平

1. 八百年中第一人——略論元好問的歷史地位，李正民，2010 年三晉文化研討會論文集，三晉文化研究會，2011 年。

2. 元好問的成就與地位，狄寶心，忻州師範學院學報，2013 年第 1 期。

3. 元遺山的歷史文化貢獻，降大任，太原日報，2015 年 3 月 10 日第 11 版。

4. 探訪元好問先生行跡，李滿元，五臺山，2015 年第 2 期。

5. 元好問生父、叔父考，牛貴琥，文獻，2013 年第 5 期。

6. 元好問，問世間情爲何物，王愛軍，環球人物，2014 年第 29 期。

7. 元好問，問世間 情爲何物，王愛軍，新校園（閱讀版），2015 年第 4 期。

8. 元好問：問世間情爲何物，無邪，各界，2015 年第 4 期。

9. 忻州文化滋養出的奇葩——元好問，狄寶心、呂晨芳，忻州師範學院學報，2015 年第 3 期。

10. 宋元之際南北文人評價元好問之不同，辛昕，殷都學刊，2014 年第 4 期。

11. 元好問：金末元初當過「縣長」的大詩人，王愛軍，文史天地，2015 年第 5 期。

12. 元好問與內鄉縣衙，曾憲陽，科學中國人，2014 年第 16 期。

13. 元好問入完顏斜烈幕府論，王海妮，名作欣賞，2015 年第 1 期。

14. 晚金士人的存「文」與守「道」——以元好問研究爲中心，代珍，華中師範大學碩士學位論文，2015 年。

15. 元好問的「通達」和「守節」——以《內翰王公墓表》爲例，楊辰，時代文學（上半月），2011 年第 8 期。

16. 試論元好問對儒家思想文化的傳承，趙麗，吉林師範大學學報（人文社會科學版），2011 年第 2 期。

17. 元好問教育思想探析，張豔芳、吳洪成，東北史地，2012 年第 5 期。

18. 論元好問的音樂思想，陳四海、付玉立，忻州師範學院學報，2014 年第 3 期。

19. 論元好問的跨民族交往，胡傳志，民族文學研究，2011 年第 5 期。

20. 國可亡而史不可滅——論元遺山治史之文學方法，張文澍，民族文學研究，2011 年第 3 期。

21. 「野史亭」意象文化意蘊探析，張靜，蘭臺世界，2014 年第 3 期。

22. 元好問墓之修葺與題詩考述，詹杭倫，北京化工大學學報（社會科學版），2011 年第 3 期。

23. 論元好問對蘇軾的接受與轉化，蕭豐庭，高雄師範大學博士學位論文，2015 年。

24. 從「誠」、「意」論元好問與蘇軾文藝觀點的同與異，蕭豐庭，問學（第 19 期），2015 年 6 月。

25. 元好問與耶律楚材詩學觀比較，王元元，齊齊哈爾師範高等專科學校學報，2014 年第 4 期。

26. 元好問對王士禛神韻詩學的影響，顏慶餘，民族文學研究，2015 年第 1 期。

27. 元好問的文化立場及詞學思想，于東新，社會科學輯刊，2014 年第 3 期。

28. 論元好問對莊子的接受，張瑞傑、陳東海，忻州師範學院學報，2014 年第 3 期。

29. 元好問在歷史文獻學上的成就，李瑞，安徽大學碩士學位論文，2011 年。

30. 元好問南渡與其文學觀念之形成研究，喬曉瑜，山西大學碩士學位論文，2012 年。

31. 元初元好問的文學文化活動，辛昕，廣播電視大學學報（哲學社會科學版），2014 年第 3 期。

32. 淺談元好問的藝術創作分期，李永明，名作欣賞，2013 年第 29 期。

33. 豪華落盡見眞淳：元好問與陶淵明，李劍鋒，九江學院學報（哲學社會科學版），2012 年第 3 期。

34. 試析民間傳說中的元好問形象，劉姣，新課程學習（上旬刊），2014 年第 2 期。

35. 元好問書法觀的嬗變與金末書法之復古，王守民，泉州師範學院學報，2014 年第 1 期。

36. 元好問書法藝術特色研究，李卓陽，曲阜師範大學碩士學位論文，2015 年。

37. 元好問書法考察及其書法觀，徐傳法，書法，2015 年第 4 期。

38. 元好問對自主婚姻的肯定與婦女命運的關注，呂晨芳，忻州師範學院學報，2014 年第 3 期。

39. 金人之元好問研究文獻輯錄，孫宏哲，圖書館學研究，2013 年第 22 期。

40. 明人之元好問研究文獻輯錄，孫宏哲，圖書館學研究，2015 年第 22 期。

（二）作品

1. 試論元好問文學創作的現實主義風格，劉楠霞，群文天地（下半月），2012 年第 6 期。

2. 遼金時期少數民族文學批評研究——以元好問、劉祁爲例，王元元，新疆師範大學碩士學位論文，2015 年。

3. 元好問詩歌理論淺析，葉俊莉，西昌學院學報（社會科學版），2011 年第 4 期。

4. 元好問喪亂詩的突破，王素美，忻州師範學院學報，2011 年第 1 期。

5. 遺山「喪亂詩詞」比較論，侯芳宇，吉林大學碩士學位論文，2012 年。

6. 元好問的贈答詩，王俏、王素美，邢臺職業技術學院學報，2012 年第 2 期。

7. 元好問題畫詩研究，袁茁萌，河北大學碩士學位論文，2015 年。

8. 芻議元好問山水詩的藝術特色，賈靜，芒種，2014 年第 15 期。

9. 一生心事杏花詩——元遺山詠杏詩漫賞，降大任，五臺山，2014 年第 7 期。

10. 論元好問與金代的樂府詩，王輝斌，貴州師範學院學報，2011 年第 5 期。

11. 元好問詩對《莊子》社會人生思想的接受，段少華，鹽城師範學院學報（人文社會科學版），2014 年第 6 期。

12. 元好問與江西詩派，鄧富華，民族文學研究，2014 年第 6 期。

13. 元遺山詰江西詩派辨，張文澍，文藝研究，2011 年第 3 期。

14. 元好問詩中的「哭泣」意象，伍賢芝，新課程學習（中），2013 年第 7 期。

15. 元好問詩中的書學思想，徐傳法，中國書法，2015 年第 3 期。

16. 元好問詩歌對陶淵明的接受，段少華，忻州師範學院學報，2013 年第 1 期。

17. 元遺山闕題殘詩考釋，趙興勤、趙韡，民族文學研究，2011 年第 5 期。

18. 遺山復句論，胡傳志，安徽師範大學學報（人文社會科學版），2013 年第 6 期。

19. 元好問佚詩考，張建偉、吳曉紅，女眞政權下的文學研究，三晉出版社，2011 年。

20. 《雜詩》四首作者考辨，戎默，中國韻文學刊，2015 年第 4 期。

21. 《雜詩四首》爲元好問所作辨，楊峰、張莉，齊魯師範學院學報，2015 年第 1 期。

22. 金末中州區域的文學地理論——以元好問唐詩學探索中的行跡爲線索，孫達，洛陽師範學院學報，2012 年第 4 期。

23. 元好問的杜詩學，赫蘭國，杜甫研究學刊，2012 年第 1 期。

24. 元好問杜詩學研究，王飛，西南大學碩士學位論文，2011 年。

25. 元好問杜詩學探析，徐國能，（臺灣）清華中文學報（第 7 期），2012 年 6 月。

26. 試論元好問對杜甫詩歌理論的繼承和發展，權雪琴，雞西大學學報，2013 年第 8 期。

27. 元好問詩論中的「蘇學」理路，李瑞卿，忻州師範學院學報，2012 年第 3 期。

28. 元好問、嚴羽宋詩持論考察，劉福燕、延保全，蘭州大學學報（社會科學版），2013 年第 1 期。

29. 論鄭珍的詩學觀及與元好問的比較，牛貴琥，晉陽學刊，2012 年第 3 期。

30. 明代元好問詩歌的接受與傳播，張靜，遼寧工程技術大學學報（社會科學版），2013 年第 1 期。

31. 近現代學者對元遺山的接受與詮釋——以詩話爲中心，趙興勤、趙韡，河池學院學報，2011 年第 1 期。

32. 1980 年代以來元好問詩歌及詩歌理論研究文獻綜述，于東新、張文苹，圖書館學研究，2014 年第 22 期。

33. 讀元好問詩文札記，胡傳志，江蘇大學學報（社會科學版），2013 年第 2 期。

34. 元好問《論詩三十首》的師承探析，方滿錦，忻州師範學院學報，2011 年第 1 期。

35. 元好問《論詩絕句三十首》語言藝術研究，張祚賓，國立彰化師範大學碩士學位論文，2014 年。

36. 元好問《論詩三十首》在金代文學中的現實意義，牛貴琥，女眞政權下的文學研究，三晉出版社，2011 年。

37. 元好問《論詩三十首》的詩學視野與藝術主張，肖陽、趙韡，雞西人學學報，2013 年第 6 期。

38. 從元好問《論詩絕句三十首》等詩歌理論看論詩詩，孫芳芳，雞西人學學報，2011 年第 2 期。

39. 元好問《論詩三十首》涉唐詩中的唐詩觀，耿麗珍，卷宗，2015 年第 4 期。

40. 元好問《論詩絕句》熱點舉隅，張靜，閱江學刊，2012 年第 5 期。

41. 元好問《論詩絕句》的詩歌理論，羅春磊，廣西職業技術學院學報，2012 年第 4 期。

42. 元遺山《論詩三十首》成詩年代考辯，王瑩，劍南文學（經典閱讀），2012 年第 3 期。

43. 從《論詩三十首》看元好問的詩論觀，張浣紗，北方文學（中），2012 年第 11 期。

44. 元好問《論詩三十首》接受歷程述評，張靜，忻州師範學院學報，2014 年第 3 期。

45. 元好問《詩三十首·其二》評析，孫異娟，考試周刊，2011 年第 55 期。

46. 解讀元好問《論詩絕句三十首》之十五首，吳娟娟，時代報告（學術版），2012 年第 1 期下。

47. 論元好問《論詩三十首》自然風格觀的路徑——從《論詩三十首》第二十九首出發，程誠，安徽文學（下半月），2015 年第 9 期。

48. 元好問論詩絕句「心畫心聲總失眞」另解，淩超煌，（臺灣）高應科大人文社會科學學報（第 9 卷第 2 期），2012 年 12 月。

49. 聚訟紛紜說「女郎」——元好問「女郎詩」說及其辯駁的重新審視，李弢，安康學院學報，2012 年第 3 期。

50. 元好問論詩絕句闡釋熱點舉隅——以女郎詩、詩囚、心畫心聲爲例，張靜，閱江學刊，2012 年第 5 期。

51. 元好問詩第十一首詩畫同律之美學探析，楊佳蓉，（臺灣）育達科大學報（第 31 期），2012 年 6 月。

52. 元好問「排比鋪張」論詩絕句審讀補議，鄺健行，忻州師範學院學報，2011 年第 1 期。

53. 元好問與戴復古論詩絕句比較論，胡傳志，文學遺產，2012 年第 4 期。

54. 清人對元好問論詩絕句的仿傚及其意義，張靜，社會科學輯刊，2011 年第 5 期。

55. 放慢腳步，品味人生眞諦——讀元好問《潁亭留別》，鄭樹紅，中華活頁文選（高二、高三年級版），2012 年第 2 期。

56. 卷中正有家山在 一片傷心畫不成——元好問題畫七絕芻議，吳照明，安徽理工大學學報（社會科學版），2011 年第 4 期。

57. 元好問贈酬七絕的抒情色彩，吳照明，安徽科技學院學報，2011 年第 6 期。

58. 清雅幽靜山居圖——元好問《山居雜詩》（其一）賞析，姚曉明，小學生之友・閱讀寫作版（下旬刊），2011 年第 9 期。

59. 矜持也是一種美德——元好問《同兒輩賦未開海棠》，輔導員（教學版），2011 年第 13 期。

60. 元好問《秋夜》《採菊圖二首》賞析，辛昕，名作欣賞，2013 年第 29 期。

61. 遺山詞融化唐詩發微，趙永源，南京師範大學文學院學報，2013 年第 3 期。

62. 論元好問對宋詞的繼承與創新，黃春梅，長春師範學院學報，2012 年第 1 期。

63. 對宋詞「有偏斜度的超越」：從遺山詞看金詞，于東新、張麗紅，北方民族大學學報（哲學社會科學版），2013 年第 6 期。

64. 論宋詞對元好問詞的影響，黃春梅，長春理工大學學報（社會科學版），2011 年第 7 期。

65. 元好問對蘇軾詞的接受，李世忠，貴州文史叢刊，2013 年第 2 期。

66. 論宋金背景之下的元好問詞與辛棄疾詞，劉玉華，山西大學碩士學位論文，2012 年。

67. 元好問對辛棄疾其人其詞的接受和學習，劉揚忠，忻州師範學院學報，2012 年第 3 期。

68. 論元好問容受稼軒詞的特徵，李姣，吉林大學碩士學位論文，2012 年。

69. 效體‧辨體‧破體──論元好問的詞體革新，趙維江，文藝研究，2012 年第 1 期。

70. 論元好問以傳奇爲詞現象，趙維江、夏令偉，文學遺產，2011 年第 2 期。

71. 遺山涉夢詞研究，陸鳳星，雲南大學碩士學位論文，2014 年。

72. 元好問詞中女性形象研究，侯玉潔，首都師範大學碩士學位論文，2015 年。

73. 元代古墓驚現遺山詞，李培林，忻州日報，2012 年 12 月 15 日第 1 版。

74. 「萬里黃河萬卷書」系列之十 《雁丘辭》滄桑元好問，陳爲人，社會科學論壇，2011 年第 10 期。

75. 「問世間情爲何物，來訪太原雁丘處」，萬玲豔，太原日報，2011 年 3 月 12 日第 2 版。

76. 從元好問的詞《摸魚兒‧雁丘辭》說起──談寫作主體的審美感悟能力三題，張海珍，陝西廣播電視大學學報，2013 年第 1 期。

77. 中西方詩歌中的「海枯石爛」──淺析《摸魚兒》與《一朵紅紅的玫瑰》，黃鈺，海外英語，2012 年第 4 期。

78. 元好問《鷓鴣天》薄命妾辭三闋析論，郭妍伶，（臺灣）崑山科技大學人文暨社會科學學報（第 3 期），2011 年 9 月。

79. 豪華落盡見眞淳，一語天然萬古新──淺談元好問《鷓鴣天》詞，畢宇甜，名作欣賞，2015 年第 20 期。

80. 淺析元好問《鷓鴣天》詞中的隱逸與道家情懷，畢宇甜，現代語文（學術綜合版），2015 年第 10 期。

81. 天妒紅顏 生死殊途──以《邁陂塘》二首爲例淺析元好問詞愛情悲劇的根源，狄芳，前沿，2014 年第 9 期。

82. 元好問與蔣捷隱逸情懷之比較，張興茂、李寅生，綿陽師範學院學報，2012 年第 4 期。

83. 融合 傳播 接受——評議宋金元明清時的遺山詞，趙永源，晉陽學刊，2015 年第 5 期。

84. 驟雨打新荷，情景露心跡——賞讀元好問的《驟雨打新荷》，秦雄，語數外學習（初中版上旬），2013 年第 10 期。

85. 驟雨新荷，清美無限元好問——《驟雨打新荷》賞析，張婉霜，名作欣賞，2014 年第 5 期。

86. 元好問文編年考，狄寶心，晉陽學刊，2013 年第 2 期。

87. 論元好問「羈管山東」時期的散文創作，魏崇武，廣州城市職業學院學報，2013 年第 4 期。

88. 元好問雜記類散文風格探源，文爽，太原師範學院學報（社會科學版），2014 年第 6 期。

89. 從《詩文自警》看元好問的散文審美理論，王樹林，江蘇大學學報（社會科學版），2011 年第 1 期。

90. 元好問「以碑存史」的碑誌文研究，繆君君，考試周刊，2012 年第 4 期。

91. 再論遺山碑誌文的史料學價值——以「元妃干政」與「權臣誤國」為例，喬芳，文藝評論，2013 年第 12 期。

92. 論元好問碑銘文的創作特色，段素麗、胡海義，山西大同大學學報（社會科學版），2015 年第 2 期。

93. 由儒觀釋，以釋鑒儒——金元之際釋儒互動文化視野下的元好問《威德院功德記》，王萌筱，文教資料，2011 年第 23 期。

94. 元好問《告山贇禪師塔銘》考略，崔紅芬，遼金元佛教研究（上）——第二屆河北禪宗文化論壇論文集，大象出版社，2012 年。

95. 論元好問《秋望賦》的「詩學」特徵——從元好問詩與文的審美差異談起，文爽，太原師範學院學報（社會科學版），2013 年第 4 期。

96. 沁州出土薛收《文中子碣銘》刻石考——元好問詩所述，鄧小軍，中國文化，2012 年第 1 期。

97. 《元好問全集》勘誤，徐海英，湖北社會科學，2013 年第 1 期。

98. 讀《遺山先生文集》雜識，尚衍斌，元史及民族與邊疆研究（第二十六輯），上海古籍出版社，2014 年。

99. 《元遺山文選》與李祖陶的編選理念，鄒春秀，求是學刊，2012 年第 3 期。

100. 《遺山文集》原本訛誤考，狄寶心、陳豔秋，江蘇大學學報（社會科學版），2011 年第 5 期。

101. 今人校勘《遺山文集》盲從四庫本之失，狄寶心，民族文學研究，2011 年第 6 期。

102. 《遺山文集》與《歸潛志》史料價值比較研究，王嶠，赤峰學院學報（漢文哲學社會科學版），2015 年第 3 期。

103. 元好問詩集版本研究，葛娜，山西大學碩士學位論文，2013 年。

104. 元好問詩集的版本與校勘，顏慶餘，圖書館理論與實踐，2012 年第 4 期。

105. 《中州集》編纂體例的開創性和示範性，裴興榮，2010 年三晉文化研討會論文集，三晉文化研究會，2011 年。

106. 《中州集》作家小傳研究，申照，東北師範大學碩士學位論文，2013 年。

107. 《中州集》小傳所載詩句篇什述略——兼論其文獻價值，裴興榮，山西大同大學學報（社會科學版），2011 年第 3 期。

108. 從《中州集》作家小傳看元好問的詩學思想，裴興榮，江蘇大學學報（社會科學版），2012 年第 1 期。

109. 元好問《中州集》示範效應摭析，張靜，民族文學研究，2013 年第 6 期。

110. 元好問《中州集》編輯思想芻議，姚文永，山西檔案，2014 年第 5 期。

111. 關於《中州集》評點的歸屬問題，詹福瑞、周小豔，河北師範大學學報（哲學社會科學版），2013 年第 4 期。

112. 元好問《中州集》重申「國朝文派」的意義與內涵，師瑩，民族文學研究，2013 年第 5 期。

113. 《中州集》版本及流傳考述，張靜，江蘇大學學報（社會科學版），2013 年第 6 期。

114. 《中州樂府》研究，孫雅淇，山西師範大學碩士學位論文，2014 年。

115. 元好問《中州樂府》研究，耿志媛，首都師範大學碩士學位論文，2015 年。

116. 近三十年來《中州樂府》研究綜述，楊發寧，讀與寫（教育教學刊），2013 年第 4 期。

117. 論《遺山樂府》的藝術風格，牛敏潔，山西師範大學碩士學位論文，2012 年。

118. 元好問《續夷堅志》研究，廖羿鈞，（臺灣）國立雲林科技大學碩士學位論文，2011 年。

119. 元好問《續夷堅志》研究，王曉暉，首都師範大學碩士學位論文，2012 年。

120. 《續夷堅志》：《夷堅志》的異域回響，胡傳志，江淮論壇，2013 年第 1 期。

121. 《續夷堅志》喪亂題材研究，肖蓓，名作欣賞，2012 年第 29 期。

122. 文化生態美學視野下的《續夷堅志》中的動物故事，王澤媛，黑龍江史志，2014 年第 3 期。

123. 金源人物風流散，易代臣搜普濟方——《續夷堅志》的故國之思，馬思思，昭通學院學報，2014 年第 3 期。

124. 元好問《傷寒會要序》探究——《四庫總目提要·醫家類小序》卮言一則，劉金芝、謝敬，中醫文獻雜誌，2013 年第 6 期。

九、社　會

（一）社會性質、社會階層

1. 從《遼史》看契丹的基層組織管理，程嘉靜，蘭臺世界，2014 年第 11 期。

2. 試論契丹「撻馬」組織的性質及其影響，陳金牛，甘肅聯合大學學報（社會科學版），2013 年第 6 期。

3. 試論遼代漢人的鄉村社會：以南京、西京的漢人為主，張靜，科海故事博覽・科教創新，2012 年第 2 期。

4. 遼朝燕雲地區的鄉村組織及其性質探析，王欣欣，黑龍江民族叢刊，2013 年第 3 期。

5. 遼代邑社研究概況，程嘉靜，赤峰學院學報（漢文哲學社會科學版），2013 年第 11 期。

6. 由墓誌論漢族官員在遼代的社會地位，于夢思，中央民族大學碩士學位論文，2013 年。

7. 「王權支配」下的遼代官僚蔭補階層探究，陳天宇，遼寧工程技術大學學報（社會科學版），2015 年第 4 期。

8. 遼代社會保障救濟事業研究，朱蕾，遼金史研究，遼寧民族出版社，2013 年。

9. 遼、金朝慈善活動研究，汪悅，西南大學碩士學位論文，2013 年。

10. 女眞建國前社會組織研究，孫昊，吉林大學博士學位論文，2011 年。

11. 金朝的社會階層分析，王德忠，遼金史論集（第十二輯），吉林大學出版社，2012 年。

12. 論金代初期社會制度，王景義，東北史研究，2015 年第 2 期。

13. 金代社會等級實質和結構特徵，姚笛，中學政史地（教學指導版），2015 年第 7 期。

14. 女真建金伐遼後的社會結構與等級差別，姚笛，中華少年，2015 年第 19 期。

15. 金代的鄉里村寨考述，武玉環，中國邊疆史地研究，2013 年第 3 期。

16. 金代黃龍府猛安謀克考，姜維東、黃爲放，東北史地，2014 年第 1 期。

17. 曷蘇崑山謀克與猛安謀克制，陳瑞清，赤子（上中旬），2015 年第 21 期。

（二）社會習俗

1. 草原華章──契丹民族習俗，王曉婷，卷宗，2012 年第 10 期。

2. 遼詩中所見遼代東北契丹風俗與文化，何婷婷，長春師範學院學報，2013 年第 7 期。

3. 從考古發現看遼上京地區契丹人習俗，楊婷婷，遼寧師範大學碩士學位論文，2014 年。

4. 北京地區遼金墓葬壁畫反映的社會生活，何京，中國人民大學考古學科建立十週年紀念文集：北方民族考古（第 1 輯），科學出版社，2014 年。

5. 遼時期吉林西部草原契丹民族的信仰習俗與傳承，張樹卿，地域性遼金史研究（第一輯），中國社會科學出版社，2014 年。

6. 淺析遼代社會習俗中蘊含的倫理道德，劉洪宇、張鵬羽，金田，2012 年第 4 期。

7. 生命彩裝：遼宋西夏金人生禮儀述略，王善軍，蘭州學刊，2015 年第 10 期。

8. 遼代的氣候特點與契丹人文化習俗，夏宇旭，蘭臺世界，2012 年第 6 期。

9. 遼代佛教與社會生活，張永娜，蘭臺世界，2012 年第 6 期。

10. 爲什麼 契丹人崇拜太陽，徐秋豔，遼上京文化遺產（總第 2 期），2011 年 9 月 30 日。

11. 遼代占卜研究，黃鵬，吉林大學碩士學位論文，2012 年。

12. 從遼金至今的巫術演變考察，趙容俊，中國文化研究，2014 年第 1 期。

13. 談契丹族禁忌與吉林省西部濕地保護，孫立梅、矯俊武，白城師範學院學報，2015 年第 10 期。

14. 遼代再生禮小考，李月新，北方文物，2014 年第 1 期。
15. 契丹祭山禮儀考論，呂富華、楊福瑞，北方文物，2014 年第 3 期。
16. 契丹族崇山文化的歷史考察，楊福瑞，赤峰學院學報（漢文哲學社會科學版），2013 年第 11 期。
17. 契丹人的端午習俗，孟令婧，遼上京文化遺產（總第 2 期），2011 年 9 月 30 日。
18. 從遼宋金時期的清明節俗看文化傳統的變遷，王耘，遼寧工程技術大學學報（社會科學版），2013 年第 3 期。
19. 契丹人處世方式摭拾，任愛君，華西語文學刊（第八輯），四川文藝出版社，2013 年。
20. 遼代契丹人勇武精神嬗變研究，劉晶，遼寧大學碩士學位論文，2013 年。
21. 遼朝的孝親觀念，高福順，華夏文化論壇（第六輯），吉林文史出版社，2011 年。
22. 略論遼代契丹髡髮的樣式，李甍，考古與文物，2011 年第 1 期。
23. 古代射柳淵源考，趙林，蘭臺世界，2012 年第 9 期。
24. 再論契丹射柳習俗之起源，張強，蘭臺世界，2014 年第 7 期。
25. 遼代「射柳」考論，艾萌，佳木斯大學社會科學學報，2015 年第 5 期。
26. 元雜劇《麗春堂》《蕤丸記》與契丹女眞人射柳風俗考，王政，民族文學研究，2013 年第 1 期。
27. 北方游牧民族的騎射習俗，房磊，蘭臺世界，2011 年第 11 期。
28. 遼代契丹人騎射文化考論，張國慶，朔方論叢（第一輯），內蒙古大學出版社，2011 年。
29. 遼代契丹狩獵文化研究，王博，內蒙古大學碩士學位論文，2012 年。
30. 遼代詩歌中東北狩獵文化研究，于爲，芒種，2012 年第 6 期。
31. 契丹皇帝親征儀及打獵習俗的演變與尚武精神——紀念陳述先生百年誕辰，金渭顯，遼金西夏研究 2011，同心出版社，2013 年。
32. 遼國的滅亡與鷹的關係，張國新、于起柱，神州民俗（通俗版），2011 年第 9 期。
33. 遼金時期的皇家獵鷹——海東青（矛隼），聶傳平，陝西師範大學碩士學位論文，2011 年。

34. 遼代皇家鷹獵研究，邵連傑，赤峰學院學報（自然科學版），2013 年第 19 期。

35. 遼代皇家鷹獵之海東青，邵連傑，赤峰學院學報（漢文哲學社會科學版），2014 年第 1 期。

36. 唐宋遼金時期對獵鷹資源的利用和管理——以海東青的進貢、助獵和獲取為中心，聶傳平，原生態民族文化學刊，2013 年第 3 期。

37. 「海東青」名稱由來考辨，胡梧挺，蘭臺世界，2013 年第 30 期。

38. 海東青——遼獵鷹時代，陳天宇、劉桉澤，蘭臺世界，2015 年第 25 期。

39. 飛翔的圖騰——海東青，宋曉君，黑龍江史志，2014 年第 20 期。

40. 遼金時期女真漁獵生活的考古學研究，馬天夫，吉林大學碩士學位論文，2013 年。

41. 契丹獵犬述略，夏宇旭，蘭臺世界，2013 年第 36 期。

42. 天鵝佩飾與東北民族的情操，王禹浪，黑龍江民族叢刊，2013 年第 3 期。

43. 金代女真社會生活述論，劉麗萍，白山‧黑水‧海東青——紀念金中都建都 860 週年特展，文物出版社，2013 年。

44. 金代女真武將社會生活探微，賈淑榮、杭立飛，前沿，2013 年第 11 期。

45. 小議金代民風流變，張儒婷，吉林畫報（新視界），2012 年第 5 期。

46. 小議金代社會風氣流變，張儒婷，遼金歷史與考古（第四輯），遼寧教育出版社，2013 年。

47. 金代對老年人的人文關懷，孫紅梅，遼金史論集（第十二輯），吉林大學出版社，2012 年。

48. 金代尊老養老風尚述論，倪屹、徐潔，白城師範學院學報，2014 年第 2 期。

49. 金代民族審美風尚略述，潘立勇、章輝，美與時代（下），2012 年第 12 期。

50. 生女真完顏部之「靄建」與毛澤民妻毛四「娭馳」，陳士平，黑龍江史志，2013 年第 12 期。

51. 論宋遼金元美學的生活世界，鄒其昌，創意與設計，2013 年第 1 期。

52. 遼朝契丹人文娛活動研究，邢忠利，遼寧大學碩士學位論文，2015 年。

53. 「雙陸」源流考略——兼談關於北雙陸著法的一點看法，盧治萍，金上京文史論叢（第四輯），黑龍江人民出版社，2013 年。

54. 關於北雙陸著法的一點看法，盧治萍，遼金史研究通訊，2012～2013 合刊。

55. 《元曲選》所見女眞文化習俗考釋，許秋華，通化師範學院學報，2014 年第 1 期。

56. 金代歲時風俗研究，王姝，東北史地，2015 年第 5 期。

57. 略論女眞拜日禮俗，徐潔，地域性遼金史研究（第一輯），中國社會科學出版社，2014 年。

58. 遼金西夏少數民族天然材料包裝研究，彭建祥，藝術生活（福州大學廈門工藝美術學院學報），2014 年第 3 期。

59. 遼金西夏少數民族天然材料包裝，彭建祥，唐山職業技術學院學報，2014 年第 1 期。

60. 遼金始祖傳說之比較，王久宁，遼寧工程技術大學學報（社會科學版），2015 年第 1 期。

61. 元雜劇中的女眞民俗文化，彭栓紅，民族文學研究，2015 年第 4 期。

62. 契丹人殉制研究——兼論遼金元「燒飯」之俗，劉浦江，文史，2012 年第 2 輯。

63. 契丹皇帝の喪葬儀禮——聖宗文殊奴の喪葬儀禮と慶陵埋葬を中心に，古松崇志　遼文化、慶陵一帶調査報告書 2011，京都大學大學院文學研究科，2011 年。

64. 論遼代喪葬習俗中的佛教因素，鐵顏顏，活力，2011 年第 22 期。

65. 契丹「焚骨咒」含義淺談，葛華廷，北方文物，2011 年第 3 期。

66. 遼代人喪葬觀念芻論——以石刻文字資料爲中心，張國慶，遼金歷史與考古（第五輯），遼寧教育出版社，2014 年。

67. 遼代人喪葬觀念芻論——以石刻文字資料爲中心，張國慶，遼寧省博物館館刊（2013），遼海出版社，2014 年

68. 碑誌所見遼代高官喪葬述略，谷麗芬，遼金歷史與考古（第五輯），遼寧教育出版社，2014 年。

69. 遼朝契丹族喪葬習俗研究，李亭霖、呂昕娛，赤峰學院學報（漢文哲學社會科學版），2015 年第 10 期。

70. 契丹貴族喪葬習俗考釋，于博，蘭臺世界，2015 年第 31 期。

71. 試論遼代眞容偶像葬俗，高晶晶，文化遺產，2015 年第 2 期。

72. 契丹面具，張偉嬌，北方文學（中旬刊），2015 年第 8 期。

73. 遼墓出土金屬面具與網絡起源的再探討，呂馨，南方文物，2012 年第 1 期。

74. 金代喪葬禮俗舉要——以金代石刻資料爲中心，王新英，遼寧省博物館館刊（2013），遼海出版社，2014 年。

75. 金代喪葬禮俗舉要——以金代石刻資料爲中心，王新英，地域性遼金史研究（第一輯），中國社會科學出版社，2014 年。

76. 淺論宋金時期河東喪葬習俗，李軍，文物世界，2012 年第 3 期。

77. 論女眞人面具——面罩的功能和用途，（俄）A.A.科拉特琴科夫、O.C.加拉克季奧諾夫、B.A.霍列夫著，蓋莉萍譯，北方文物，2011 年第 4 期。

（三）姓氏、婚姻、家庭、家族與宗族

1. 「耶律・蕭」と「移剌・石抹」の間：『金史』本紀における契丹・奚人の姓の記述に關する考察，吉野正史，東方學（127），2014 年。

2. 遼朝后族蕭姓由來述論，史風春，內蒙古師範大學學報（哲學社會科學版），2015 年第 4 期。

3. 再論遼朝后族蕭姓之由來，史風春，遼金史論集（第十三輯），中國社會科學出版社，2013 年。

4. 再論契丹人的父子連名製——以近年出土的契丹大小字石刻爲中心，劉浦江，清華元史（第一輯），商務印書館，2011 年。

5. 遼聖宗子侄契丹、漢名考，向南，遼金史論集（第十二輯），吉林大學出版社，2012 年。

6. 關於《元史》中契丹人的姓氏，哈斯巴根，華西語文學刊（第八輯），四川文藝出版社，2013 年。

7. 金代賜姓問題研究，閆興潘，古代文明，2013 年第 4 期。

8. 10～14 世紀北方游牧民族婚姻習俗的變遷，賈淑榮，北方文物，2014 年第 1 期。

9. 北方游牧民族收繼婚俗中的女性——以遼金元爲例，賈淑榮，內蒙古社會科學（漢文版），2014 年第 5 期。

10. 從收繼婚俗解讀北方游牧民族的女性——以遼金元爲例，賈淑榮，契丹學論集（第二輯），內蒙古人民出版社，2015 年。

11. 簡論遼代之婚俗，王成國，遼金歷史與考古國際學術研討會論文集（上），遼寧教育出版社，2012 年。

12. 遼代契丹人的婚姻形式及特點，靳玲、安正，學理論，2013 年第 36 期。

13. 遼代漢人墓誌中體現的契丹婚俗特徵，齊偉，宋史研究論叢（第十二輯），河北大學出版社，2011 年。

14. 遼代耿崇美家族的婚姻與政治，齊偉，東北史地，2011 年第 5 期。

15. 試析遼代貴族婚姻對政權的影響及其婦女地位的變遷——以皇族、后族為中心，胡方豔，甘肅民族研究，2011 年第 2 期。

16. 遼代的離婚方式及其反映的社會文化特徵，張敏，蘭臺世界，2015 年第 30 期。

17. 淺論女眞人收繼婚的演變，呂微，東北史研究，2011 年第 4 期。

18. 阿什河流域奇異的遼女眞族婚制，劉肅勇，中國社會科學報，2014 年 4 月 25 日 B03 版。

19. 淺談金代女眞人的婚姻習俗和族際婚，單召傑，黑龍江史志，2013 年第 11 期。

20. 金代民族交融進程中的女眞婚俗變遷，李學成、鄭毅、王雁，學理論，2014 年第 33 期。

21. 遼金女眞的「家」與家庭形態——以《金史》用語爲中心，孫昊，貴州社會科學，2015 年第 6 期。

22. 金代漢族家庭形態研究，劉曉飛，吉林大學博士學位論文，2013 年。

23. 金代漢族同居共財大家庭——以碑銘墓誌爲中心的考察，劉曉飛，蘭臺世界，2015 年第 36 期。

24. 金代女性婚後家庭關係研究，劉金英，北方文物，2015 年第 2 期。

25. 契丹文皇族「第十帳」及其它，吳英喆、孫偉祥，中央民族大學學報（哲學社會科學版），2015 年第 4 期。

26. 國舅夷離畢帳と耶律玦家族，愛新覚羅・烏熙拉春，立命館文學（621），2011 年 3 月。

27. 遼代皇族六院部夷離堇房相關問題考，韓世明，民族研究，2012 年第 2 期。

28. 家族嬗變與民族融合——從耶律倍到耶律希亮的個案家族考察，王善軍，中國社會歷史評論（第 13 卷），天津古籍出版社，2012 年。

29. 耶律倍後裔與醫巫閭地區的開發建設，任仲書，蘭臺世界，2013 年第 9 期。

30. 論遼代耶律倍家族的漢語文學創作，和談，新疆教育學院學報，2012 年第 1 期。

31. 淺析遼朝中期耶律隆慶家族的社會地位，吳鳳霞，朔方論叢（第三輯），內蒙古大學出版社，2013 年。

32. 遼朝后族世系梳理，孫偉祥，（韓國）北方文化研究（第 6 期），2015 年 12 月。

33. 遼朝后族研究，肖娜，吉林大學碩士學位論文，2013 年。

34. 遼朝后族相關問題芻議，孫偉祥、高福順，遼金歷史與考古（第四輯），遼寧教育出版社，2013 年。

35. 阜新地區的遼代后族，李麗新，遼金史研究，遼寧民族出版社，2013 年。

36. 阜新地區的遼代后族，李麗新，東北史研究，2014 年第 1 期。

37. 契丹外戚幾個主要家族的房屬述論，史風春，遼金歷史與考古國際學術研討會論文集（上），遼寧教育出版社，2012 年。

38. 略論契丹后族族帳的演變，史風春，黑龍江民族叢刊，2012 年第 5 期。

39. 遼代后族的四蕭，王玉亭，遼上京文化遺產（總第 1 期），2011 年 7 月 1 日。

40. 契丹外戚房屬世次考，史風春，內蒙古社會科學（漢文版），2011 年第 6 期。

41. 遼朝后族忽沒里族帳所屬考，史風春，內蒙古社會科學（漢文版），2012 年第 6 期。

42. 契丹蕭罕家族——兼說平原公主，向南，遼金歷史與考古國際學術研討會論文集（上），遼寧教育出版社，2012 年。

43. 遼朝后族蕭翰身世考，史風春，遼寧工程技術大學學報（社會科學版），2013 年第 4 期。

44. 蕭撻凜家族世系考，康鵬，新亞洲論壇（第 4 輯），首爾出版社，2011 年。

45. 蕭撻凜與國舅夷離畢帳，烏拉熙春，遼金歷史與考古國際學術研討會論文集（上），遼寧教育出版社，2012 年。

46. 遼朝后族蕭撻凜身世考，史風春，北方文物，2013 年第 4 期。

47. 蕭和家族在遼代社會的地位與影響，張志勇、齊偉，渤海大學學報（哲學社會科學版），2014 年第 5 期。

48. 契丹國舅別部世系再檢討──兼論《遼史》諸表的文獻學與史學史價值，苗潤博，史學月刊，2014 年第 4 期。

49. 遼代蕭孝恭家族的族屬及其文化特徵，任大衛，遼寧師範大學碩士學位論文，2014 年。

50. 遼代漢人四大家族仕宦問題研究，吉孝青，長春師範大學碩士學位論文，2014 年。

51. 遼代上谷耿氏家族考，苗霖霖，黑龍江民族叢刊，2012 年第 1 期。

52. 遼代劉祜家族研究，馬春紅，遼寧師範大學碩士學位論文，2014 年。

53. 試論遼代玉田韓氏家族，趙浩，遼寧師範大學碩士學位論文，2011 年。

54. 遼代玉田韓氏家族研究，于超，長春師範大學碩士學位論文，2014 年。

55. Outside In: Power, Identity, and the Han Lineage of Jizhou, *Journal of Song-Yuan Studies*, Pamela Crossley, Volume 43, 2013.

56. 淺議玉田韓氏家族對遼朝經略河西的貢獻，齊偉，西夏學（第七輯），上海古籍出版社 2011 年。

57. 韓佚墓解開的韓姓大族之謎，王德恒，知識就是力量，2011 年第 4 期。

58. 唐末五代定州王處直的後裔在契丹考，肖愛民，保定宋遼歷史文化遺產及其開發研究，河北大學出版社，2015 年。

59. 遼金時期幽燕地區呂氏家族歷史的初步研究，孫猛，北京文博論叢，2011 年第 4 輯。

60. 遼金時代的呂氏家族，齊偉，遼金歷史與考古國際學術研討會論文集（上），遼寧教育出版社，2012 年。

61. 從東平呂氏家族看遼金時期的社會變遷，苗霖霖，北方文物，2014 年第 2 期。

62. 金朝呂氏家族考略，苗霖霖，遼金歷史與考古（第五輯），遼寧教育出版社，2014 年。

63. 略論遼金時期東京渤海遺民張氏家族，李智裕、苗霖霖，遼金歷史與考古（第四輯），遼寧教育出版社，2013 年。

64. 遼、金時期渤海遺民高氏家族考述，苗霖霖，北華大學學報（社會科學版），2013 年第 3 期。

65. 略論遼金時期東京渤海遺民李氏家族，李智裕、苗霖霖，東北史研究，
    2014 年第 2 期。

66. 金代女眞皇族譜牒文化述論，楊忠謙，中州學刊，2012 年第 3 期。

67. 論金源皇族的文學創作，李玉君、黃震雲，民族文學研究，2011 年第 5 期。

68. 完顏希尹家族新證，劉曉溪，東北史地，2013 年第 6 期。

69. 完顏希尹家族與金朝政治，孟憲濤，哈爾濱師範大學碩士學位論文，
    2014 年。

70. 金代宗室教育與歷史文化認同，李玉君，遼金史論集（第十三輯），中國
    社會科學出版社，2013 年。

71. 金朝后妃家族徒單氏研究，吳垚，哈爾濱師範大學碩士學位論文，2013 年。

72. 金代后妃家族蒲察氏研究，彭贊超，哈爾濱師範大學碩士學位論文，
    2014 年。

73. 金代烏古論氏政治地位變遷研究，邸海林，哈爾濱師範大學碩士學位論
    文，2015 年。

74. 金朝涿州時氏家族婚姻與政治，苗霖霖，北方文物，2012 年第 3 期。

75. 金代王庭筠家族及其文學研究，李梅，山西大學碩士學位論文，2011 年。

76. 遼東王氏家族源流、譜系與文化傳統研究，李梅，女眞政權下的文學研
    究，三晉出版社，2011 年。

77. 地域文化視野下的金代西京劉氏家族文化特徵論，楊忠謙、李東平，重
    慶文理學院學報（社會科學版），2015 年第 6 期。

78. 最後的奚人──金元時期石抹也先家族考，周峰，東北史地，2011 年第
    6 期。

79. 契丹石抹家族在元代的變遷，羅海燕，黑龍江民族叢刊，2011 年第 3 期。

80. 耶律楚材家族藝術教育與創作之史料考述，和談，蘭臺世界，2015 年第
    33 期。

81. 金元白樸家族與地域文化，張建偉、張慧，晉陽學刊，2015 年第 6 期。

82. 金元時期北方社會演變與「先塋碑」的出現，飯山知保，中國史研究，
    2015 年第 4 期。

83. 略論遼朝部族的範圍，張宏利，湖湘論壇，2014 年第 6 期。

84. 遼朝部族制度研究──以行政區劃的部族爲中心，張宏利，吉林大學博
    士學位論文，2015 年。

（四）婦女

1. 遼代婦女社會生活研究，王連連，西北師範大學碩士學位論文，2011 年。
2. 草原巾幗——論契丹女性對遼代民族關係的影響，張敏，赤峰學院學報（漢文哲學社會科學版），2011 年第 11 期。
3. 契丹女性與軍、政、儒，孫博，遼金歷史與考古國際學術研討會論文集（上），遼寧教育出版社，2012 年。
4. 儒家思想對遼代契丹女性的影響，石金民，遼金史研究，遼寧民族出版社，2013 年。
5. 遼代女性建言議政問題探究，李蕊，渤海大學碩士學位論文，2013 年。
6. 漫談遼代女性建言議政的基本內容與方式，姚笛，才智，2015 年第 32 期。
7. 遼代契丹女性的教育問題探析，張敏，赤峰學院學報（漢文哲學社會科學版），2013 年第 12 期。
8. 略論遼代各族女性的文化貢獻，武文君，遼寧工程技術大學學報（社會科學版），2015 年第 4 期。
9. 從遼代石刻看遼代社會中的賢婦觀，張敏，赤峰學院學報（漢文哲學社會科學版），2014 年第 4 期。
10. 遼代石刻中所反映的遼朝母儀規範，張敏，天水師範學院學報，2014 年第 5 期。
11. 遼代石刻中所反映的遼朝母儀規範，張敏，契丹學論集（第一輯），內蒙古人民出版社，2015 年。
12. 從石刻史料看遼代女性的崇佛，呂富華，蘭臺世界，2014 年第 30 期。
13. 時新花樣盡塗黃——遼代契丹女性「佛妝」考，王子怡，裝飾，2014 年第 3 期。
14. 一曲女性的悲歌，胡傳志，人民政協報，2013 年 11 月 11 日 C03 版。
15. 遼金貴族女性社會地位比較研究，范歆玥，遼寧大學碩士學位論文，2011 年。
16. 金代女性研究，王姝，吉林大學博士學位論文，2014 年。
17. 論金代女性的政治作為，王對萍，內蒙古農業大學學報（社會科學版），2011 年第 1 期。
18. 金朝貴族女性涉政問題初探，范歆玥，東北史地，2011 年第 1 期。

（五）捺缽

1. 論遼朝「四時捺缽」的性質及其地位——從中國古代北方游牧民族的生產生活方式談起，肖愛民，論草原文化（第八輯），內蒙古教育出版社，2011 年。

2. 簡述遼代的四時捺缽，王飛，赤峰學院學報（漢文哲學社會科學版），2013 年第 12 期。

3. 遼代四時捺缽體制及其影響試析，孫雪江、張博程，考試周刊，2014 年第 45 期。

4. 契丹捺缽文化研究，汪澎瀾，地域性遼金史研究（第一輯），中國社會科學出版社，2014 年。

5. 地理環境與契丹人四時捺缽，夏宇旭，社會科學戰線，2015 年第 2 期。

6. 遼朝契丹貴族特異習俗——四時捺缽，劉肅勇，中國社會科學報，2015 年 6 月 19 日 B03 版。

7. 古詩中的契丹「捺缽」，王洪泉、孫麗梅，時代青年（教育），2012 年第 1 期。

8. 論捺缽制度及其對遼代習俗文化的影響，鄭毅，學理論，2013 年第 20 期。

9. 東北草原民族服飾中所體現的契丹捺缽文化精神，孫立梅、富紅秋，白城師範學院學報，2011 年第 1 期。

10. 論捺缽制度及其對遼代經濟領域的影響，鄭毅，學理論，2013 年第 23 期。

11. 捺缽制度與遼代軍事探討，鄭毅，學理論，2013 年第 26 期。

12. 遼代捺缽制度及射獵軍事體育活動探源，呂星雲，蘭臺世界，2014 年第 24 期。

13. 避暑山莊文化與遼金捺缽習俗，畢國忠、李文甫，河北民族師範學院學報，2012 年第 1 期。

14. 遼代「春捺缽」遺址考古挖掘啟動，王文輝、劉家繼，吉林日報，2014 年 8 月 13 日第 1 版。

15. 到白城春捺缽的四位遼皇帝，戴麗娟，地域性遼金史研究（第一輯），中國社會科學出版社，2014 年。

16. 春捺缽與遼朝政治——以長春州、魚兒泊為視角的考察，武玉環，北方文物，2015 年第 3 期。

17. 從遼代皇帝春捺鉢看泰州的中心地位，聶翔雁，白城師範學院學報，2011年第 2 期。

18. 遼帝春捺鉢再考，李旭光，東北史地，2012 年第 1 期。

19. 大安春捺鉢文化，吳珍、滕坤、趙恩來、張廣志、孫英、王貴春、高大偉、隋二龍、于凝，吉林日報，2012 年 4 月 6 日第 10 版。

20. 契丹春捺鉢文化旅遊資源開發研究，汪澎瀾、孫立梅，契丹學論集（第二輯），內蒙古人民出版社，2015 年。

21. 查干湖畔的遼帝春捺鉢，李旭光，作家，2012 年第 3 期。

22. 「混同江行宮」秘事（上），陳景波、劉永生，大慶日報，2011 年 11 月 29 日第 19 版。

23. 混同江行宮秘事（下），陳景波、劉永生，大慶日報，2011 年 12 月 6 日第 19 版。

24. 湖畔草原上的帝宮，李旭光，美文（上半月），2011 年第 11 期。

25. 莫力街是金朝皇帝春納鉢之地嗎，陳士平，黑龍江史志，2015 年第 10 期。

26. 遼金元的夏捺鉢——「阿延川」、「上京」及「爪忽都」辨，陳曉偉，中國邊疆史地研究，2015 年第 2 期。

27. 遼代多捺鉢問題探討，于瀛，長春師範學院碩士學位論文，2012 年。

28. 關於老爺洞溝即涼澱的探考，金永田，遼上京文化遺產（總第 2 期），2011 年 9 月 30 日。

29. 遼代興道兩朝冬捺鉢駐地「中會川」再考，李旭光，東北史地，2014 年第 5 期。

（六）衣食住行

1. 10～12 世紀宋遼金服飾文化的交流，郭志偉，河北北方學院學報（社會科學版），2014 年第 1 期。

2. 遼金時期松原地區契丹、女真人的服飾文化，賀飛，吉林省教育學院學報（下旬），2013 年第 11 期。

3. 簡述遼代服飾，王國慶，遼上京文化遺產（總第 2 期），2011 年 9 月 30 日。

4. 遼代契丹族服飾研究，王富松，湖南工業大學碩士學位論文，2012 年。

5. 遼代契丹族男性服裝研究，閆獻冰，內蒙古大學碩士學位論文，2014 年。

6. 從服裝的適應性解析契丹與蒙古民族服裝，郭蓮蓮，神州，2011 年第 9 期。

7. 契丹族的禮儀風俗與服飾，朱新，深交所，2011 年第 4 期。

8. 遼墓壁畫展現的契丹服飾文化，孫立梅，赤峰學院學報（漢文哲學社會科學版），2011 年第 7 期。

9. 建都伊始衣冠變——遼代南京（今北京）服飾研究，王子怡，藝術設計研究，2011 年第 4 期。

10. 論契丹族與漢族服飾文化的融合，霍宇紅，赤峰學院學報（漢文哲學社會科學版），2012 年第 6 期。

11. 契丹族與漢族服飾文化融合演變考證，張恒，蘭臺世界，2015 年第 12 期。

12. 由遼墓壁畫看遼代契丹人與漢人服飾的融合，潘曉暾，東北史地，2015 年第 4 期。

13. 淺析契丹服飾對中原服飾的影響，靳運潔，今日湖北（下旬刊），2014 年第 10 期。

14. 大同華嚴寺薄伽教藏殿遼代彩塑服飾研究，楊俊芳，美育學刊，2014 年第 2 期。

15. 契丹袍與女真袍，李薈、萬芳，裝飾，2013 年第 4 期。

16. 遼代契丹族女性首飾研究，張倩，內蒙古師範大學碩士學位論文，2015 年。

17. 遼人耳飾 草原上的搖曳風姿，孫娟娟，大眾考古，2015 年第 7 期。

18. 「洗盡鉛華試佛妝」——遼代婦女面飾習俗探析，邱靖嘉，遼金歷史與考古國際學術研討會論文集（上），遼寧教育出版社，2012 年。

19. 金代服飾文化的涵化和傳承的影響因素，孫瑩瑩，黑龍江史志，2014 年第 15 期。

20. 金代服飾保護與仿製的對策研究，孫曉敏，遼寧絲綢，2014 年第 3 期。

21. 金代女真族民族服飾文化和發展探究，孫心雷，赤子（上中旬），2015 年第 1 期。

22. 金代女真人服飾的變化，劉傑，遼寧工程技術大學學報（社會科學版），2013 年第 6 期。

23. 黑龍江省金代女真族服飾裝飾圖案的研究，苗蘋，哈爾濱理工大學碩士學位論文，2014 年。

24. 淺析黑龍江金代女真族服飾圖案在網頁設計中的應用，苗蘋，美術大觀，2014 年第 7 期。

25. 金朝婦女服飾述略，王姝，蘭臺世界，2015 年第 27 期。

26. 金代女眞族婦女裙撐初探，李豔紅，美術大觀，2015 年第 12 期。

27. 金代女眞服飾的漢化與創新─金齊國王墓出土袍服及蔽膝形制探析，李豔紅，裝飾，2013 年第 12 期。

28. 「北國馬王堆」隨葬服飾首次展出──墓主爲金代齊國王完顏晏夫婦，出土文物塡補了金代服飾史研究的空白，孫曉敏，東方收藏，2012 年第 1 期。

29. 金代齊國王墓出土的靴鞋襪與冠巾，尙詠黎，哈爾濱學院學報，2011 年第 6 期。

30. 遼金食俗，伊永文，深交所，2012 年第 6 期。

31. 遼金時期游牧民族的飲食，呂田，中國食品，2014 年第 15 期。

32. 遼金元時期北方游牧民族的漁獵飲食，王賽時，中華飲食文化基金會會訊（第 17 卷第 3 期），2011 年 8 月。

33. 從墓葬壁畫藝術看北方游牧民族的飲食文化，包江寧，內蒙古社會科學，2013 年第 1 期。

34. 遼代飲食結構新探，田曉雷，陰山學刊，2015 年第 5 期。

35. 從遼代飲食用語看當時東北各民族飲食文化──以《遼史》《契丹國志》《渤海國記》《三朝北盟會編》《松漠紀聞》爲例，于爲、李菲，現代語文（下旬·語言研究），2011 年第 5 期。

36. 北宋時期中原漢族與契丹族、党項族的飲食文化交流，劉樸兵，中華飲食文化基金會會訊（第 17 卷第 3 期），2011 年 8 月。

37. 野生食物資源與契丹社會，夏宇旭，中央民族大學學報（哲學社會科學版），2015 年第 3 期。

38. 遼朝的宴飲活動，周潔，內蒙古大學碩士學位論文，2014 年。

39. 遼金時期松原地區契丹、女眞人的飲食文化，麻鈴，東北史地，2012 年第 6 期。

40. 從遼金飲食詞語對比看金朝東北地區飲食文化，于爲，長春師範學院學報，2011 年第 7 期。

41. 生態環境與金代女眞人的飲食習俗，夏宇旭，東北史地，2014 年第 3 期。

42. 淺談金代東北地區女眞人的飲食狀況，仉惟嘉，科教導刊（中旬刊），2014 年第 7 期。

43. 遼人的鐵腳菜，王玉亭，遼上京文化遺產（總第 2 期），2011 年 9 月 30 日。

44. 金蓮花、鐵腳草及與契丹相關的植物名稱，任愛君、劉鐵志、王玉亭、王青煜、葛華廷，契丹學論集（第二輯），內蒙古人民出版社，2015 年。

45. 金代女眞人食用蔬菜瓜果芻議，夏宇旭，滿語研究，2013 年第 4 期。

46. 遼代契丹人的酒文化，陳曉敏，碧彩雲天——遼代陶瓷，北京燕山出版社，2013 年。

47. 斫冰燒酒赤，張興國，遼上京文化遺產（總第 1 期），2011 年 7 月 1 日。

48. 遼代名酒「菊花酒」誕生地之一，釀酒，2012 年第 1 期。

49. 何冰中國酒話——解密吉林省白酒文化之一 1112 年，遼帝宴請金帝用的什麼酒？何冰，釀酒，2012 年第 1 期。

50. 「二鍋頭」的傳說與金代蒸餾酒起源，何冰，釀酒，2015 年第 3 期。

51. 金朝女眞人社會政治生活中的酒文化，寶坤，黑龍江史志，2013 年第 9 期。

52. 金代的酒文化漫談，王孝華，黑龍江史志，2014 年第 5 期。

53. 地理文化視野下宣化遼墓中的茶禪文化，何圳泳，農業考古，2015 年第 2 期。

54. 盞中丹青：金代日常生活中的茶，黃甜，科學·經濟·社會，2015 年第 4 期。

55. 宋金茶人茶事，王俊，大眾考古，2014 年第 4 期。

56. 遼代飲食器具造型藝術考，韓榮、尹悅，藝術與設計（理論），2011 年第 1 期。

57. 遼代飲食器具仿製與融合創新的研究，韓榮，美術大觀，2011 年第 9 期。

58. 淺析游牧民族「春捺缽」飲食器具造型藝術——以前郭爾羅斯蒙古族爲例，鄧佳麗，北方文學（中旬刊），2013 年第 5 期。

59. 金代飲食器具窺略，趙韻，中學生導報（教學研究），2013 年第 16 期。

60. 生態環境與金代女眞人居住及交通習俗，夏宇旭，吉林師範大學學報（人文社會科學版），2013 年第 6 期。

61. 金代東北地區傢具初探，劉亞萍、朱毅，藝術與設計（理論），2011 年第 2 期。

62. 從女眞居住習俗的演變看其社會發展與進步，劉彥紅，遼金歷史與考古國際學術研討會論文集（上），遼寧教育出版社，2012 年。

63. 金代傢具的設計藝術研究，曾分良、李卓，藝術研究，2012 年第 3 期。

64. 東北地區傢具形式演變初探——金代傢具形式，朱毅、劉亞萍，傢具，2013 年第 4 期。

65. 金代傢具的裝飾研究，曾分良，藝術研究，2013 年第 1 期。

66. 金代傢具的形制研究，曾分良，藝術研究，2013 年第 2 期。

67. 「擔床」考，任文彪，故宮博物院院刊，2012 年第 6 期。

68. 淺談遼代交通工具——胡輦，王青煜，東北史研究，2012 年第 1 期。

69. 試析契丹駝車起源，宋佳，東北史地，2012 年第 3 期。

70. 遼上京出土牛鞍具隨感，王未想，遼上京文化遺產（總第 3 期），2012 年 5 月 30 日。

71. 馬在金代社會生活中的作用，趙湘萍，科技創業家，2012 年第 2 期。

72. 精湛的契丹族馬飾，泉癡山人，科學大觀園，2013 年第 6 期。

73. 略論遼代契丹族的車輿騎射和交通文化，王綿厚、都惜青，地域性遼金史研究（第一輯），中國社會科學出版社，2014 年。

74. 略論遼代契丹族的車輿騎射和交通文化，王綿厚、都惜青，遼金歷史與考古（第五輯），遼寧教育出版社，2014 年。

75. 談對遼代車縮和車的幾點認識，顧玉順、李剛，遼金歷史與考古（第五輯），遼寧教育出版社，2014 年

76. 考古學視野下的契丹游牧生活研究，谷嶠，吉林大學碩士學位論文，2015 年。

77. 地理環境與契丹人的居住方式，夏宇旭、王小敏，吉林師範大學學報（人文社會科學版），2015 年第 3 期。

十、文　化

（一）概論

1. 契丹——遼代文化，烏恩，內蒙古畫報，2012 年第 3 期。

2. 契丹遼文化的歷史意義與現實意義，任愛君，朔方論叢（第一輯），內蒙古大學出版社，2011 年。

3. 契丹文化的源流及其歷史影響，武玉環，契丹學論集（第一輯），內蒙古人民出版社，2015 年。

4. 論遼文化對唐文化的繼承，郭康松，遼寧工程技術大學學報（社會科學版），2011 年　第 3 期。

5. 遼文化是唐代文化延續，郭康松，遼金史論集（第十二輯），吉林大學出版社，2012 年。

6. 遼文化的內涵及現存的遼文化形態，王玉亭，遼上京文化遺產（總第 4 期），2012 年 12 月 15 日。

7. 遼朝腹地城鎮的文化特徵考，張敏，遼寧工程技術大學學報（社會科學版），2014 年第 6 期。

8. 遼朝行政倫理文化的特色研究，張志勇，遼金史研究，遼寧民族出版社，2013 年。

9. 契丹文化及其歷史地位——從契丹博物館藏品談起，劉凌江、劉憲楨，華西語文學刊（第八輯），四川文藝出版社，2013 年。

10. 略論漢文化對遼金文化的影響，潘淑豔，文學與藝術，2011 年第 2 期。

11. 從遼墓二十四孝畫像石管窺儒家思想對遼契丹文化的影響，郭東升、薛璐璐，遼金歷史與考古國際學術研討會論文集（上），遼寧教育出版社，2012 年。

12. 從出土的胡人馴獅琥珀佩飾看西方文化因素對遼文化的影響，呂富華，赤峰學院學報（漢文哲學社會科學版），2014 年第 2 期。

13. 以遼代佛教文化為切入點打造遼文化品牌的問題探討——以巴林左旗為例，王玉亭，松州學刊，2012 年第 4 期。

14. 遼代的女真文化，馮恩學，邊疆考古研究（第 18 輯），科學出版社，2015 年。

15. 遼朝行政倫理文化的特色，張志勇，遼寧工程技術大學學報（社會科學版），2011 年第 4 期。

16. 契丹社會河流文化的歷史解讀，吳樹國，黑龍江民族叢刊，2011 年第 4 期。

17. 遼金時期北京文化發展脈絡及特點，高福美，北京史學論叢 2014，北京燕山出版社，2015 年。

18. 探索契丹文化習俗奧秘，瀋陽日報，2011 年 1 月 10 日第 1 版。

19. 契丹民族對天津區域文化發展的影響，劉金明、靳運潔，滿族研究，2015 年第 1 期。

20. 論白溝的宋遼歷史文化遺產，丁建軍、張沖，河北學刊，2014 年第 3 期。

21. 對張家口下花園區遼文化研究的若干思考，薛志清、閻曉雪、肖守庫、李瑞傑，河北北方學院學報（社會科學版），2015 年第 5 期。

22. 遼代文化：瀋陽特色文化的「金礦」，陳鳳軍，瀋陽日報，2011 年 12 月 1 日 A11 版。

23. 遼金元時期瀋陽地域文化特徵芻論，張國慶，遼寧大學學報（哲學社會科學版），2013 年第 2 期。

24. 遼代沈北地區契丹人物質文化的多元性特徵——以遼墓考古資料為中心，張國慶，遼金歷史與考古（第五輯），遼寧教育出版社，2014 年。

25. 遼代醫巫閭地區的文化特色，任仲書，遼寧工程技術大學學報（社會科學版），2013 年第 3 期。

26. 阜新遼文化研究，石金民，遼金歷史與考古國際學術研討會論文集（上），遼寧教育出版社，2012 年。

27. 遼代阜新的契丹文化，李琳、張慧，蘭臺世界，2014 年第 6 期。

28. 遼寧阜新契丹、遼文化資源開發與利用，劉梓、胡健，契丹學論集（第二輯），內蒙古人民出版社，2015 年。

29. 遼代阜新地區儒家文化的影響，秦星、劉曉紅，遼金史研究，遼寧民族出版社，2013 年。

30. 遼金文化在康平，梁欣，遼寧經濟，2015 年第 8 期。

31. 努力打造遼金文化品牌 全面提升松原文化軟實力，徐淑紅，新長征，2014 年第 11 期。

32. 吉林松原：創建遼金文化新城，王星晶、楊同娜，中國文化報，2014 年 10 月 31 日第 2 版。

33. 從遼金遺址看大慶地域文化，顏祥林，黑龍江科技信息，2013 年第 4 期。

34. 《契丹始祖傳說》入國家級非物質文化遺產名錄，劉建軍、東文，承德日報，2011 年 6 月 18 日第 1 版。

35. 我市召開契丹遼文化產業發展領導小組第一次會議，付占營、孫敏敏，赤峰日報，2011 年 7 月 23 第 1 版。

36. 赤峰市遼文化旅遊探析，于曉娟，契丹學論集（第一輯），內蒙古人民出版社，2015 年。

37. 契丹遼文化研究成果轉化的影響因素分析，于曉娟，契丹學論集（第二輯），內蒙古人民出版社，2015 年。

38. 未盡的遼文化 X 檔案——寶馬契丹文化探秘之旅，Leon，車時代，2011 年第 12 期。

39. 寶馬 BMW 契丹文化探秘之旅，中國科學探險，2012 年第 1 期。

40. 策馬北上——寶馬的契丹文化探秘之旅，越野世界，2012 年第 1 期。

41. 千年遼都的文化突圍——看巴林左旗如何以文化品牌帶動縣域經濟發展，徐永升，赤峰日報，2013 年 3 月 11 日第 1 版。

42. 關於歷史考古類圖文信息在互聯網中的應用——以契丹遼時期的資料為例，王欣，契丹學論集（第二輯），內蒙古人民出版社，2015 年。

43. 淺談金代文化是中華民族文化的重要組成部份，孫瑩瑩，華章，2011 年第 5 期。

44. 金代文化的淵源，薛瑞兆，遼寧工程技術大學學報（社會科學版），2013 年第 1 期。

45. 金代文化遺產探秘，張英，藝術市場，2011 年第 1 期。

46. 論金代思想文化領域的開放與專制政策，陳永國，滿族研究，2014 年第 4 期。

47. 宋金時期的文化交流與融合，周峰，北京文史，2014 年第 4 期。

48. 再論女真文化與漢文化的衝突，沙勇，長安大學學報（社會科學版），2012 年第 3 期。

49. 金代西京文化研究，馮娟娟，渤海大學碩士學位論文，2013 年。

50. 金朝前期陝甘區域文化特徵，王萬志，史學集刊，2014 年第 3 期。

51. 內蒙古地區遼金元時期信息傳播方式考證，江鴻、麗娟，大眾文藝，2013 年第 19 期。

52. 金代遼海地區士人與地域文化的發展，王萬志，遼金史論集（第十二輯），吉林大學出版社，2012 年。

53. 金源文化概述，洪仁懷，東北史研究，2012 年第 2 期。

54. 金源文化：構建完整的內涵，黃澄，哈爾濱日報，2012 年 1 月 14 日第 15 版。

55. 金源文化發展戰略建議，王永年，東北史研究，2012 年第 2 期。

56. 金代金源地區形成的歷史背景及其文人與作品，王禹浪、郭叢叢，黑龍江民族叢刊，2012 年第 3 期。

57. 金上京遷都後，金朝在哈爾濱的持續及影響：金源文化系列研究之一，黃澄，學理論，2012 年第 7 期。

58. 文化遺產助力阿城文化繁榮發展——兼論「金源文化」，齊心，金上京文史論叢（第四輯），黑龍江人民出版社，2013 年。

59. 金源文化發展戰略建議，王永年，金上京文史論叢（第四輯），黑龍江人民出版社，2013 年。

60. 關彥斌代表建議　保護好金源文化，劉偉，黑龍江日報，2011 年 3 月 11 日第 4 版。

61. 建好金源文化生態保護區，王風光，中國縣域經濟報，2011 年 3 月 14 日第 8 版。

62. 弘揚金源文化　建設文化強國，劉精松，金上京文史論叢（第四輯），黑龍江人民出版社，2013 年。

63. 一個特別的民族和一個特別的王朝（金源文化總論），洪仁懷，東北史研究，2014 年第 4 期。

64. 對「小興安嶺金祖文化」保護、宣傳、展示的幾點構想，李平，伊春日報，2015 年 12 月 21 日第 3 版。

65. 黑龍江金源文化的旅遊開發思路，李剛，中國旅遊報，2012 年 5 月 25 日第 12 版。

66. 金源文化旅遊產品深度開發策略研究，詹利，哈爾濱師範大學碩士學位論文，2011 年。

67. 金源文化與城市旅遊產業，鄭永梅，中國房地產業，2011 年第 2 期。

68. 金源文化中的旅遊資源考，王志國，旅遊縱覽（下半月），2015 年第 3 期。

69. 淺談金源文化中的旅遊價值，蔡慧茹，黑龍江史志，2014 年第 12 期。

70. 趙孟頫乙未自燕回——元初文人山水畫與金代士人文化，石守謙，國立臺灣大學美術史研究集刊（39），2015 年。

71. 金代山東文士儒家風格探析，聶立申，社科縱橫，2015 年第 2 期。

72. 金代泰山文士交遊考，聶立申，江西師範大學學報（哲學社會科學版），2015 年第 3 期。

73. 東平王公淵家族與金元學風的變遷，張建偉，宋史研究論叢（第十二輯），河北大學出版社，2011 年。

74. 論宋遼金元美學的基本面貌，鄒其昌，創意與設計，2012 年第 6 期。

75. 言意之辨：貫穿金代的美學理論，章輝，山西大同大學學報（社會科學版），2012 年第 6 期。

76. 鞴上風生看一舉——談《遼皇帝春捺缽圖》創作，夏洪宇、蘇滿河，地域性遼金史研究（第一輯），中國社會科學出版社，2014 年。

（二）儒學

1. 遼金元三代的經學發展及其特徵，周春健，福建論壇（人文社會科學版），2015 年第 1 期。

2. 儒學對遼代社會的影響，桑秋傑，長春師範學院學報，2011 年第 5 期。。

3. 從遼代考古資料看儒學在遼代的發展，許寧寧，現代婦女（下旬），2014 年第 1 期。

4. 論遼代內蒙古地區的文化建樹與儒學發展，馬燕茹，內蒙古教育（職教版），2014 年第 3 期。

5. 《孟子》在遼金時期的傳播與影響，周春健，中國哲學史，2013 年第 1 期。

6. 金代儒學的「拿來主義」，楊珩，北方論叢，2013 年第 6 期。

7. 洛學在金代的流傳與影響，劉輝，東北史地，2011 年第 1 期

8. 「術」與「道」：金代儒學接受的變容——以孔廟的修建爲主線，王曉靜，遼寧工程技術大學學報（社會科學版），2015 年第 5 期。

9. 金代皇帝的儒學閱讀，郭秀琦、王龍，南通大學學報（社會科學版），2012 年第 1 期。

10. 金朝孔廟釋奠禮初探，徐潔，學習與探索，2015 年第 11 期。

11. 論金代經學的建樹與特質，康宇，中國哲學史，2013 年第 4 期。

12. 從金代百年發展看經學文化的作用，劉海珍，晉中學院學報，2012 年第 1 期。

13. 論金末元初北方儒學復興——以山東東平地區爲例，趙忠敏，齊魯師範學院學報，2012 年第 1 期。

14. 李簡《學易記》論析，謝輝，福建江夏學院學報，2015 年第 5 期。

15. 「元承金學」及程朱之學的北傳，姜海軍，石家莊學院學報，2013 年第 1 期。

16. 元代契丹女眞人的漢學，王明蓀，（臺灣）史學彙刊（第 28 期），2011 年 12 月。

（三）教育與科舉

1. 淺析遼朝的教育，黃楠，赤峰學院學報，2011 年第 6 期。

2. 試說遼代教育家，黃鳳岐，遼金歷史與考古國際學術研討會論文集（上），遼寧教育出版社，2012 年。

3. 遼金時期教育精粹探微，胡柏玲，遼金史研究通訊，2012－2013 合刊。

4. 遼朝的教育與科舉，黃鳳岐、燕煦，遼金歷史與考古（第五輯），遼寧教育出版社，2014 年。

5. 遼朝私學教育對當時教育的影響，程清旭、石茶、胡鳳娟，蘭臺世界，2014 年第 12 期。

6. 淺析遼代的官學、私學及科舉制度，李向東，內蒙古教育（職教版），2014年第 6 期。

7. 遼元時期中央官學教育管理活動和師生生活，王永顏，青海師範大學學報（哲學社會科學版），2015 年第 2 期。

8. 遼朝女性教育述論，高福順，遼寧工程技術大學學報（社會科學版），2013年第 1 期。

9. 契丹皇族儒家經史教育考論，高福順，中國邊疆史地研究，2013 年第 3 期。

10. 契丹世家大族的家庭教育——基於出土的遼代碑刻資料，張志勇、賴寶成，遼寧工程技術大學學報（社會科學版），2015 年第 2 期。

11. 契丹世家大族的家庭教育——基於出土的遼代碑刻資料，張志勇、賴寶成，契丹學論集（第一輯），內蒙古人民出版社，2015 年。

12. 探尋遼代儒學教育的發展、興盛及其衰落成因，賈雲飛，蘭臺世界，2014年第 9 期。

13. 遼朝的尚武騎射教育，高福順，東北亞研究論叢（第六輯），東北師範大學出版社，2013。

14. 遼朝儲君教育與培養探析，郭德慧、郭文娟，齊齊哈爾大學學報（哲學社會科學版），2013 年第 3 期。

15. 遼代遼海地區的學校教育與儒學，張國慶，遼寧工程技術大學學報（社會科學版），2012 年第 3 期。

16. 遼朝時期阜新地區的教育狀況研究，朱蕾、胡健、秦星、于洋，北方文物，2011 年第 3 期。

17. 遼朝時期阜新地區的教育狀況研究，朱蕾，遼金歷史與考古國際學術研討會論文集（上），遼寧教育出版社，2012 年。

18. 遼朝時期阜新地區的教育狀況研究，朱蕾，東北史研究，2012 年第 3 期。

19. 遼朝天文曆法教育述論，高福順，朔方論叢（第四輯），內蒙古大學出版社，2015 年。

20. 遼朝科舉制度的歷史作用及其局限性，高福順，赤峰學院學報（漢文哲學社會科學版），2014 年第 5 期。

21. 遼朝科舉制度的歷史作用及其局限性，高福順，紅山文化・契丹遼文化學刊，2014 年第 1 輯。

22. 科舉制度在遼代社會生活中的地位與影響，高福順，長春師範大學學報，2015 年第 1 期。

23. 遼朝科舉制度發展演變的基本特徵，高福順，東北史地，2012 年第 3 期。

24. 景宗・聖宗期の政局と遼代科擧制度の確立，高井康典行，史觀（168），2013 年 3 月。

25. 遼朝科舉考試年限考論──以聖宗統和六年以後爲中心，高福順，東北亞研究論叢（第七輯），東北師範大學出版社，2014 年。

26. 遼朝科舉應試對象述論，高福順，科舉學論叢（2011 年第 1 輯），線裝書局，2011 年 5 月。

27. 遼朝歷科狀元考論：以聖宗統和六年以後開科考試爲中心，高福順，科舉學論叢（2011 年第 2 輯），線裝書局，2011 年 5 月。

28. 遼朝禮部貢院與知貢舉考論，高福順，考試研究，2011 年第 2 期。

29. 有關遼朝科舉史料的幾個問題，高福順，遼金歷史與考古國際學術研討會論文集（下），遼寧教育出版社，2012 年。

30. 遼朝科舉考試內容考論，馬麗梅、高福順，遼寧工程技術大學學報（社會科學版），2015 年第 6 期。

31. 遼朝科舉考試應試科目述論，高福順，遼金史論集（第十二輯），吉林大學出版社，2012 年。

32. 遼朝科舉考試生源述論，高福順，科舉文獻整理與研究：第八屆科舉制與科舉學國際學術研討會論文集，武漢大學出版社，2013 年。

33. 遼朝科舉考試中的府試，高福順，學習與探索，2012 年第 10 期。

34. 遼朝科舉考試中的府試，高福順，契丹學論集（第一輯），內蒙古人民出版社，2015 年。

35. 遼代科舉家族研究，王曄，河北大學碩士學位論文，2012 年。

36. 遼代知科舉官員考，蔣金玲，遼金史論集（第十二輯），吉林大學出版社，2012 年。

37. 碑誌所見遼代進士題名錄及相關問題，李宇峰，東北史研究，2013 年第 3 期。

38. 碑誌所見遼代進士題名錄及相關問題，李宇峰，契丹學論集（第一輯），內蒙古人民出版社，2015 年。

39. 遼代釋褐進士群體的文化使命——以翰林院、國史院、起居舍人院考察為中心，高福順，（韓國）北方文化研究（契丹學特刊），2014 年。

40. 遼代進士仕宦問題考述，蔣金玲，中國邊疆史地研究，2012 年第 1 期。

41. 金朝教育制度芻議，王洋，黑河學院學報，2015 年第 5 期。

42. 試論金代教育的發展階段及其特點，蘭婷、孫秀秀，黑龍江民族叢刊，2012 年第 5 期。

43. 試論金代漢族家庭教育方式，劉曉飛，北方文物，2012 年第 1 期。

44. 金代西京地區的教育文化探析，王利霞，山西大同大學學報（社會科學版），2015 年第 4 期。

45. 金朝統治時期的甘肅教育，封立，甘肅教育，2013 年第 22 期。

46. 金代平陽史事考訂二題，仝建平，晉陽學刊，2012 年第 5 期。

47. 金代义教政策的確立與實施，蘭婷、王亞萍，東北師大學報（哲學社會科學版），2013 年第 1 期。

48. 金代書院考，蘭婷‧王一竹，史學集刊，2011 年第 6 期。

49. 金代教材體系成因探析，蘭婷、王一竹，吉林師範大學學報（人文社會科學版），2011 年第 5 期。

50. 金代科舉中的狀元家族與女眞進士研究，張建偉，女眞政權下的文學研究，三晉出版社　2011 年。

51. 金朝女眞族科舉制度考試內容研究，趙鵬，科教導刊，2011 年第 30 期。

52. 金代女眞進士研究，張鑫，渤海大學碩士學位論文，2013 年。

53. 金代女眞進士科非「選女直人之科」考辨，閆興潘，湖北民族學院學報（哲學社會科學版），2013 年第 1 期。

54. 金代女眞策論進士科舉制度探析，姚虹雲、郭長海，金上京文史論叢（第四輯），黑龍江人民出版社，2013 年。

55. 金代女眞科舉與女眞官學教育，蘭婷、張璿，黑龍江民族叢刊，2014 年第 6 期。

56. 金代漢進士授官制度考述，都興智，考試研究，2014 年第 2 期。

57. 金代縣學述論，王嶠，內蒙古大學學報（哲學社會科學版），2015 年第 5 期。

58. 金代科舉考試題目考察，都興智，北方文物，2015 年第 1 期。

59. 金代科舉考試題目出處及內涵考釋，裴興榮，中央民族大學學報（哲學社會科學版），2015 年第 2 期。

60. 金代武舉的民族屬性——民族關係影響下的制度變革，閆興潘，北方文物，2015 年第 2 期。

61. 金朝河東北路轄區的進士述論，李靜平，滄桑，2011 年第 6 期。

62. 金代京兆府學登科進士輯考——以西安碑林藏金代進士題名碑二種爲據，路遠，碑林集刊（第 17 輯），三秦出版社，2011 年。

63. 金代進士補考，裴興榮，山西檔案，2015 年第 3 期。

（四）史學

1. 民族交融的五代遼金元時期歷史編纂的文化取向，王耀明、施建雄，陝西師範大學學報（哲學社會科學版），2011 年第 6 期。

2. 炎黃文化傳統與遼夏金元歷史認同觀念，羅炳良，史學史研究，2012 年第 3 期。

3. 遼金史學在中國史學史上的地位，吳鳳霞，遼金歷史與考古國際學術研討會論文集（上），遼寧教育出版社，2012 年。

4. 宋元正史民族史撰述與統一多民族國家的發展，吳鳳霞，求是學刊，2012 年第 2 期。

5. 趙翼在宋遼金三史研究上的成就，焦傑，安徽大學碩士學位論文，2012 年。

6. 關於遼金的「正統性」問題——以元明清「遼宋金三史分修」問題討論爲中心，趙永春，遼金西夏研究 2011，同心出版社，2013 年。

7. 關於遼金的「正統性」問題——以元明清遼宋金「三史分修」問題討論爲中心，趙永春，學習與探索，2013 年第 1 期。

8. 遼代政治與史學，靳玲，內蒙古民族大學學報（社會科學版），2013 年第 4 期。

9. 遼代史學的「資治」作用，靳玲，內蒙古民族大學學報，2012 年第 6 期。

10. 遼代史官補考，蔣金玲，遼金歷史與考古國際學術研討會論文集（上），遼寧教育出版社，2012 年。

11. 契丹族史官與金代史學的發展，吳鳳霞，史學史研究，2011 年第 2 期。

12. 耶律履與史學，吳鳳霞，遼金史論集（第十二輯），吉林大學出版社，2012 年。

13. 略論金代實錄的編纂，霍豔芳，檔案學通訊，2013 年第 2 期。

14. 金代翰林學士院與史學關係之演變及其影響，閆興潘，史學史研究，2013 年第 3 期。

（五）語言文字

1. 試析遼代《龍龕手鏡》的價值，黃文博，赤峰學院學報（漢文哲學社會科學版），2013 年第 7 期。

2. 《龍龕手鏡》釋義研究——以入聲卷木、竹、系三部為例，蔣瑜林，湖南師範大學碩士學位論文，2014 年。

3. 《古俗字略》與《龍龕手鏡》注音釋義對比研究，葉穗、鄭賢章，懷化學院學報，2014 年第 6 期。

4. 從楚簡新出字看《龍龕手鏡》增收字的構成，蔣德平，天中學刊，2011 年第 1 期。

5. 德藏吐魯番文獻《龍龕手鑒・禾部》殘頁小考，秦樺林，文獻，2011 年第 3 期。

6. 行均《龍龕手鑒》引字書考述，黃震雲，遼寧工程技術大學學報（社會科學版），2013 年第 1 期。

7. 《龍龕手鏡》疑難注音釋義簡考，鄭賢章，古漢語研究，2013 年第 2 期。

8. 《遼史》若干詞語研究，屈貝茜，華中師範大學碩士學位論文，2014 年。

9. 元修《遼史》詞彙選釋，安雪嬌，華東師範大學碩士學位論文，2014 年。

10. 《新修玉篇》編纂體例探究，胡平、陳春風、王曉樸，保定學院學報，2011 年第 2 期。

11. 《新修玉篇》異體字研究，孫磊，河北大學碩士學位論文，2011 年。

12. 邢準與《新修玉篇》，張社列、孫青，滄州師範學院學報，2013 年第 1 期。

13. 從《新修玉篇》看金代刻書避諱，馮先思，版本目錄學研究（第五輯），北京大學出版社，2014 年。

14. 金朝女真詩詞顏色詞認知研究，于為，語文建設，2014 年第 1 期。

15. 試論鮮卑語、契丹語和滿語的關係，戴光宇，滿語研究，2014 年第 2 期。

16. 從修辭的視角看宋金元明文獻中指示詞「兀底（的）」的語義屬性，梁銀峰，當代修辭學，2015 年第 1 期。

17. 金代北方通語探析，劉雲憬，寧夏大學學報（人文社會科學版），2015年第 1 期。

18. 金代兩種諸宮調中外來語成分考察，張海媚，河南理工大學學報（社會科學版），2011 年第 3 期。

19. 兩種諸宮調和《朱子語類》詞語的地域差別比較研究，張海媚，寧夏大學學報（人文社會科學版），2011 年第 4 期。

20. 《董西廂》詞語札記，楊振華，長治學院學報，2012 年第 4 期。

21. 《董解元西廂記》中的動態助詞，袁衛華，理論月刊，2011 年第 8 期。

22. 《董西廂》中的程度副詞，李慧，現代語文（語言研究版），2011 年第 9 期。

23. 《董西廂》和《王西廂》俗語詞的比較研究，張孟璐，渤海大學碩士學位論文，2014 年。

24. 《劉知遠諸宮調》用韻與《中原音韻》比較研究，朱鴻、陳鴻儒，東南學術，2015 年第 2 期。

25. 金代漢字得以廣泛使用歷史研究，高松，華章，2012 年第 2 期。

26. 金代河北詩詞用韻考，張建坤，廣東廣播電視大學學報，2012 年第 6 期。

27. 金代河北的字書、韻書編纂研究，孫青，河北大學碩士學位論文，2013 年。

28. 「東西」起源於金代考，張靖人，河南教育學院學報（哲學社會科學版），2011 年第 5 期。

29. 宋元東西變化考察，張靖人，內蒙古農業大學學報（社會科學版），2011年第 3 期。

30. 從「郎君—阿哥—帥哥」的演變管窺「漢兒言語」的語義發展特徵，楊春宇，華西語文學刊（第八輯），四川文藝出版社，2013 年。

31. 中古時期唇音韻字開闔在金元時期的演變，張平忠，湖南城市學院學報，2011 年第 3 期。

32. Encore à propos du nom «Nankiās» noté par Paul Pelliot（跋伯希和《南家》），John Tang（唐均），（美國）中西文化交流學報（第七卷第 2 期），2015 年 12 月。

33. 荊璞小考，張社列、孫青，保定學院學報，2013 年第 3 期。

34. 遼金詩歌中東北服飾詞語文化研究，于為，長春師範學院學報，2013 年第 7 期。

35. 試論宋遼金元墓誌的語料價值，何山，重慶科技學院學報（社會科學版），2012 年第 17 期。

36. 遼夏金民族文字比較芻議，史金波，契丹學論集（第二輯），內蒙古人民出版社，2015 年。

37. 遼時期契丹族語言文字的使用特點，方東傑、曲赫，蘭臺世界，2013 年第 33 期。

38. On the terms for "goat" recorded in Khitan and Jurchen scripts, John Tang, *Journal of the Altaic society of Korea*（N0.21），June 2011.

39. 契丹語和遼代漢語及其接觸研究——以雙向匹配材料爲基礎，傅林，北京大學博士學位論文，2013 年。

40. 契丹語和中古蒙古語文獻中的漢語喉牙音聲母，武內康則，滿語研究，2012 年第 2 期。

41. 契丹漢字音研究，傅林，茶馬古道研究集刊（第二輯），雲南大學出版社，2012 年。

42. 論所謂遼代《銀佛背銘》爲明代之後僞作，傅林，（韓國）北方文化研究（第 6 期），2015 年 12 月。

43. 失而復得的契丹文，清格爾泰、張阿敏，（韓國）北方文化研究（第 6 期），2015 年 12 月。

44. 試析契丹語和蒙古語的共用語言，吉日嘎拉，赤峰學院學報（漢文哲學社會科學版），2011 年第 4 期。

45. 遼金帝王契丹文尊號廟號年號彙考，陶金，（美國）中西文化交流學報（第七卷第 2 期），2015 年 12 月。

46. Reign Titles of Jin Dynasty in Khitan Small Script Inscriptions, Sun Bojun（孫伯君），（韓國）北方文化研究（契丹學特刊），2014 年。

47. 契丹文字解読の最前線，荒川愼太郎，Field+：フィールドプラス：世界を感応する雑志（8），2012 年。

48. 契丹文字墓誌の姿からわかること——契丹國時代墓誌の樣式を探る，武田和哉，Field+：フィールドプラス：世界を感応する雑志（8），2012 年。

49. 關於契丹文字及其考譯，王未想，遼上京文化遺產（總第 4 期），2012 年 12 月 15 日。

50. 凱爾溫與瓦林范哈——紀念契丹文字出土 90 週年，劉鳳翥，中國社會科學報，2012 年 8 月 10 日 B03 版。

51. 契丹天書之謎，申曉飛，時代發現，2013 年第 1 期。

52. 解讀契丹文字不能顧此失彼，要做到一通百通，劉鳳翥，遼金史論集（第十三輯），中國社會科學出版社，2013 年。

53. 日本的契丹文字、契丹語研究——從豐田五郎先生和西田龍雄先生的業績談起，（日）荒川慎太郎撰，白明霞譯，華西語文學刊（第八輯），四川文藝出版社，2013 年。

54. 論契丹小字與回鶻文的關係及其文字改革，傅林，華西語文學刊（第八輯），四川文藝出版社，2013 年。

55. 簡說契丹語的親屬稱謂，即實，華西語文學刊（第八輯），四川文藝出版社，2013 年。

56. 簡說契丹語的親屬稱謂，即實，契丹學論集（第一輯），內蒙古人民出版社，2015 年。

57. 論契丹語中「漢兒（漢人）」的對應詞的來源，傅林，遼金歷史與考古（第四輯），遼寧教育出版社，2013 年。

58. 論契丹文墓誌中漢語「兒」字的音值，傅林，契丹學論集（第一輯），內蒙古人民出版社，2015 年。

59. 契丹語的「左」與「右」（中文版），（日）武內康則，契丹學論集（第一輯），內蒙古人民出版社，2015 年。

60. 「蒲速」與相關的契丹語文解讀問題，卓鴻澤，歷史語文學論叢初編，上海古籍出版社，2012 年。

61. 契丹國語「忒里蹇」淺釋，白玉多、賴寶成，華西語文學刊（第八輯），四川文藝出版社，2013 年

62. 契丹語「亥豬」考，唐均，華西語文學刊（第八輯），四川文藝出版社，2013 年。

63. 契丹語「那可兒」考，吉如何，（韓國）北方文化研究（契丹學特刊），2014 年。

64. 契丹語「那可兒」考，吉如何，蒙古學集刊，2014 年第 3 期。

65. The Khitn Terms for Dragon:Against the Altaic Etymological Background，John Tang（唐均），（韓國）北方文化研究（第 6 期），2015 年 12 月。

66. 拓跋語與契丹語詞彙拾零，（日）武內康則撰，申英姬譯，華西語文學刊（第八輯），四川文藝出版社，2013 年。

67. 契丹文字 90 年回顧與前瞻，劉鳳翥，契丹學論集（第一輯），內蒙古人民出版社，2015 年。

68. 重提與契丹文碑刻有關的兩篇文章，清格爾泰，契丹學論集（第一輯），內蒙古人民出版社，2015 年。

69. 內蒙古大學的契丹文字研究，吳英喆，華西語文學刊（第八輯），四川文藝出版社，2013 年。

70. 內蒙古大學的契丹文研究，吳英喆，契丹學論集（第一輯），內蒙古人民出版社，2015 年。

71. 內蒙古大學所藏契丹字文獻，高娃，中央民族大學學報（哲學社會科學版），2014 年第 4 期。

72. 契丹文字碑文の新発見，松川節，アジア遊學（160），2013 年。

73. 最新の研究からわかる契丹文字の姿，武內康則，アジア遊學（160），2013 年。

74. 契丹文字に遺された「秘史」：成百仁先生の傘壽に寄せて，吉本智慧了，立命館文學（633），2013 年 11 月。

75. ロシア科學アカデミー東洋文獻研究所所藏契丹文字寫本，荒川愼太郎，アジア遊學（160），2013 年。

76. 關於長田夏樹先生遺留的契丹小字解讀工作的資料，吉池孝一，契丹學論集（第一輯），內蒙古人民出版社，2015 年。

77. 中國進出の契丹文字史料，吳英喆，アジア遊學（160），2013 年。

78. 關於若干契丹字的解讀，吉如何，（韓國）北方文化研究（第 6 期），2015 年 12 月。

79. 契丹語靜詞領屬語法範疇研究，吳英喆，（韓國）北方文化研究（第 4 期），2013 年。

80. 契丹大小字同形字比較研究，吉如何，（韓國）北方文化研究（第 4 期），2013 年。

81. 論「曷朮」——吐火羅語和契丹語的聯繫鈎稽，唐均，中西文化交流學報（第五卷第 1 期·徐文堪先生古稀紀念中西學論專號），2013 年 7 月。

82. 契丹語的元音長度——兼論契丹小字的拼寫規則，（日）大竹昌巳，華西語文學刊（第八輯），四川文藝出版社，2013 年。

83. Andrew Shimunek,Koreanic——Serbi-Mongolic ethnolinguistic contact before the Mongol Empire——Two possible Early Middle Koreanloanwords in Kitan ,（韓國）北方文化研究（契丹學特刊），2014 年。

84. The Khitan Lexical Tetrachoricism , John Tang（唐均），（韓國）北方文化研究（契丹學特刊），2014 年。

85. 從最新研究成果談起契丹文字概貌，武內康則撰，德力格日呼譯，（韓國）北方文化研究（契丹學特刊），2014 年。

86. 契丹文：消失 800 多年的「死亡文字」復活有望，錢麗花，中國民族報，2014 年 9 月 29 日第 6 版

87. 契丹文造假問題研究，寶玉柱，（韓國）北方文化研究（第 6 期），2015 年 12 月。

88. 再論契丹文天干陰陽之別，吳英喆，（韓國）北方文化研究（契丹學特刊），2014 年。

89. 21 世紀以來國內契丹語言文字研究述略，張亭立，華西語文學刊（第八輯），四川文藝出版社，2013 年。

90. An Update on Deciphering the Kitan Language and Scripts, Daniel Kane, *Journal of Song-Yuan Studies*, Volume 43, 2013.

91. 契丹小字史料中的「失（室）章」，吳英喆撰，趙哈申高娃、玲玲譯，（美國）中西文化交流學報（第七卷第 2 期），2015 年 12 月。

92. 北京地區首現契丹文字石刻，金適，東北史地，2011 年第 5 期。

93. 再論契丹「五色紀年說」——以契丹小字求爲中心，陳曉偉，文史，2011 年第 4 輯。

94. 契丹小字「迭剌部」考釋，吳英喆，民族語文，2011 年第 5 期。

95. 契丹小字《耶律副部署墓誌銘》與契丹大字《耶律祺墓誌銘》比較研究，伊日貴，內蒙古大學碩士學位論文，2011 年。

96. 契丹小字《蕭敵魯墓誌銘》考釋，康鵬，遼金歷史與考古（第四輯），遼寧教育出版社，2013 年。

97. 契丹小字《蕭敵魯墓誌銘》和《耶律廉寧墓誌銘》均爲贗品，劉鳳翥，中國社會科學報，2011 年 5 月 19 日第 5 版。

98. 再論《蕭敵魯墓誌銘》爲贋品說，劉鳳翥，中國社會科學報，2011 年 6 月 16 日第 5 版。

99. 契丹小字墓誌眞僞辯——兼與劉鳳翥先生商榷，聶鴻音，中國社會科學報，2011 年 6 月 16 日第 5 版。

100. 契丹小字《蕭敵魯墓誌銘》及《耶律詳穩墓誌》絕非贋品——與劉鳳翥先生商榷，吳英喆，中國社會科學報，2011 年 12 月 8 日第 5 版。

101. 契丹小字碑銘眞僞辨——答劉鳳翥先生，楊虎嫩撰，唐均譯，中國社會科學報，2011 年 12 月 8 日第 5 版。

102. 再論《耶律廉寧墓誌》爲贋品，劉鳳翥，中國社會科學報，2011 年 11 月 10 日第 5 版。

103. 給文物熱潑點冷水——從《蕭敵魯墓誌銘》眞僞之辨說起，陳智超，中國社會科學報，2011 年 11 月 10 日第 5 版。

104. "A Modest Proposal on the Decipherment of the Khitan-Chinese Bilingual Text of 1134 (the Langjun Inscription)." In Life and Afterlife and Apocalyptic Concepts in the Altaic World，Vovin, Alexander. *Tunguso-Sibirica* 31, Wiesbaden: Harrassowitz Verlag, 2011.

105. 契丹小字漢語音譯中的一個聲調現象，沈鐘偉，民族語文，2012 年第 2 期。

106. 契丹小字の音価推定及び相関問題，吉本智慧子，立命館文學（627），2012 年 7 月。

107. 契丹文典故「人生七十古來稀」，吳英喆，中央民族大學學報（哲學社會科學版），2012 年第 6 期。

108. 釋《遼史》中的「大漢」一名——兼論契丹小字原字𘚛的音值問題，陳曉偉，民族研究，2012 年第 2 期。

109. 契丹小字《蕭徽哩輦·汗德墓誌銘》爲贋品說，劉鳳翥，遼金歷史與考古國際學術研討會論文集（下），遼寧教育出版社，2012 年。

110. 讀謎談解——補說《窊拈墓誌》，即實，（韓國）北方文化研究（契丹學特刊），2014 年。

111. 讀謎談解——補說《回里堅墓誌》，即實，內蒙古大學學報（哲學社會科學版），2015 年第 2 期。

112. 讀謎談解——補說《白訥墓誌》，即實，（韓國）北方文化研究（第 6 期），2015 年 12 月。

113. 契丹小字「胡覩董審密墓誌銘」考釈，吳英喆，アジア・アフリカ言語文化研究（84），2012 年 9 月。

114. 契丹文字資料の発見と「贋物」——契丹研究者の悩み，吳英喆，Field+：フィールドプラス：世界を感応する雑志（8），2012 年。

115. 所謂契丹小字《蕭德里辈・胡覩董墓誌銘》爲贗品說，劉鳳翥，大遼遺珍——遼代文物展，學苑出版社，2012 年。

116. 契丹小字指示代詞考釋，吳英喆，中西文化交流學報（第五卷第 1 期・徐文堪先生古稀紀念中西學論專號），2013 年 7 月。

117. 契丹小字新発見資料の釈読及び相関問題，吉本智慧子，立命館文學（632），2013 年 7 月。

118. 20 世紀契丹小字研究的重要收穫，清格爾泰撰，陳曉偉譯，華西語文學刊（第八輯），四川文藝出版社，2013 年。

119. 關於契丹小字後綴表（《慶陵》1953 年刊），（日）吉池孝一，華西語文學刊（第八輯），四川文藝出版社。

120. 契丹小字《蕭仲恭墓誌》削字現象研究，孫偉祥，（韓國）北方文化研究（第 4 期），2013 年。

121. 契丹小字《故耶律氏銘石》考釋，劉鳳翥，赤峰學院學報（漢文哲學社會科學版），2014 年第 10 期。

122. 關於若干契丹原字的讀音，吳英喆，（韓國）*ALTAI HAKPO* 24，2014 年。

123. 「天書」解讀漫記之一，孟志東，內蒙古大學學報（哲學社會科學版），2015 年第 1 期。

124. 趣話遼代玉魁：契丹文的「另類」釋讀，劉鳳翥，中國社會科學報，2015 年 8 月 20 日第 7 版。

125. 南京大學所藏遼代玉器及所刻銘文之我見，張少珊，契丹學論集（第一輯），內蒙古人民出版社，2015 年。

126. 契丹大字字形整理與規範，吉如何，契丹學論集（第一輯），內蒙古人民出版社，2015 年。

127. 契丹大字「都統府之印」的解讀，劉鳳翥，北方文物，2012 年第 3 期。

128. 遼聖宗時代契丹大字官印考證，陶金，華西語文學刊（第十輯），四川文藝出版社，2014 年。

129. 遼聖宗時代契丹大字官印考證，陶金，遼金歷史與考古（第五輯），遼寧教育出版社，2014 年。

130. 俄羅斯科學院東方文獻研究所收藏的契丹大字手稿書，（俄）維・彼・扎伊採夫撰，任震寰譯，契丹學論集（第一輯），內蒙古人民出版社，2015 年。

131. 契丹大字《北大土墓誌銘》再考釋，劉鳳翥，民族古籍研究（第一輯），中國社會科學出版社，2012 年。

132. 契丹大字《大橫帳節度副使墓誌》研究，包阿如那，內蒙古大學碩士學位論文，2013 年。

133. 契丹大字《耶律祺墓誌銘》補釋，康鵬，形象史學研究（2013），人民山版社，2014 年。

134. 契丹大字《耶律祺墓誌銘》補釋，康鵬，契丹學論集（第一輯），內蒙古人民出版社，2015 年。

135. 契丹大字《耶律昌允墓誌》研究，白明霞，內蒙古大學碩士學位論文，2014 年。

136. 契丹大字《永寧郡公主墓誌銘》研究，德力格日呼，內蒙古大學碩士學位論文，2015 年。

137. 中央民族大學古文字陳列館所藏時代最早的契丹大字《痕得隱太傅墓誌》，愛新覺羅・烏拉熙春，首屆中國少數民族古籍文獻國際學術研討會論文集，民族出版社，2012 年。

138. 契丹文字はどこにある？——契丹大字碑文の新発見，松川節，Field+：フィールドプラス：世界を感応する雑志（8），2012 年。

139. 契丹大字碑文的新發現，（日）松川節撰，路豔譯，華西語文學刊（第八輯），四川文藝出版社，2013 年。

140. 契丹大字解読の最前線——ブレーニィ・オボー碑文に挑む，武內康則，Field+：フィールドプラス：世界を感応する雑志（8），2012 年。

141. 契丹大字「寅虎」讀音考，唐均，學行堂語言文字論叢（第二輯），四川大學出版社，2012 年。

142. 內蒙古發現摩崖題記爲已消失近千年「契丹大字」，勿日汗，內蒙古日報，2014 年 8 月 26 日第 2 版。

143. 近 80 年來契丹大字研究綜述，張少珊，赤峰學院學報（漢文哲學社會科學版），2014 年第 12 期。

144. 近 80 年來契丹大字研究綜述，張少珊，契丹學論集（第二輯），內蒙古人民出版社，2015 年。

145. 新世紀以來契丹大字研究概述，額爾敦巴特爾，華西語文學刊（第八輯），四川文藝出版社，2013 年。

146. 女眞語和漢語音變趨同現象初探，戴光宇，滿語研究，2012 年第 1 期。

147. 楔形文字和女眞文字中音補結構比較研究，唐均，中國海洋大學學報（社會科學版），2011 年第 3 期。

148. 女眞文與滿文發展比較的啓示，張儒婷，滿族研究，2015 年第 4 期。

149. 「女眞」譯音考，聶鴻音，寧夏社會科學，2011 年第 5 期。

150. 論女眞字文化的興衰，薛瑞兆，民族文學研究，2011 年第 6 期。

151. 金代的女眞文和契丹文閱讀，王龍，圖書館理論與實踐，2011 年第 4 期。

152. 女眞文的興衰存廢，張儒婷，蘭臺世界，2012 年第 33 期。

153. 女眞文字的產生和使用，王振澤，中國民族報，2012 年 2 月 17 日。

154. 近年來女眞大字石刻的新發現，金適、凱和，東北史地，2012 年第 2 期。

155. 近年來女眞大字石刻的新發現，金適、凱和，遼金歷史與考古國際學術研討會論文集（下），遼寧教育出版社，2012 年。

156. 五體合璧夜巡牌女眞大字考釋，吉本智慧子，立命館言語文化研究 25（2），2014 年 1 月。

157. 大興安嶺石崖發現八百年前女眞大字墨書詩作，金適，東北史地，2015 年第 6 期。

158. 榆林首次發現女眞文字摩崖題刻，喬建軍、徐海兵，中國文物報，2015 年 12 月 25 日第 2 版。

159. 淺析女眞文字中的大小字問題，矯石，黑龍江史志，2013 年第 21 期。

160. 關於女眞文副動詞及副動詞後綴，朝克圖，（韓國）北方文化研究（第 6 期），2015 年 12 月。

161. Allographic Adjustment in Jurchen Graphotactics: Exemplified with "Monastery" and "Monk", Tang john（唐均）, *Altai Hakpo*（Seoul, Korea）, 23, 2013.

162. 西夏、契丹、女眞文的計算機編碼概況，孫伯君，華西語文學刊（第八輯），四川文藝出版社，2013 年。

163. 女眞文字符集的研製與女眞文文獻數據庫的構建，景永時，北方語言論叢（2011），陽光出版社，2012 年。

164. 鄂盧梭和他的《女直譯語》研究手稿，聶鴻音，遼金歷史與考古國際學術研討會論文集（下），遼寧教育出版社，2012 年。

165. 阿爾泰學的重要基石——女眞語言文字研究，愛新覺羅・烏拉熙春，金上京文史論叢（第四輯），黑龍江人民出版社，2013 年。

166. 百餘年來女眞語言文字研究的歷程，穆鴻利，金上京文史論叢（第四輯），黑龍江人民出版社，2013 年。

167. A Supplementary Note on "Khitan" in Tangut Historical Records, Nie Hongyin（聶鴻音），（韓國）北方文化研究（契丹學特刊），2014 年。

168. 《欽定遼史語解》中的唐古特語，聶鴻音，華西語文學刊（第八輯），四川文藝出版社，2013 年。

（六）藝術

1. 史籍載遼金時期美術，金維諾，美術研究，2015 年第 1 期。

2. 五代、宋遼與元代美術風格比較，劉彬，戲劇之家，2014 年第 13 期。

3. 淺談契丹藝術文化，李柏璐，神州，2012 第 33 期。

4. 遼代遼瀋地區的繪雕藝術、喪葬習俗及其特色——以考古資料爲中心，張國慶、王金榮，東北史地，2013 年第 1 期。

5. 淺析金代工藝美術特點，白波、張友強、何忠，藝術科技，2013 年第 2 期。

6. 簡析女眞生活風俗對金代工藝美術的影響，白波，藝術教育，2014 年第 7 期。

7. 金工藝美術外來因素出現原因初探，白波，美術教育研究，2014 年第 12 期。

8. 遼代書法的歐陽詢影響，黃緯中，臺灣師大歷史學報（第 48 卷），2012 年 12 月。

9. 契丹大字、契丹小字及其書法，李巨炎，書法賞評，2011 年第 2 期。

10. 金章宗完顏璟書女史箴，巡齋，中國書法，2012 年第 4 期。

11. 顏眞卿人品與書品在金代的接受與傳承，韓秀芳，書法賞評，2012 年第 3 期。

12. 金代郝經、元好問書學比較略論，王守民，中國書法，2011 年第 2 期。

13. 党懷英書法及其篆書藝術之創新，王守民，藝苑，2011 年第 3 期。

14. 論金代党懷英書法及其篆書藝術之創新，王守民，書法賞評，2011 年第 1 期。

15. 金代書豪任詢評述，黃緯中，（臺灣）中華書道（第 75 卷），2012 年 2 月。

16. 金代寧遠大將軍劉子志墓誌銘書法藝術賞析，劉仲康，赤峰書法，2012 年第 2 期。

17. 金《重修天封寺記碑》書法藝術賞析，沈維進，老年教育（書畫藝術），2013 年第 12 期。

18. 遼代墓葬壁畫的分期研究，楊星宇、鄭承燕，遼金歷史與考古國際學術研討會論文集（上），遼寧教育出版社，2012 年。

19. 遼代北區墓葬壁畫的分期研究，鄭承燕，契丹學論集（第一輯），內蒙古人民出版社，2015 年。

20. 遼墓中的契丹繪畫及其藝術成就，薛成城，社會科學戰線，2013 年第 12 期。

21. 遼墓壁畫的史料價值，王昭，東北亞研究論叢（第六輯），東北師範大學出版社，2013 年。

22. 遼代壁畫及其高仿作品，阿敏布和，赤峰學院學報（漢文哲學社會科學版），2014 年第 8 期。

23. 水彩畫與遼代壁畫的比較研究，李宇亮，美術界，2014 年第 6 期。

24. 對遼契丹墓室壁畫出行圖與歸來圖的探索與思考，張明星、蘇曉明，文藝爭鳴，2011 年第 18 期。

25. 遼墓壁畫夫婦出行圖圖像樣本的藝術淵源考述，吳婉源，中央民族大學碩士學位論文，2011 年。

26. 淺談北京遼代墓室壁畫的特徵，孫猛，文物世界，2011 年第 1 期。

27. 遼代漢人墓葬兼容並包的藝術特徵——以河北宣化遼墓壁畫爲中心，張楚翹，瀋陽師範大學碩士學位論文，2014 年。

28. 遼代宣化墓壁畫和東北「二人轉」的起源與流傳，黃震雲、李玉君，遼金歷史與考古國際學術研討會論文集（上），遼寧教育出版社，2012 年。

29. 淺析「宣化遼墓星象圖」——論中西文化的匯通與融合，趙本鈞，書畫世界，2011 年第 3 期。

30. 從宣化遼墓備茶圖看張家口堡，武淑萍、郝靜，光明日報，2013 年 3 月 30 日第 12 版。

31. 淺述內蒙古遼代墓室壁畫藝術，趙醒菡，大眾文藝，2012 年第 14 期。

32. 赤峰遼墓壁畫綜述，邵國田，華西語文學刊（第八輯），四川文藝出版社，2013 年。

33. 遼代后族墓葬藝術研究——以關山、庫倫遼墓群爲中心，魏聰聰，中央美術學院碩士學位論文，2014 年。

34. 早期遼代契丹貴族墓室壁畫的特徵——以寶山 M1、M2 墓墓室壁畫爲例，張倩，榮寶齋，2013 年第 4 期。

35. 侍者的形象，爲何如此逼眞——以寶山遼墓與慶陵壁畫中的侍者形象爲例，李清泉，美苑，2012 年第 4 期。

36. Two Royal Tombs from the Early Liao: Architecture, Pictorial Program, Authorship, Subjectivity, *In Tenth-Century China and Beyond: Art and Visual Culture in a Multi-Centered Age*, Wu Hung, Chicago: Center for the Art of East Asia, 2012.

37. 遼代契丹貴族生活的眞實寫照——長幅畫卷庫倫一號遼墓壁畫，來雅苓，東方收藏，2011 年第 6 期。

38. 淺析遼代墓葬壁畫形制及風格——以庫倫旗遼代墓葬壁畫爲例，蘭中英，遼寧教育行政學院學報，2015 年第 5 期。

39. 遼代庫倫墓室壁畫藝術初探，楊飛，美與時代（上），2011 年第 12 期。

40. 赤峰市敖漢旗羊山遼墓壁畫研究，張文靜，中央民族大學碩士學位論文，2011 年。

41. 阜新地區遼墓壁畫及相關問題，梁姝丹，遼寧工程技術大學學報（社會科學版），2011 年第 3 期。

42. 阜新地區遼墓壁畫及其相關問題的研究，梁姝丹，遼金歷史與考古國際學術研討會論文集（上），遼寧教育出版社，2012 年。

43. 空間邏輯與視覺意味——宋遼金墓「婦人啓門」圖新論，李清泉，美術學報，2012 年第 2 期。

44. 宋遼金墓葬中的啓門圖研究，樊睿，南京藝術學院碩士學位論文，2013 年。

45. 試論宋遼金元時期「婦人啓門圖」，閆麗娟，山西大學碩士學位論文，2013 年。

46. 圖像與儀式──宋金時期磚雕壁畫墓的圖像題材探析，鄧菲，交錯的文化史論集，中華書局，2015 年。

47. 河南地區宋金時期墓葬壁畫初探，孫望，南京大學碩士學位論文，2015 年。

48. 宋金中原地區壁畫墓「墓主人對（並）坐」圖像探析，易晴，中原文物，2011 年第 2 期。

49. 山西長治地區金代墓室壁畫研究，閆曉英，山西大學碩士學位論文，2013 年。

50. 山西汾陽東龍觀金代壁畫墓主要圖像研究，宋濤，西北師範大學碩士學位論文，2014 年。

51. 沁縣金代古墓二十四孝圖，曹雪霞，文物世界，2013 年第 1 期。

52. 從晉北宋遼金寺觀壁畫的遺存看山西寺觀壁畫的歷史文化價值，魏卞梅，包裝世界，2014 年第 5 期。

53. 淺析大同華嚴寺大雄寶殿壁畫內容及藝術價值，杜慧娥，文博，2011 年第 1 期。

54. 朔州崇福寺彌陀殿壁畫研究，李國華，太原理工大學碩士學位論文，2011 年。

55. 朔州崇福寺彌陀殿壁畫內容淺探，王時敏、李國華，文物世界，2011 年第 1 期。

56. 朔州崇福寺彌陀殿壁畫考察分析，李麗媛，藝術教育，2012 年第 10 期。

57. 論朔州崇福寺金代壁畫千手千眼觀音的特色，明慧，山西檔案，2012 年第 5 期。

58. 金代重彩壁畫顏料與施色技法的探索及復原臨摹實驗──以朔州崇福寺彌陀殿壁畫爲例，焦媛媛，首都師範大學碩士學位論文，2011 年。

59. 關於資壽寺金代壁畫的考證，郭華，名作欣賞，2011 年第 27 期。

60. 經典的魅力──岩山寺壁畫設色賞析，李玉福，名作欣賞，2013 年第 27 期。

61. 岩山寺壁畫案例教學策略研究，李玉福，藝術教育，2012 年第 3 期。

62. 對岩山寺壁畫案例教學的探討，李玉福，新美術，2012 年第 6 期。

63. 岩山寺壁畫中的建築佈局與景觀美學，龐冠男，太原理工大學碩士學位論文，2015 年。

64. 岩山寺壁畫人物造型特徵研究，范青雲、王元芳，名作欣賞（中旬），2015 年第 10 期。

65. 繁峙岩山寺佛傳故事畫研究，胡瀟泓，山西大學碩士學位論文，2012 年。

66. 壁畫藝術的瑰寶──繁峙岩山寺文殊殿金代壁畫，張丹，山西檔案，2012 年第 6 期。

67. 岩山寺文殊殿金代壁畫中所表現的山水畫，王岩松，湖南工業大學學報（社會科學版），2012 年第 5 期。

68. 晉北遼金建築壁畫的社會風貌美學探究──以山西繁峙岩山寺文殊殿壁畫為例，魏卞梅，包裝世界，2015 年第 6 期。

69. 岩山寺壁畫山水圖式探源，趙建中，山西檔案，2012 年第 6 期。

70. 政治的隱喻：岩山寺金代鬼子母經變（上），李翎，吐魯番學研究，2015 年第 2 期。

71. 以岩山寺壁畫為例淺析遼金時期寺觀壁畫繪製方法與材料運用，董卓，中央美術學院碩士學位論文，2014 年。

72. 略論宋金山西寺觀壁畫中瀝粉貼金工藝的興起，張亞潔、張康寧，山西檔案，2012 年第 6 期。

73. 宋金元時期重彩壁畫繪製顏料及技法考辨，焦媛媛，綏化學院學報，2013 年第 11 期。

74. 內蒙古扎魯特旗大黑山人面岩畫，閆洪森、娜木罕，黑龍江史志，2014 年第 17 期。

75. 論「遼畫」在番馬畫收藏定名上的標籤式影響暨探因──以胡瓌、李贊華為例探析，于瑞強、謝豔娟，設計藝術（山東工藝美術學院學報），2011 年第 4 期。

76. 遼代鞍馬畫研究，吳瓊，渤海大學碩士學位論文，2012 年。

77. 論遼金鞍馬繪畫的藝術品格──兼談草原文化感性思維方式，烏蘭托婭、海日汗，論草原文化（第八輯），內蒙古教育出版社，2011 年。

78. 松漠人馬畫，羅世平，中華文化畫報，2013 年第 1 期。

79. 《卓歇圖》的社會文化特徵解讀，劉亢，美術大觀，2013 年第 10 期。

80. 遼代花鳥畫研究，張雪婷，南京藝術學院碩士學位論文，2014 年。

81. 遼代絹絲畫的內容特點與價值，牟學新，契丹學論集（第二輯），內蒙古人民出版社，2015 年。

82. 應縣木塔遼代秘藏之佛畫研究，楊俊芳，山西大同大學學報（社會科學版），2011 年第 5 期。

83. 應縣木塔遼代秘藏版畫研究，楊俊芳，五臺山研究，2013 年第 3 期。

84. 略述宋人繪畫對金人繪畫的影響，馬利霞，大家，2012 年第 4 期。

85. 傳楊邦基《聘金圖》的創作背景和辱宋寓意，劉晞儀，故宮博物院院刊，2012 年第 1 期。

86. 王庭筠的《幽竹枯槎圖》，趙庚華，中華書畫家，2013 年第 11 期。

87. 故宮博物院藏《維摩演教圖》的圖本樣式研究，王中旭，故宮博物院院刊，2013 年第 1 期。

88. 金代佚名《衍慶圖》考證，于恬，藝術品，2015 年第 10 期。

89. 館藏青玉畫別子與金代趙元《剡溪雲樹圖》，王永梅，中國民族博覽，2015 年第 10 期。

90. 一瓶酒換回的曠世名畫珍寶——金代《文姬歸漢圖》的離奇故事，東方收藏，2012 年第 8 期。

91. 吉林省博物院鎮院之寶《文姬歸漢圖卷》，閆立群，吉林日報，2011 年 12 月 27 日。

92. 從山西省汾陽市東龍觀金代墓葬壁畫「男子執扇」圖再論金人張瑀《文姬歸漢圖》的時代問題，王俊，絲綢之路——圖像與歷史，東華大學出版社，2011 年。

93. 文姬歸漢圖，奕明，老年教育（書畫藝術），2015 年第 11 期。

94. 金源還是南宋？——關於《寒林聚禽圖》的時代、作者與本事探討，陶喻之，中國國家博物館館刊，2014 年第 1 期。

95. 金源還是南宋？——高居翰論證高燾《寒林聚禽圖》訂辨，陶喻之，東方早報，2014 年 2 月 24 日第 9 版。

96. 一千兩百年前後的中國北方山水畫——兼論其與金代士人文化之互動，石守謙，明日風尚，2014 年第 22 期。

97. 略論版畫《四美圖》的地域性特徵，羅凡，美術教育研究，2014 年第 23 期。

98. 遼、金、西夏造像藝術，林保堯，東方收藏，2011 年第 2 期。

99. 大同華嚴寺造像的審美心理機制探析，胡婷婷，山西大同大學學報（社會科學版），2012 年第 4 期。

100. 大同華嚴寺遼代彩塑紋飾類型及特點研究，聶磊，美術界，2014 年第 5 期。

101. 大同華嚴寺遼代彩塑菩薩服飾特點初探，聶磊，湖北第二師範學院學報，2014 年第 10 期。

102. 大同下華嚴寺遼代菩薩頭冠的藝術特點，郭秋英、王麗雯，雕塑，2015 年第 2 期。

103. 善化寺遼金彩塑藝術的歷史人文價值，張明遠，中國國家博物館館刊，2011 年第 5 期。

104. 善化寺大雄寶殿金代彩塑的整體佈局與塑造語言，喬建奇，美術研究，2014 年第 2 期。

105. 善化寺「五方佛」塑像的創建年代及其相關問題研究，張明遠，2010 年三晉文化研討會論文集，三晉文化研究會，2011 年。

106. 大同善化寺二十四諸天像考辨，袁志偉，世界宗教研究，2011 年第 4 期。

107. 論遼金寺院彩塑的時代特徵──以大同善化寺大雄寶殿內二十四諸天為例，牛志遠，大眾文藝，2015 年第 12 期。

108. 唐風遺韻彌陀殿　　彩塑、壁畫特徵解析，趙青、趙紅蕾，中國建築裝飾裝修，2012 年第 2 期。

109. 汾陽太符觀金代彩塑藝術，張明遠、杜菁菁，2010 年三晉文化研討會論文集，三晉文化研究會，2011 年。

110. 岩山寺文殊殿金代彩塑賞析，楊寶，東方收藏，2015 年第 6 期。

111. 繁峙縣岩山寺泥塑彩繪研究，白海東，中央美術學院碩士學位論文，2015 年。

112. 從「二十四孝」陶塑看中國孝道（上），楊勇偉，收藏界，2013 年第 10 期。

113. 蓮花世相　佛性禪心──河北易縣羅漢瓷像藝術研究，尹悟銘，雕塑，2014 年第 4 期。

114. 撫順高爾山遼塔雕飾的藝術研究，李煥，美術大觀，2014 年第 12 期。

115. 金代段氏墓葬中的人物磚雕藝術，胡冰，文物世界，2014 年第 1 期。

116. 淺析金代段氏墓葬磚雕的形式語言，胡冰，藝術科技，2014 年第 5 期。

117. 山西稷山金代段氏磚雕墓建築藝術，胡冰，山西大學碩士學位論文，2015 年。

118. 從金代雕塑看女眞民族的時代風貌，丁眞翁加，蘭臺世界，2015 年第 30 期。

119. 從陳國公主駙馬合葬墓出土文物看遼代藝術設計的風貌，劉佳麗，蘇州大學碩士學位論文，2011 年。

120. 金源女眞設計風貌探析，李豔紅，美與時代（上），2011 年第 6 期。

121. 金代金源設計藝術初探，李豔紅，民族藝術，2011 年第 3 期。

122. 試論金代金源地區女眞人設計觀念，李豔紅，美術大觀，2011 年第 7 期。

123. 論宋遼夏金時期裝飾紋樣之發展，谷莉，大眾文藝，2012 年第 19 期。

124. 論宋遼夏金時期裝飾紋樣之發展，谷莉、戴春寧，大舞臺，2013 年第 10 期。

125. 宋遼夏金時期摩羯紋裝飾與造型考，谷莉，文藝研究，2013 年第 12 期。

126. 宋金之際茨菰紋的流行及其原因，常櫻，裝飾，2014 年第 10 期。

127. 宋金時期「雁銜蘆」紋的產生與演化，常櫻，裝飾，2015 年第 7 期。

128. 探究遼代音樂的風格，謝建洲，大舞臺，2014 年第 9 期。

129. 契丹（遼）音樂文化考查研究報告，陳秉義、楊娜妮，樂府新聲（瀋陽音樂學院學報），2011 年第 3、4 期。

130. 契丹遼國音樂圖像研究，張偉彬，河北師範大學碩士學位論文，2012 年。

131. 淺談契丹音樂與北方少數民族音樂間的交流與傳承，劉羽迪，樂府新聲（瀋陽音樂學院學報），2011 年第 3 期。

132. 試論契丹音樂與北方少數民族音樂的傳承與交融，賈增輝，音樂時空，2014 年第 8 期。

133. 唐宋音樂對契丹民族音樂發展的影響，蔣詔宇，蘭臺世界，2014 年第 30 期。

134. 唐末五代宮廷音樂與遼承唐樂的研究，劉曉燕，溫州大學碩士學士論文，2011 年。

135. 兼收並蓄 博採眾長——試論契丹音樂中的西域色彩，洪博涵，樂府新聲（瀋陽音樂學院學報），2011 年第 4 期。

136. 南北朝時期契丹音樂的歷史尋蹤，原媛，樂府新聲（瀋陽音樂學院學報），2011 年第 3 期。

137. 兩宋、遼、金宮廷吉禮用樂研究，易霜泉，上海音樂學院碩士學位論文，2015 年。

138. 遼金散樂初探，安曉霞，地域性遼金史研究（第一輯），中國社會科學出版社，2014 年。

139. 遼代散樂的文化特質研究，衛麗軍，蘭臺世界，2014 年第 33 期。

140. 遼代散樂與酒禮文化，祝波，貴州大學學報（藝術版），2011 年第 1 期。

141. 宣化遼墓樂器與樂種圖像的音樂學釋讀，胡小滿、邢潔，中國音樂學，2011 年第 4 期。

142. 關於契丹細腰鼓的考查與初步認識，陳秉義、楊娜妮，樂府新聲（瀋陽音樂學院學報），2011 年第 1 期。

143. 舞動「鑌鐵」之美——契丹（遼）宮廷樂舞概覽，楊育新，樂府新聲（瀋陽音樂學院學報），2011 年第 4 期。

144. 契丹樂舞，于靜波，遼上京文化遺產（總第 1 期），2011 年 7 月 1 日。

145. 契丹樂舞（續一），于靜波，遼上京文化遺產（總第 2 期），2011 年 9 月 30 日。

146. 論遼代樂舞中的音樂文化交流，楊育新，樂府新聲（瀋陽音樂學院學報），2015 年第 3 期。

147. 從詩詞歌賦中賞析遼代樂舞，工靜遠，學理論，2013 年第 29 期。

148. 論遼代散樂樂舞的酬神功能，祝波，貴州師範學院學報，2011 年第 5 期。

149. 契丹族舞蹈藝術的形成過程與表現形式及特徵，文華，中央民族大學學報（哲學社會科學版），2011 年第 3 期。

150. 從內蒙古出土文物看遼代樂舞文化的多元化因素，蘇明明，大眾文藝，2013 年第 10 期。

151. 耶律羽之墓彩繪樂舞人物藝術形象的探討，馮恩學，邊疆考古研究（第 10 輯），科學出版社，2011 年。

152. 遼代圖像中的契丹樂舞研究，孫思，蘭臺世界，2015 年第 6 期。

153. 從寶力根寺遼墓石槨線刻伎樂畫像石看遼代散樂，夏晨光，遼金史研究，遼寧民族出版社，2013 年。

154. 宣化遼墓樂舞圖像表演內容之探討，梅鵬雲，文物世界，2013 年第 6 期。

155. 縱看遼寧朝陽地區民族民間舞蹈的發展——以遼代古塔雕刻圖像為例，于立、張琪，舞蹈，2015 年第 2 期。

156. 遼代羯鼓探微，王珺，樂府新聲（瀋陽音樂學院學報），2015 年第 3 期。

157. 遼代大曲樂舞襆頭研究，程雅娟，大眾文藝，2012 年第 23 期。

158. 金代女眞音樂舞蹈藝術研究，孫心雷，世紀橋，2015 年第 9 期。

159. 《虎頭牌》中女眞音樂特色及思想主題探究，王方，濰坊教育學院學報，2011 年第 3 期。

160. 變而不移：金代樂論思想探析──兼及金樂論與宋樂論之關係，韓偉，貴州師範大學學報（社會科學版），2012 年第 5 期。

161. 略論金元時期諸宮調音樂作品，于新潔，南昌教育學院學報，2011 年第 7 期。

162. 金元上梁文的音樂性初探，韓偉，古籍整理研究學刊，2015 年第 2 期。

163. 晉南金墓樂舞磚雕舞蹈學研究，趙娟，東北師範大學碩士學位論文，2014 年。

164. 對山西聞喜寺底金墓出土的伎樂磚雕分析研究，邢志向，音樂大觀，2013 年第 12 期。

165. 金代舞蹈語彙在撫順滿族秧歌中的記憶遺存──蹶子步語彙構成探析，沈殿淮，藝術科技，2015 年第 2 期。

（七）體育

1. 遼金時期體育運動衍變的文化解析，李東斌、趙蕾，蘭臺世界，2013 年第 4 期。

2. 遼金元時期的角抵，王明蓀，遼金史論集（第十三輯），中國社會科學出版社，2013 年。

3. 秦漢時期和遼代軍事體育發展特徵分析，宋濤，勞動保障世界（理論版），2013 年第 12 期。

4. 遼體育研究，王曉衡，體育文化導刊，2015 年第 1 期。

5. 遼朝體育活動考略，李際麟，赤峰學院學報（漢文哲學社會科學版），2014 年第 8 期。

6. 以契丹族爲主體的遼代體育文化特色研究，王修方，蘭臺世界，2014 年第 3 期。

7. 五代時期契丹遼朝軍事體育研究，趙濤，長沙鐵道學院學報（社會科學版），2014 年第 3 期。

8. 遼代女性體育研究，戴紅磊，吉林體育學院學報，2013 年第 2 期。

9. 基於遼朝軍事體育的發展及其影響考證，陸小黑，蘭臺世界，2015 年第 18 期。

10. 射箭運動在遼代的發展研究，王銀婷，體育成人教育學刊，2013 年第 6 期。

11. 射獵對遼代軍事發展的影響探析，宋濤，網友世界，2013 年第 24 期。

12. 遼金時期射柳運動簡介，苗福盛、史慶，青年與社會（下），2015 年第 7 期。

13. 從契丹「擊鞠」到達斡爾「貝闊」演變的歷史考察，叢密林，蘭臺世界，2015 年第 33 期。

14. 遼金時期馬球運動略考，孫韻，蘭臺世界，2012 年第 21 期。

15. 「策馬草原」的遼金時期馬球運動溯源，趙濤，蘭臺世界，2014 年第 15 期。

16. 論古代遼金體育盛事──馬球運動探究，馬紅霞，蘭臺世界，2012 年第 30 期。

17. 治國理念對遼、金兩朝擊毬的影響，張斌，內蒙古農業大學學報（社會科學版），2013 年第 1 期。

18. 宋遼時期足球與馬球運動之比較，劉剛，赤峰學院學報（自然科學版），2011 年第 8 期。

19. 超越體育視域的「國戲」──論古代契丹民族鬥雞，王俊平、常青，赤峰學院學報（漢文哲學社會科學版），2013 年第 3 期。

20. 金源體育文化簡論，董大偉、王久宇、孟凡豔，邊疆經濟與文化，2014 年第 1 期。

21. 金代女眞體育述略，王久宇，體育文化導刊，2014 年第 11 期。

22. 金代女眞族的體育，那國學，金上京文史論叢（第四輯），黑龍江人民出版社，2013 年。

23. 金代女眞人的騎射體育活動，朱期林、魏彪，山西大同大學學報（自然科學版），2011 年第 2 期。

24. 金代騎射體育活動的作用，李大軍，北方文物，2015 年第 3 期。

25. 射箭運動在金朝的發展研究，王銀婷，體育科技文獻通報，2013 年第 11 期。

26. 金代體育活動——馬球的興衰原因探析，魏遵軍、李大威，北方文物，2014 年第 2 期。

27. 宋金、元時期的少林拳研究，張多，河南大學碩士學位論文，2011 年。

28. 金元兩朝禁武及其影響，高虹，山東社會科學，2012 年第 10 期。

29. 非物質文化遺產保護視角下金源體育文化的傳承與發展，王剛、李偉、周廣歡，黑龍江史志，2014 年第 1 期。

30. 從「金相撲人物磚」看相撲在金國的開展考究，黃澤江、孫德朝，蘭臺世界，2014 年第 36 期。

（八）圖書、印刷

1. 遼代的圖書出版與書籍傳播諸問題論析，施國新，理論月刊，2014 年第 6 期。

2. 試論遼金時期雕版印刷業興盛的兩大動力，侯秀林，晉圖學刊，2015 年第 2 期。

3. 簡論遼金時期的山西刻書業，裴興榮，遼金元文學研究論叢，中國社會科學出版社，2014 年。

4. 遼帝國の出版文化と東アジア，磯部彰，アジア遊學（160），2013 年。

5. 遼代的編輯出版業——從遼塔秘藏中發現的印刷品談起，杜成輝、李文君，山西大同大學學報（社會科學版），2013 年第 3 期。

6. 遼代外交中的書籍流通，張儒婷，神州（下旬刊），2011 年第 11 期。

7. 從《耶律曷魯妻掘聯墓誌》看《記室備要》之北傳，康鵬，中華文史論叢，2014 年第 4 期。

8. 遼代藏書概述，王龍，科技情報開發與經濟，2014 年第 19 期。

9. 從應縣木塔秘藏看遼代西京地區雕版印刷業的興盛原因，侯秀林，山西大同大學學報（社會科學版），2015 年第 6 期。

10. 從應縣木塔秘藏題記看遼代的雕版印刷業，杜成輝，北方文物，2011 年第 2 期。

11. 應縣木塔秘藏中的遼代《蒙求》刻本，杜成輝、馬志強，山西大同大學學報（社會科學版），2014 年第 4 期。

12. 應縣木塔秘藏中的遼代蒙書，杜成輝、馬新軻，北方文物，2014 年第 4 期。

13. 金代圖書出版研究，李西亞，吉林大學博士學位論文，2011 年。

14. 金代出版業發展的經濟與文化原因探析，李西亞，北方文物，2014 年第 1 期。

15. 金代圖書出版與受眾需求的融合探析，李西亞，吉林師範大學學報（人文社會科學版），2014 年第 2 期。

16. 金代的圖書編纂及其作用，李西亞，史學集刊，2014 年第 3 期。

17. 試論金朝的圖書流通，李西亞，遼金史論集（第十三輯），中國社會科學出版社，2013 年。

18. 金朝圖書流通與東北儒學傳播，李西亞，齊魯學刊，2014 年第 3 期。

19. 金朝發展東北地區圖書出版的舉措探析，李西亞、張鵬程，北方文物，2012 年第 4 期。

20. 石刻資料中新見金代圖書輯考，王新英，蘭臺世界，2014 年第 1 期。

21. 金初對遼宋圖書資料收集的特點，牟景華，北方文物，2015 年第 3 期。

22. 完顏希尹與金代的圖書收藏，趙媛，北方文物，2014 年第 2 期。

23. 金元平陽刻書的特點及文化影響，王永勝，山西大學碩士學位論文，2011 年。

24. 論金元時期平陽刻書的時間特點及原因，王娟，呂梁學院學報，2014 年第 5 期。

25. 金元時期平陽成爲刻書中心的背景分析，王永勝，晉圖學刊，2011 年第 3 期。

26. 當代出版史作中的《金藏》募刻問題，咸增強，運城學院學報，2011 年第 4 期。

27. 中國社科院專家到絳縣考察證實——太陰寺是《趙城金藏》重要雕印地，張廣瑞、李金平，山西日報，2011 年 11 月 18 日 B02 版。

28. 孔天監與《藏書記》考略，周餘姣，山東圖書館學刊，2014 年第 5 期。

29. 金刻本《周禮》商榷——兼論婺州本《周禮》，喬秀岩、葉純芳，版本目錄學研究（第五輯），北京大學出版社，2014 年。

30. 劉祁《北使記》的成書及刊行經過，杜成輝，商丘師範學院學報，2014 年第 1 期。

十一、文 學

（一）綜論

1. 論遼金元時期北方民族漢文創作三維模式的建構，尹曉琳，延邊大學學報（社會科學版），2011 年第 6 期。

2. 淺析遼金時期漢文學與少數民族文學融合互補的過程及其影響，王海萍，青年文學家，2015 年第 26 期。

3. 遼代的文學傳播研究，吳奕璠，瀋陽師範大學碩士學位論文，2012 年。

4. 遼代文學地理探論，劉德浩，浙江師範大學碩士學位論文，2013 年。

5. 品評遼代詩壇的一座高峰──從《焚椒錄》看蕭觀音的文學成就，陳姍姍，長春工業大學學報（社會科學版），2014 年第 1 期。

6. 金代文學研究，孫瑩瑩，經濟技術協作信息，2011 年第 4 期。

7. 金代文學與金代社會，牛貴琥，遼寧工程技術大學學報（社會科學版），2012 年第 6 期。

8. 論金代文學的敘事性與俗化傾向，牛貴琥、秦琰，山西大學學報（哲學社會科學版），2012 年第 1 期。

9. 女真政權下的文學綜合研究，牛貴琥，女真政權下的文學研究，三晉出版社，2011 年。

10. 金代文學與北宋的傳統，顏慶餘，民族文學研究，2011 年第 6 期。

11. 金源尚文崇儒與國朝文派的崛起，沈文雪，古籍整理研究學刊，2014 年第 4 期。

12. 金代藝文敘論，薛瑞兆，中山大學學報（社會科學版），2015 年第 2 期。

13. 金代狀元與文學，裴興榮，民族文學研究，2015 年第 3 期。

14. 淺析金代初期民族文化政策對金代文學創作的影響，曹志翔，濮陽職業技術學院學報，2013 年第 6 期。

15. 金代初期民族文化政策對金代文學創作的影響，李速達，赤子（上中旬），2015 年第 11 期。

16. 唐宋古文金代傳承論，王永，民族文學研究，2015 年第 1 期。

17. 宋金文學交流初探，郭鵬，魯東大學學報（哲學社會科學版），2011 年第 1 期。

18. 金宋文學：傳承、交流與融合，王琳，山西師範大學碩士學位論文，2014 年。

19. 「仕金宋儒」之心態與創作，楊愛敏，河北大學碩士學位論文，2011 年。

20. 漢族文人對金初文學的貢獻及奠基作用，藺文龍，女眞政權下的文學研究，三晉出版社，2011 年。

21. 論朱弁羈留金朝的創作，白新輝，名作欣賞，2015 年第 11 期。

22. 仕與隱的徘徊矛盾——金中期漢族文士的創作心理，李淑岩，名作欣賞，2012 年第 26 期。

23. 金章宗時期的翰林學士院與應制文學，閆興潘，民族文學研究，2013 年第 2 期。

24. 金末科舉改革與奇古文風的演進，裴興榮，民族文學研究，2013 年第 4 期。

25. 金初「南冠詩人」研究，范婷婷，女眞政權下的文學研究，三晉出版社，2011 年。

26. 師從之爭：金代文學創作論探析，章輝，太原師範學院學報（社會科學版），2012 年第 6 期。

27. 遼金元佛教文學史研究芻論，李舜臣，武漢大學學報（人文科學版），2012 年第 2 期。

28. 金代文學家族的空間流動與文學交流，楊忠謙，北方論叢，2012 年第 1 期。

29. 金代狀元家族與文學，李衛鋒、張建偉，遼寧工程技術大學學報（社會科學版），2012 年第 6 期。

30. 金代渾源劉氏家族文學研究，潘曉，山西師範大學碩士學位論文，2014 年。

31. 金元之際北方雅俗雙棲作家群與散曲——以受元好問影響的雙棲作家群為例，張豔，西北民族大學學報（哲學社會科學版），2012 年第 2 期。

32. 論金代渤海文學，劉達科，江蘇大學學報（社會科學版），2013 年第 2 期。

33. 金代渤海文學研究，竇雪，內蒙古民族大學碩士學位論文，2013 年。

34. 金元時期河北作家綜述，胡蓉，小說評論，2012 年第 3 期。

35. 金元安陽地區文學研究，李亞楠，山西大學碩士學位論文，2013 年。

36. 文學視野下的金代譜牒文化述論，楊忠謙，民族文學研究，2013 年第 5 期。

37. 金代文學學蘇的特點與意義，任建國、狄寶心，山西大同大學學報（社會科學版），2013 年第 3 期。

38. 唐宋金元文論「衰落」、「隆起」辨，杜書瀛，陝西師範大學學報（哲學社會科學版），2013 年第 2 期。

39. 金朝文人的泰山情懷管窺，聶立申，泰山學院學報，2013 年第 2 期。

40. 略論金代契丹人的文學與繪畫成就，夏宇旭，黑龍江民族叢刊，2013 年第 5 期。

41. 契丹、女眞文論釋碎，王祐夫，中央民族大學學報（哲學社會科學版），2015 年第 4 期。

42. 中州文獻之傳與金源文派之正——金元「文統」儒士之研究，劉成群，人文雜誌，2013 年第 10 期。

43. 《歸潛志》所錄完顏氏文人論略，胡淑慧，內蒙古電大學刊，2012 年第 3 期。

44. 試談《歸潛志》筆記小說的特色，王文卓，學術交流，2014 年第 4 期。

45. 《歸潛志》人物小傳的文學價值，王文卓，文藝評論，2014 年第 10 期。

46. 走過遼金元時期的陶淵明，李劍鋒，中國社會科學報，2014 年 11 月 5 日 B04 版。

47. 金初文學之陶淵明接受——以宇文虛中、蔡松年為中心，張小俠，長春師範學院學報，2013 年第 3 期。

48. 論金代文學對陶淵明的接受——以蔡松年為例，于東新、石迎麗，九江學院學報（哲學社會科學版），2013 年第 1 期。

49. 白居易詩文流傳遼朝考——兼辨耶律倍仿白氏字號說，康鵬，中國史研究，2015 年第 4 期。

50. 金元柳宗元文章接受史，莫軍苗，柳州師專學報，2011 年第 2 期。

51. 宋金元明「歐曾」合論研究，葉全妹，福建師範大學碩士學位論文，2012 年。

52. 宋金對峙在清初的文學重寫──以《續金瓶梅》為中心，楊劍兵、郁玉英，大慶師範學院學報，2015 年第 1 期。

（二）詩

1. 生機與匯流：民族文化交融中的遼金元詩歌，張晶，遼寧工程技術大學學報（社會科學版），2012 年第 2 期。

2. 民族文化融合中的遼金詩歌，黃志程，青年文學家，2015 年第 32 期。

3. 遼金元詩歌的研究成就與未來的任務，查洪德，北京大學學報（哲學社會科學版），2013 年第 6 期。

4. 宋遼金民間歌謠研究，范曉婧，南京師範大學碩士學位論文，2013 年。

5. 遼金元時期的杜詩學，赫蘭國，四川師範大學博士學位論文，2011 年。

6. 論遼金時期渤海遺民詩文的三種特質，宋巍，渤海大學學報（哲學社會科學版），2014 年第 2 期。

7. 遼金詩僧與僧詩，劉達科，江蘇大學學報（社會科學版），2012 年第 1 期。

8. 遼代騷體詩與歌行體詩藝術探析，張偉紅，長城，2014 年第 12 期。

9. 金源時期的詩派述論，王輝斌，重慶教育學院學報，2012 年第 1 期。

10. 金朝文人佛理禪機詩解讀，劉達科，遼東學院學報（社會科學版），2012 年第 1 期。

11. 金代文人歌詩與道人歌詩，韓偉，北方論叢，2015 年第 5 期。

12. 金元詩歌「溫柔敦厚」的審美追求，牛貴琥，江西師範大學學報（哲學社會科學版），2015 年第 4 期。

13. 金元明清地域詩風的消長與詩史嬗變，李聖華，中國社會科學報，2012 年 4 月 20 日 A05 版。

14. 趙延壽所作《塞上》釋考，張興國，東北史研究，2011 年第 2 期。

15. 論蕭觀音《迴心院》的藝術特徵，崔士嵐，職大學報，2015 年第 5 期。

16. 略論遼代女詩人蕭文妃的詩歌特徵，李旋，北方文學（中），2012 年第 1 期。

17. 正統觀影響下的金源邊塞詩發展，林盈翔，（臺灣）雲漢學刊（第 25 期），2012 年 8 月。

18. 金代寒食、清明詩研究，李宇航，西北大學碩士學位論文，2014 年。

19. 文士禪心與金代寺院遊觀詩，孫宏哲，黑龍江民族叢刊，2012 年第 5 期。

20. 金明昌進士詩歌創作探微，侯震，古籍整理研究學刊，2015 年第 2 期。

21. 「高古」：金代詩歌的一種審美形態，于東新、于廣傑，河北學刊，2014 年第 2 期。

22. 金末「宗唐德古」之風的歷史考察，樊運景，蘭臺世界，2011 年第 19 期。

23. 金代南渡詩人對唐詩接受考察，劉福燕，甘肅社會科學，2012 年第 4 期。

24. 金人學杜特點及其原因初探，赫蘭國，中華文化論壇，2011 年第 3 期。

25. 金代南渡詩人對陶淵明接受摭析，劉福燕、延保全，西北農林科技大學學報（社會科學版），2013 年第 1 期。

26. 《北征》一曲歎陸沉，文化交匯有餘情——析范成大使金詩的文化內涵，溫斌，陰山學刊，2011 年第 6 期。

27. 南宋使金詩人華夷觀的表現形式——以楊萬里接送金使詩為例，李素珍、溫斌，職大學報，2013 年第 1 期。

28. 論宋代南渡使金詩人及其創作，顧友澤，聊城大學學報（社會科學版），2014 年第 5 期。

29. 金代女眞族漢文詩詞中的取象思維方式，于春海、王安琪，長春師範大學學報，2014 年第 11 期。

30. 海陵王完顏亮詩歌的語言特色及其價值，張鳳芹，齊齊哈爾大學學報（哲學社會科學版），2014 年第 6 期。

31. 東北與中原文化的融合對完顏亮詩詞的影響，高紅梅、于為，吉林省教育學院學報（中旬），2014 年第 12 期。

32. 趙秉文紀行詩研究，郭麗琴，山西師範大學碩士學位論文，2013 年。

33. 論趙秉文擬詩中的三重文化身份，蘇靜，石家莊學院學報，2011 年第 1 期。

34. 趙秉文《和秋齋獨宿》與韋應物《秋齋獨宿》合解，李錦旺，阜陽師範學院學報（社會科學版），2014 年第 1 期。

35. 金章宗後期《燕子圖》組詩研究，薛敏，山西大學碩士學位論文，2011 年。

36. 金代文學家王寂的禪詩及其佛家情結論析，張懷宇，文藝爭鳴，2014 年第 8 期。

37. 塵封千年的友誼之歌——淺談金代王寂《懷高公無忌》詩的悲情風格，王硯天，考試周刊，2012 年第 13 期。

38. 故國鶯花前朝風月——《金詩人王寂描寫阜新的那些詩》連載之一，艾蔭範，今日遼寧，2011 年第 1 期。

39. 故國鶯花前朝風月——《金詩人王寂描寫阜新的那些詩》連載之二，艾蔭范，今日遼寧，2011 年第 2 期。

40. 蔡松年《明秀集》研究，薄菲，女真政權下的文學研究，三晉出版社，2011 年。

41. 陶詩對党懷英詩歌的影響，張小俠，長江大學學報（社會科學版），2012 年第 12 期。

42. 論金代軍旅作家周昂詩歌的時代內涵，武雪婷，內蒙古民族大學學報，2012 年第 3 期。

43. 黃華老人一組詩的考證，蘇玲玲，科學之友，2013 年第 13 期。

44. 《黃華集》中王庭筠詩詞考與作者歸屬，馬志平，鴨綠江（下半月版），2014 年第 11 期。

45. 金代詩人李俊民題畫詩芻論，張哲，集寧師範學院學報，2012 年第 3 期。

46. 李俊民《莊靖集》律詩注釋與研究，劉麗媛，河北師範大學碩士學位論文，2013 年。

47. 楊弘道詩歌研究，賀光通，山西師範大學碩士學位論文，2014 年。

48. 論金代詩人楊弘道的詩學觀念，蘇名陽，集寧師範學院學報，2012 年第 3 期。

49. 金末遺臣楊宏道詩學對《詩經》的承繼，林宜陵，（臺灣）東吳中文學報（第 22 期），2011 年 11 月。

50. 陳賡陳庚及其創作研究，賈俊麗，山西師範大學碩士學位論文，2014 年。

51. 全真七子詩詞的膠東映像，蘭翠，煙臺大學學報（哲學社會科學版），2014 年第 2 期。

52. 丘處機詩歌創作研究，穆亞娜，山西師範大學碩士學位論文，2014 年。

53. 金代玉華谷雅集《古僊人辭》集詠探析，王海妮，呂梁學院學報，2014 年第 3 期。

54. 《元詩選》癸集中的金詩，薛瑞兆，古籍整理研究學刊，2012 年第 3 期。

55. 方志中的金代佚詩佚文考，李衛鋒、張建偉，現代語文（學術綜合版），2012 年第 4 期。

56. 歷代詩話中的「曹植論」研究——以宋遼金元明詩話爲範圍，陳盈妃，（臺灣）國立彰化師範大學博士學位論文，2011 年。

57. 元初的「金宋遺老」及其詩歌創作，王輝斌，民族文學研究，2012 年第 1 期。

58. 金代詩人的樂府觀與樂府批評，王輝斌，民族文學研究，2013 年第 6 期。

59. 金元時期唐、宋詩接受思潮探賾——以若干詩歌選本爲核心，胡正偉，江西社會科學，2013 年第 12 期。

60. 以唐、宋詩接受爲核心的金元詩壇風貌及其價值發微，胡傳志，內蒙古社會科學，2013 年第 6 期。

61. 論金代詩話對蘇軾詩詞的傳播，周敏，瀋陽師範大學學報（社會科學版），2012 年第 5 期。

62. 金代蘇軾詩詞的傳播方式研究，周敏，瀋陽師範大學碩士學位論文，2013 年。

63. 金代古體詩用韻研究，張建坤，現代語文（語言研究版），2014 年第 12 期。

64. 金代山西古體詩用韻研究，張建坤，河南科技大學學報（社會科學版），2013 年第 2 期。

65. 宋金元陶瓷上題寫的詩詞曲研究，王雪，西南大學碩士學位論文，2014 年。

66. 論磁州窯詩詞的生態智慧書寫，劉聰穎、魏麗娟，河北學刊，2012 年第 4 期。

67. 金詩在元代的留存與傳播考述，張靜，遼寧工程技術大學學報（社會科學版），2015 年第 2 期。

68. 金詩在明代的流播考述，李衛東、張靜，忻州師範學院學報，2015 年第 3 期。

69. 金代詩人對莊子的接受，段少華，忻州師範學院學報，2015 年第 3 期。

70. 金初遼宋詩人易代心理之異及對金末詩人的影響，狄寶心，文學遺產，2015 年第 1 期。

71. 「歸潛堂詩」與金末元初文人的仕隱觀，沈文凡、馬雁晶，古代文學理論研究（第四十輯）——中國文論的思想與智慧，華東師範大學出版社，2015 年。

72. 金代後期詩學論爭及其文學史意義，文琪，內蒙古大學碩士學位論文，2015 年。

73. 金代山西詩人群體研究，趙越，山西師範大學碩士學位論文，2015 年。

74. 宋金元詩歌「列錦」結構模式及其審美追求，吳禮權、謝元春，江蘇師範大學學報（哲學社會科學版），2015 年第 1 期。

（三）詞

1. 蕭觀音《迴心院》是否爲「詞」，王榮華，陝西廣播電視大學學報，2011 年第 1 期。

2. 論多民族文化語境下的金代詞文學，于東新，北方民族大學學報（哲學社會科學版），2011 年第 4 期。

3. 金詞風貌研究，于東新，南開大學博士後出站報告，2014 年。

4. 20 世紀以來金詞研究述評，于東新、王金蕾，東北史地，2012 年第 3 期。

5. 金元詞體詩化理論發皇，許伯卿，中國韻文學刊，2011 年第 3 期。

6. 論金詞與元詞的異質性——兼析「詞衰於元」傳統命題，王昊，文學遺產，2011 年第 2 期。

7. 悲喜交融的幽默之境:金元俳諧詞初探，王毅，南京師範大學文學院學報，2012 年第 2 期。

8. 金元豔情詞之「本色」論，李春麗，中國圖書評論，2015 年第 12 期。

9. 論金朝初年「貳臣」文人詞，白顯鵬、于東新，民族文學研究，2011 年第 3 期。

10. 金初詞人群體的心理認同與詞的創作，李靜，文學評論，2011 年第 1 期。

11. 小議金詞由「緣情」向「言志」的轉化，郭麗琴，青年文學家，2011 年第 24 期。

12. 北方生態與金詞之美，李春麗，短篇小說（原創版），2014 年第 23 期。

13. 金代壽詞論綱，王定勇，山東青年政治學院學報，2011 年第 3 期。

14. 漢文化影響下的金大定、明昌詞，武勇，安慶師範學院學報（社會科學版），2011 年第 5 期。

15. 金代中葉大定、明昌年間文士詞研究，廖婉茹，（臺灣）國立政治大學碩士學位論文，2011 年。

16. 「盛世」氣象與金代中期本土詞人群體，李靜，文藝研究，2011 年第 6 期。

17. 民族文化融合的一種詩性表述——以金代「南渡詞」爲例，于東新，民族文學研究，2013 年第 3 期。

18. 論金朝末年「南渡」詞風，李強、于東新，飛天，2011 年第 22 期。

19. 金代遺民詞芻論——以民族文化融合爲視角，于東新，齊魯學刊，2013 年第 2 期。

20. 完顏亮詠雪詞二首比較研究，馬碧莉，黑河學刊，2014 年第 4 期。

21. 從女眞崛起到王朝輓歌——金代宗室詞選評，趙陽，北方文學（下），2013 年第 11 期。

22. 胸中嵬隗何能平 一酌春風都滅——淺析蔡松年《念奴嬌・離騷痛飲》，曹煥煥，學理論，2011 年第 6 期。

23. 泰山北斗斯文權——金代趙秉文詞之情感意涵及創作心態析論，陶子珍，（臺灣）淡江中文學報（第 27 期），2012 年 12 月。

24. 李俊民及其詞作研究，段亞婷，山西師範大學碩士學位論文，2013 年。

25. 李俊民詞中的隱逸情懷，任雪，太原大學學報，2013 年第 4 期。

26. 論金源詞壇的「南派」：渤海族王庭筠的詞，李強、于東新，時代文學，2011 年第 16 期。

27. 遼海東南天一柱——金代王庭筠詞之情感意涵及創作心態析論，陶子珍，臺北市立教育大學學報・人文社會類（第 44 期），2013 年 5 月。

28. 博學高才，卓犖不羈——金代趙可詞之情感意涵及創作心態析論，陶子珍，臺北大學中文學報（第 14 期），2013 年 9 月。

29. 金代詞風轉變的標誌——趙可詞淺論，劉鋒燾，陝西師範大學學報（哲學社會科學版），2014 年第 4 期。

30. 揭來塵世笑春風——金代劉仲尹詞之情感意涵及創作心態析論，陶子珍，臺北市立大學學報（45 卷 2 期），2014 年 11 月。

31. 金魏道明《蕭閒老人明秀集注》探析，王昊，詞學，2014 年第 1 期。

32. 論金代全眞道士詞人對柳詞的接受，王昊，蘭州大學學報（社會科學版），2011 年第 1 期。

33. 論金代全眞道詞的通俗化創作傾向，李藝，語文學刊，2011 年第 11 期。

34. 金代全眞道士詞用典探論，時培富，吉林大學碩士學位論文，2013 年。

35. 王喆詞韻考，張建坤，唐山師範學院學報，2011 年第 3 期。

36. 「楊柳岸、曉風殘月」與王重陽的性命修持，羅爭鳴，古典文學知識，2015 年第 6 期。

37. 金詞話文獻提要，張麗紅、于東新，東北史地，2013 年第 6 期。

38. 金代山西詞人用韻研究，張建坤，福建教育學院學報，2013 年第 1 期。

39. 金元河北、山西詞人入聲詞作用韻之研究，耿志堅，（臺灣）彰化師大文學院學報（第 5 期），2012 年 3 月。

40. 金元時期山東詞人入聲韻分部問題新考，張建坤，唐山師範學院學報，2013 年第 1 期。

41. 兩宋行人對金詞創作的影響，延保全、王琳，山西師大學報（社會科學版），2013 年第 6 期。

42. 蘇軾文人集團對金代詞學的影響，魏春梅、于廣傑、郝遠，天津職業院校聯合學報，2014 年第 4 期。

43. 柳永《望海潮》的異域接受與本土反響——以宋金時期爲論，彭國忠，長江學術，2014 年第 4 期。

44. 論金代詞人的曲創作及其文學史價值，于東新，晉陽學刊，2015 年第 4 期。

45. 宋金人注宋金詞探論，李桂芹，廣西民族大學學報（哲學社會科學版），2015 年第 3 期。

46. 抓特點 拓新域——淺談劉揚忠先生的金詞研究，劉鋒燾，天中學刊，2011 年第 3 期。

47. 《全金元詞》金詞部份訂誤，劉雲憬、王琴，邵陽學院學報（社會科學版），2015 年第 5 期。

48. 《全金元詞·訂補附記》校讀，倪博洋，內江師範學院學報，2015 年第 9 期。

49. 《全金元詞》王重陽詞整理指瑕——兼釋全眞詞的「藏頭拆字」詞體，倪博洋，南陽師範學院學報，2015 年第 10 期。

（四）散文

1. 遼代散文創作的整體評估與價值發掘，蔣振華，學術研究，2014 年第 1 期。

2. 金代散文分期與特色新論，王永，中國海洋大學學報（社會科學版），2011 年第 4 期。

3. 金元碑誌體散文的文化價值考察——以道教人士碑誌爲中心，蔣振華，學術研究，2011 年第 7 期。

4. 金代駢文新論：兼與于景祥先生商榷，王永，民族文學研究，2013 年第 4 期。

5. 金代主要別集散文研究，陳蕾安，（臺灣）中國文化大學博士學位論文，2013 年。

6. 金代前中期賦鉤沉與探析，牛海蓉，南京大學學報（哲學・人文科學・社會科學版），2011 年第 3 期。

7. 金朝的非文學賦，牛海蓉，湖南城市學院學報，2012 年第 1 期。

8. 金末楊宏道散文創作的史家意識，樊運景，名作欣賞，2012 年第 5 期。

9. 歐陽修與金代散文研究，梁珍珍，西北大學碩士學位論文，2014 年。

（五）小說

1. 遼金元文言小說研究，林溫芳，（臺灣）中國文化大學博士學位論文，2014 年。

2. 金代小說舉隅，牛貴琥，女眞政權下的文學研究，三晉出版社，2011 年。

3. 《簡帖和尚》成文於金代考，張靖人、張靜，商丘職業技術學院學報，2011 年第 1 期。

（六）戲劇

1. 金代俗文學的「雙璧」——金院本、諸宮調研究，李焱，新課程學習（中），2015 年第 5 期。

2. 淺談金代女眞文化對元雜劇的影響，姜文婷，藝術教育，2015 年第 9 期。

3. 宋金雜劇與元雜劇之關係探析，劉多亞，貴州大學學報（藝術版），2012 年第 2 期。

4. 宋、金教坊之盛衰與靖康之變，董希平、劉雋一，文藝研究，2012 年第 7 期。

5. 金元雜劇與祭祀儀式——田仲一成教授與康保成教授對談錄，康樂，文化遺產，2015 年第 3 期。

6. 宋金雜劇遺響，樂戶代代相傳——關於晉北賽戲的探析，劉文峰、肖宜悅，四川戲劇，2013 年第 1 期。

7. 宋金時期并州地區戲劇及舞臺考略，牛白琳，滄桑，2011 年第 4 期。

8. 宋金元時期北方農村神廟劇場的演進，延保全，文藝研究，2011 年第 5 期。

9. 淺論諸宮調與唱賺的繼承發展關係，楊有山、史盛楠，語文學刊，2013 年第 8 期。

10. 金元院本演出體例斟疑，劉興利，民族藝術研究，2012 年第 2 期。

11. 金元以來「柳永戲」述論——兼及戲曲的文化代言問題，蘇涵，江蘇大學學報（社會科學版），2012 年第 5 期。

12. 金代北曲與宋元南曲用韻考辨，劉雲憬，興義民族師範學院學報，2014 年第 2 期。

13. 金代曲韻中的入聲問題，劉雲憬，寧夏大學學報（人文社會科學版），2014 年第 4 期。

14. 金代北曲用韻考，劉雲憬，南大戲劇論叢（第 10 卷第 1 期），南京大學出版社，2014 年。

15. 宋金元戲曲化妝考略，延保全，戲劇藝術，2011 年第 1 期。

16. 金代晉南地區墓葬中雜劇人物的藝術表現，彭超、穆寶風，藝苑，2011 年第 2 期。

17. 繁盛的山西宋金元戲曲藝術，安瑞軍，中國文物報，2012 年 9 月 7 日第 4 版。

18. 河南宋墓戲曲圖像與山西金墓戲曲圖像的初步梳理，彭超，戲劇（中央戲劇學院學報），2011 年第 3 期。

19. 淺析宋金時期磚雕繁盛之現象——以平陽戲劇圈爲例，劉剛，廊坊師範學院學報（社會科學版），2012 年第 3 期。

20. 宋金元磚雕雜劇人物帶來的信息，東方晰，收藏界，2012 年第 9 期。

21. 宋遼金時期樂舞、雜劇的幾種圖像，谷莉，戲劇（中央戲劇學院學報），2012 年第 4 期。

22. 金代兩種諸宮調釋詞四則，張海媚，長江學術，2013 年第 4 期。

23. 《西廂記諸宮調》為金人所作新考，張靖人、張靜，大慶師範學院學報，2011 年第 4 期。

24. 由悲轉喜的藝術成就──從《鶯鶯傳》到《董西廂》，余倩，劍南文學（經典閱讀），2011 年第 6 期。

25. 青出於藍而勝於藍──《王西廂》對《董西廂》主題意蘊的昇華，余倩，時代報告（下半月），2011 年第 7 期。

26. 論董解元《西廂記諸宮調》與金代社會及文壇的關係，牛貴琥，太原理工大學學報（社會科學版），2011 年第 1 期。

27. 董解元《西廂記》泰和五年成書考──兼論其團圓結局，崔武傑、延保全，戲劇（中央戲劇學院學報），2014 年第 6 期。

28. 金代早期諸宮調散套的又一實例，寧希元，中國古代小說戲劇研究（第十一輯），甘肅人民出版社，2015 年。

29. 文化交匯樹新風，「西廂」故事奏奇聲──金代草原文化對《董西廂》創作的影響，溫斌，論草原文化（第八輯），內蒙古教育出版社，2011 年。

30. 金西廂的戲曲美學思想探究：當西廂記遭遇金聖歎，張秋景，黃河之聲，2011 年第 11 期。

31. 文化交匯樹新風，「西廂」故事奏奇聲──金代草原文化對《西廂記諸宮調》創作的影響，溫斌，陰山學刊，2012 年第 1 期。

32. 曲始於胡元──論金元草原文化對《西廂記》形成的影響，孫玉冰，青海社會科學，2013 年第 5 期。

33. 殘本《劉知遠諸宮調》曲牌考證，白寧，交響（西安音樂學院學報），2012 年第 1 期。

34. 黑水城出土《劉知遠諸宮調》作期和著作權綜考，王昊，吉林大學社會科學學報，2012 年第 6 期。

35. 虛實之間：《劉知遠諸宮調》中劉知遠形象嬗變的歷史考察，馮金忠，黃河科技大學學報，2013 年第 5 期。

36. 西夏文獻之《劉知遠諸宮調》研究，付燕，四川師範大學碩士學位論文，2013 年。

37. 宋金元磚雕雜劇人物帶來的信息，東方晰，東方收藏，2013 年第 2 期。
38. 晉南金墓磚雕中的戲曲圖像研究，席倩茜，山西大學碩士學位論文，2012 年。

十二、宗　教

（一）概論

1. 遼朝宗教文化之契丹人的原始宗教信仰，孫國軍，赤峰學院學報（漢文哲學社會科學版），2014 年第 2 期。

2. 遼朝宗教文化現象芻議，康建國、李月新，赤峰學院學報（漢文哲學社會科學版），2011 年第 1 期。

3. 遼金元時期遼瀋地區宗教考探，張國慶，朔方論叢（第二輯），內蒙古大學出版社，2012 年。

4. 淺析西遼時期的宗教政策，黃偉華，金田，2012 年第 4 期。

5. Iconic Ancestors: Wire Mesh, Metal Masks, and Kitan Image Worship, François Louis, *Journal of Song-Yuan Studies*, Volume 43, 2013.

6. 從母語文字記載看女真人的多元宗教生活，唐均，青海民族研究，2012 年第 1 期。

7. 吾以塵緣事梵剎——試析金代漢族家庭的宗教信仰，劉曉飛，社會科學輯刊，2012 年第 1 期。

8. 金代墓飾中的宗教因素，劉曉飛，青海民族大學學報（社會科學版），2011 年第 4 期。

9. 「戶殊揆一」：金代三教融合新景觀，王德朋，中國社會科學報，2015 年 6 月 3 日 A06 版。

10. 試論景教在遼金的流傳，陳廣恩，暨南史學（第九輯），廣西師範大學出版社，2014 年。

11. 金元時期崔府君信仰在華北的傳播，宋燕鵬，元代文獻與文化研究（第三輯），中華書局，2015 年。

12. 宋元時期晉東南三嶺山神信仰的興起與傳播，宋燕鵬、何棟斌，山西檔案，2015 年第 1 期。

（二）薩滿教

1. 契丹民族與薩滿教信仰，杜美林，蘭臺世界，2013 年第 21 期。

2. 契丹族社會生活中薩滿文化研究，杜美林，渤海大學碩士學位論文，2014 年。

3. 探析契丹族社會生活中存在的薩滿文化，姝雯，才智，2015 年第 4 期。

4. 遼代薩滿樂舞考略，管琳，綏化學院學報，2015 年第 11 期。

5. 論巫教在契丹歷史發展中的作用，孫國軍、楊福瑞，赤峰學院學報（漢文哲學社會科學版），2014 年第 8 期。

6. 薩滿教在金代社會中的作用，趙湘萍，黑龍江史志，2011 年第 13 期。

7. 女真薩滿教與金源文化，洪仁懷，金上京文史論叢（第四輯），黑龍江人民出版社，2013 年。

8. 金代女真族薩滿信仰的社會功用探析，祝賀，蘭臺世界，2014 年第 15 期。

9. 金代女真族薩滿信仰的社會功用探析，祝賀，地域性遼金史研究（第一輯），中國社會科學出版社，2014 年。

（三）佛教

1. 遼代佛教的勃興與歷史作用，何天明，陰山學刊，2012 年第 6 期。

2. 論佛教與遼朝政權的興廢，王麗歌，蘭臺世界，2014 年第 28 期。

3. 耶律阿保機時期遼朝佛教的再認識，葛華廷，遼金歷史與考古（第四輯），遼寧教育出版社，2013 年。

4. 耶律德光引進白衣觀音辨析，王振芬，遼金歷史與考古國際學術研討會論文集（下），遼寧教育出版社，2012 年。

5. 論遼代的觀音信仰，徐效慧，遼金歷史與考古（第五輯），遼寧教育出版社，2014 年。

6. 「崇佛」政策與遼代滅亡的因果探析，胡躍豐、陳清春，蘭臺世界，2014 年第 33 期。

7. 佞佛是加速遼王朝滅亡的催化劑——淺談佛教對遼代社會的負面影響，王志華，遼金歷史與考古國際學術研討會論文集（下），遼寧教育出版社，2012 年。

8. 歷史因果莫輕談——我對「遼以釋廢」說的一點意見，剛曉，遼金佛教研究，金城出版社，2012 年。

9. 也談遼代佛教，陳曉敏、王志華，大遼遺珍——遼代文物展，學苑出版社，2012 年。

10. 遼代金石文字所反映出的遼代佛教，趙蕾，長春師範學院碩士學位論文，2012 年。

11. 遼代佛教及其宗派，法緣，遼金元佛教研究（上）——第二屆河北禪宗文化論壇論文集，大象出版社，2012 年。

12. 遼朝與佛教，野上俊靜著，楊曾文譯，遼金佛教研究，金城出版社，2012 年。

13. 佛教傳入遼朝原因及來源探析，孫國軍，赤峰學院學報（漢文哲學社會科學版），2014 年第 4 期。

14. 佛教傳入遼朝原因及來源探析，孫國軍，紅山文化・契丹遼文化學刊，2014 年第 1 輯。

15. 遼代帝王與遼代佛教的關係，周齊，遼金元佛教研究（上）——第二屆河北禪宗文化論壇論文集，大象出版社，2012 年。

16. 契丹（遼）後期の王権と菩薩戒，藤原崇人，アジアにおける文化システムの展開と交流，2012 年 3 月。

17. 遼代佛教信徒持齋與禁屠考略，張國慶，內蒙古社會科學（漢文版），2014 年第 2 期。

18. 遼代佛教世俗表象探微——以石刻文字資料爲中心，張國慶，黑龍江社會科學，2014 年第 4 期。

19. 相契與互融：遼代佛儒關係探論——以石刻文字資料爲中心，張國慶，浙江學刊，2014 年第 5 期。

20. 遼代佛教「涉政」現象探析——「佛教文化與遼代社會變遷」研究之一，張國慶，社會科學戰線，2011 年第 5 期。

21. 民族融合進程與遼代佛教繁榮，鄭毅，學理論，2015 年第 29 期。

22. 10～12 世紀中國北方民族的佛教思想與文化認同，袁志偉，西北大學博士學位論文，2014 年。

23. 遼金時期渤海遺民佛教信仰淺談，李智裕、苗霖霖，遼金歷史與考古（第五輯），遼寧教育出版社，2014 年。

24. 論唐幽州佛俗對遼代佛教的影響，尤李，蘭州學刊，2011 年第 1 期。

25. 遼朝佛教中獨特的文化現象初探，康建國，內蒙古社會科學（漢文版），2011 年第 1 期。

26. Buddhist Connections between the Liao and Xixia: Preliminary Considerations, K. J. Solonin, *Journal of Song-Yuan Studies*, Volume 43, 2013.

27. 契丹（遼）の仏教をたずねて：二○一二年度の調査から，吉田一彦，人間文化研究所年報（8），2013 年。

28. 契丹女真文字記錄的佛陀名號及其所見遼金佛教異同，唐均，遼金佛教研究，金城出版社，2012 年。

29. 由遼金元佛教引發的一點感想，淨慧，法音，2012 年第 6 期。

30. 遼金元佛教研究的啟示，黃心川，遼金元佛教研究（上）──第二屆河北禪宗文化論壇論文集，大象出版社，2012 年。

31. 遼金元佛教對於促進民族交流與融合的積極作用，孫昌武，遼金元佛教研究（上）──第二屆河北禪宗文化論壇論文集，大象出版社，2012 年。

32. 日本野上俊靜的遼代佛教研究，楊曾文，遼金佛教研究，金城出版社，2012 年。

33. 金代佛教略述，魏道儒，遼金元佛教研究（上）──第二屆河北禪宗文化論壇論文集，大象出版社，2012 年。

34. 金代における宗室と佛教，桂華淳祥，大谷學報 92（2），2013 年 3 月。

35. 金代佛教政策新議，王德朋，世界宗教研究，2013 年第 6 期。

36. 金代官賣寺觀名額與僧道度牒二題，王德朋，遼金佛教研究，金城出版社，2012 年。

37. 略論金代佛道思想的融合，李玉用，遼金佛教研究，金城出版社，2012 年。

38. 淺析金代契丹人的佛學思想，李速達，黑龍江史志，2015 年第 8 期。

39. 論佛教對金代社會習俗的影響，王德朋、王萍，北方文物，2015 年第 2 期。

40. 梅屋念常與金元佛教，黃公元，遼金元佛教研究（上）──第二屆河北禪宗文化論壇論文集，大象出版社，2012 年。

41. The Hidden Link: Tracing Liao Buddhism in Shingon Ritual, Youn-mi Kim, *Journal of Song-Yuan Studies*, Volume 43, 2013.

42. 遼代華嚴思想研究，袁志偉，西北大學碩士學位論文，2011 年。

43. 論遼代佛教的華嚴思想，陳永革，西夏研究，2013 年第 3 期。

44. 論遼代的華嚴宗弘傳及其影響，陳永革，遼金佛教研究，金城出版社，2012 年。

45. 朝陽北塔表現的遼代佛教一個側面——以華嚴宗爲中心，（日）大原嘉豐著，姚義田譯，遼金歷史與考古國際學術研討會論文集（下），遼寧教育出版社，2012 年。

46. 遼朝鮮演的華嚴思想，袁志偉，湖南大學學報（社會科學版），2013 年第 5 期。

47. 鮮演大師《華嚴經玄談決擇記》的西夏文譯本，孫伯君，西夏研究，2013 年第 1 期。

48. 論遼代密教的來源，尤李，國學研究（第二十七卷），北京大學出版社，2011 年。

49. 從經幢記看遼代的密教信仰，王璞，遼金佛教研究，金城出版社，2012 年。

50. 從陀羅尼經幢看遼代的密教信仰，彭曉靜，契丹學論集（第二輯），內蒙古人民出版社，2015 年。

51. 契丹（遼）的受戒儀與不空密教，（口）藤原崇仁著，姚義田譯，遼金歷史與考古（第五輯），遼寧教育出版社，2014 年。

52. 從阜新塔營子塔看遼代懿州蕭氏家族的早期密宗信仰，陳術石，遼金歷史與考古（第三輯），遼寧教育出版社，2011 年。

53. 遼金時期的曹洞宗，賴功歐，遼金佛教研究，金城出版社，2012 年。

54. 金朝北方曹洞宗研究，馮川，中國社會科學院研究生院碩士學位論文，2015 年。

55. 金末元初萬松行秀和北傳曹洞宗，楊曾文，元代北京佛教研究，金城出版社，2013 年。

56. 金朝臨濟宗源流考，李輝，世界宗教研究，2011 年第 1 期。

57. 《禮念彌陀道場懺法》與遼金時期的淨土思潮，王公偉，遼金佛教研究，金城出版社，2012 年。

58. 遼代燕京禪宗的傳播及其特點，何孝榮，遼金元佛教研究（上）——第二屆河北禪宗文化論壇論文集，大象出版社，2012 年。

59. 禪宗在遼與西夏：以黑水城出土《解行照心圖》和通理大師《究竟一乘圓明心義》爲例，索羅寧，遼金佛教研究，金城出版社，2012 年。

60. 遼與西夏之禪宗關係：以黑水城出土《解行照心圖》爲例，索羅寧，遼金元佛教研究（上）——第二屆河北禪宗文化論壇論文集，大象出版社，2012 年。

61. 論遼元時期的華嚴禪思想之推展及其效應，陳永革，遼金元佛教研究（上）——第二屆河北禪宗文化論壇論文集，大象出版社，2012 年。

62. 宋金元「革律爲禪」運動考，黃夏年、于光，遼金元佛教研究（上）——第二屆河北禪宗文化論壇論文集，大象出版社，2012 年。

63. 略論萬松行秀的禪學思想，昌蓮，遼金佛教研究，金城出版社，2012 年。

64. 南宋・金の衰亡と禪（上）要說・中國禪思想史（29），伊吹敦，禪文化（220），2011 年。

65. 南宋・金の衰亡と禪（中）要說・中國禪思想史（30），伊吹敦，禪文化（221），2011 年。

66. 南宋・金の衰亡と禪（下之上）要說・中國禪思想史（31），伊吹敦，禪文化（222），2011 年。

67. 南宋・金の衰亡と禪（下之中）要說・中國禪思想史（32），伊吹敦，禪文化（223），2012 年。

68. 南宋・金の衰亡と禪（下之下）要說・中國禪思想史（33），伊吹敦，禪文化（224），2012 年。

69. 從糠禪到頭陀教——金元糠禪頭陀教史實新論，能仁、定明，元代北京佛教研究，金城出版社，2013 年。

70. 遼代寺院研究，王欣欣，吉林大學博士學位論文，2015 年。

71. 石刻文字所見遼代寺院考，張國慶，東北史地，2015 年第 4 期。

72. 略論遼金時期佛教在北京地區的發展，安寧，民族論壇，2014 年第 7 期。

73. 北京地區遼代佛教綜論——以石刻文字資料爲中心，孫猛，北京聯合大學學報（人文社會科學版），2013 年第 2 期。

74. 北京地區現存遼金佛教遺跡考，陳曉敏，地域性遼金史研究（第一輯），中國社會科學出版社，2014 年。

75. 遼代燕京地區佛教研究，李俊琴，河北師範大學碩士學位論文，2014 年。

76. 遼朝燕京佛教述論，何孝榮，遼金佛教研究，金城出版社，2012 年。

77. 遼朝燕京佛教述論，何孝榮，北京聯合大學學報（人文社會科學版），2012 年第 1 期。

78. 遼南京の仏教文化雑記，阿南ヴァージニア史代、渡邊健哉，アジア遊學（160），2013 年。

79. 金元時期燕京佛教史事集考，包世軒，遼金元佛教研究（上）——第二屆河北禪宗文化論壇論文集，大象出版社，2012 年。

80. 北京遼金元三朝佛教史蹟，吳夢麟，遼金元佛教研究（上）——第二屆河北禪宗文化論壇論文集，大象出版社，2012 年。

81. 北京遼金佛教遺蹤及信仰掃描，溫金玉，遼金元佛教研究（上）——第二屆河北禪宗文化論壇論文集，大象出版社，2012 年。

82. 北京宣南地區的遼金寺廟與碑刻，王崗，北京聯合大學學報（人文社會科學版），2011 年第 4 期。

83. 遼金時期燕京清水院探微，張蘊芬，北京文博文叢，2011 年第 4 輯。

84. 遼金元明時代的北京弘法寺，黃夏年，遼金佛教研究，金城出版社，2012 年。

85. 北京房山十字寺的研究及存疑，唐曉峰，世界宗教研究，2011 年第 6 期。

86. 仰山棲隱寺，馬壘，北京檔案，2011 年第 8 期。

87. 大房山與大金古刹靈峰寺，馬壘，北京檔案史料，2013 年第 3 期。

88. 遼金元時期燕趙地區佛教傳播的情況及其特點，邱昭禕，遼金元佛教研究（下）——第二屆河北禪宗文化論壇論文集，大象出版社，2012 年。

89. 遼金元時期邢州僧伽信仰初探——以邢州開元寺大聖塔的興衰歷史爲中心，翁士洋，遼金元佛教研究（下）——第二屆河北禪宗文化論壇論文集，大象出版社，2012 年。

90. 遼代河北千人邑初探，張志軍、翁士洋，遼金元佛教研究（下）——第二屆河北禪宗文化論壇論文集，大象出版社，2012 年。

91. 河北地區遼代佛塔出土文物及所反映的問題，劉建華，遼金元佛教研究（下）——第二屆河北禪宗文化論壇論文集，大象出版社，2012 年。

92. 淺談山西天鎮地區在遼代的佛教發展情況——以慈雲寺爲例，張峰，黑龍江史志，2014 年第 17 期。

93. 金代山西佛寺地理分佈研究，劉錦增，五臺山研究，2015 年第 4 期。

94. 淺析遼代上京地區佛教發展特點，陳婷婷，考試周刊，2012 年第 72 期。

95. 赤峰地區遼代、清代時期的佛教寺廟文化調查，雪蓮，赤峰學院學報（漢文哲學社會科學版），2014 年第 11 期。

96. 寧城大明塔的佛像，陳術石、佟強，中國文化遺產，2011 年第 6 期。

97. 東北地區遼代佛教的興盛探究，郭鵬，文化學刊，2015 年第 10 期。

98. 以遼寧地區為例看遼代佛教的興盛，肖忠純，蘭臺世界，2012 年第 18 期。

99. 以遼寧地區為例看遼代佛教的興盛，肖忠純，蘭臺世界，2013 年第 16 期。

100. 試述朝陽地區遼代佛教興盛的歷史原因，王冬冬，華人時刊（中旬刊），2015 年第 9 期。

101. 遼西地區遼代佛教寺塔的政治功能與社會影響，馬琳，遼寧工程技術大學學報（社會科學版），2012 年第 1 期。

102. 遼金時期東京地區渤海遺民佛教信仰初探，李智裕、苗霖霖，東北史地，2014 年第 1 期。

103. 從阜新遼塔寺遺存管窺契丹人的宗教信仰，賴寶成，職大學報，2015 年第 4 期。

104. 從金人王寂所記佛寺、高僧看遼金佛教文化的傳承，王彥力、吳鳳霞，北方文物，2014 年第 3 期。

105. 王寂二行部志中佛教史料舉隅，劉達科，江蘇大學學報（社會科學版），2014 年第 6 期。

106. 也談金代大清安禪寺的位置，王成科，遼金歷史與考古（第五輯），遼寧教育出版社，2014 年。

107. 遼延昌寺塔佛教文物產地探源，王志華，遼金歷史與考古（第三輯），遼寧教育出版社，2011 年。

108. 朝陽市遼金佛教文物資源概述，王冬冬、邱成剛，遼金歷史與考古國際學術研討會論文集（下），遼寧教育出版社，2012 年。

109. 北塔発現文物に見る 11 世紀遼西の仏教的諸相，藤原崇人，関西大學東西學術研究所紀要（44），2011 年 4 月。

110. 요나라 조양북탑 사리공과 진언종 여법존승법의 기원，金延美，미술사와 시각문화 10，2011。

111. 從興城白塔峪塔看遼代佛教的密顯圓通思想，陳術石、佟強，北方文物，2012 年第 2 期。

112. 興城白塔峪塔地宮銘刻與遼代晚期佛教信仰，陳術石、佟強，遼金歷史與考古（第四輯），遼寧教育出版社，2013 年。

113. 由佛教遺存看佛教文化在金上京的傳播，韓鋒，邊疆經濟與文化，2012 年第 1 期。

114. 遼代經幢及其宗教功能——以石刻資料爲中心，張國慶，北方文物，2011 年第 2 期。

115. 遼代高僧非濁の行狀に関する資料考（一）：『奉福寺仏頂尊勝陀羅尼幢記』について，李銘敬，成城國文學論集（34），2011 年 3 月。

116. 從經幢看遼代佛教發展的時段性特徵，王姍姍，赤峰學院學報（科學教育版），2011 年第 8 期。

117. 遼代佛教的舍利崇奉與供養——以石刻文字資料爲中心，張國慶，朔方論叢（第四輯），內蒙古大學出版社，2015 年。

118. 應縣佛宮寺釋迦塔舍利，唐學仕，釋迦塔遼金佛教與舍利文化，宗教文化出版社，2012 年。

119. 草海の仏教王國：石刻・仏塔文物に見る契丹の仏像，藤原崇人，アジア遊學（160），2013 年。

120. 遼代七佛造像研究——以遼寧義縣奉國寺大雄殿七佛爲中心，于博，首都師範大學碩士學位論文，2013 年。

121. 大同佛教造像的民族性格，楊俊芳，美術大觀，2013 年第 7 期。

122. 遼代佛教造像藝術淺論，任麗俊，美術界，2014 年第 6 期。

123. 遼金時期佛教造型藝術的演化，亢楠，文學教育（下），2014 年第 11 期。

124. 遼金佛教造像的審美特點，楊俊芳，中國文房四寶，2013 年第 6 期。

125. 山西應縣佛宮寺釋迦塔遼金佛造像服飾藝術淺析，武麗、彭景躍，藝術評論，2014 年第 12 期。

126. 遼代眞寂之寺石窟佛像造型風格與契丹文化的融合研究，魏鳳嵐，東北師範大學碩士學位論文，2014 年。

127. 遼代八大靈塔的圖像特徵與出現背景，成敘永，遼金歷史與考古國際學術研討會論文集（下），遼寧教育出版社，2012 年。

128. 由八大靈塔圖像管窺遼代佛教信仰，于博，東北史地，2015 年第 5 期。

129. 從遼塔造像看密教對遼代七佛造像的影響，于博，北方文物，2015 年第 3 期。
130. 朝陽北塔浮雕圖像研究，成敘永，契丹學論集（第二輯），內蒙古人民出版社，2015 年。
131. 奉國寺「過去七佛」造像與護國思想，谷贇，齊魯藝苑，2015 年第 3 期。
132. 信仰的形象・陶瓷佛教造像之語義——東漢至遼陶瓷佛教造像，歐陽昱伶，大眾文藝，2015 年第 14 期。
133. 遼代佛像的鑒定，趙國棟，草原文物，2015 年第 1 期。
134. 金代與西夏菩薩像造型分析，齊慶媛，故宮學刊（第 11 輯），故宮出版社，2014 年。
135. 陝北宋金石窟佛教圖像的類型與組合分析，李靜傑，故宮學刊（第 11 輯），故宮出版社，2013 年。
136. 陝北宋金石窟大日如來圖像類型分析，李靜傑，故宮博物院院刊，2013 年第 3 期。
137. 延安地區宋金石窟僧伽造像考察，石建剛、高秀軍、賈延財，敦煌研究，2015 年第 6 期。
138. 本溪邊牛金代窖藏密宗法器考，姜大鵬，遼金歷史與考古（第四輯），遼寧教育出版社，2013 年。
139. 遼代的藏經與讀經，范軍，陽臺集——大覺寺歷史文化研究，北京燕山出版社，2012 年。
140. 遼代佛教刻經述略，孟亮，法音，2014 年第 7 期。
141. 《契丹藏》與高麗佛教，王德朋，蘭臺世界，2012 年第 3 期。
142. 第三種遼藏探幽，方廣錩，世界宗教研究，2015 年第 3 期。
143. 遼藏版本及《遼小字藏》存本，方廣錩，文獻，2015 年第 2 期。
144. 賴瑜における遼代仏典の受用：教判論を中心に，中村賢識，仏教文化學會紀要（22），2013 年 11 月。
145. 平家納経とその経箱：呉越國・宋・契丹の仏塔に納められた法華経と日本より，橋村愛子，美學美術史研究論集（26），2012 年。
146. 應縣木塔秘藏中的遼代講經文，杜成輝，北方文物，2012 年第 2 期。
147. 應縣木塔《大乘雜寶藏經勸善文》變文淺析，杜成輝，山西大同大學學報（社會科學版），2011 年第 4 期。

148. 應縣木塔秘藏《大乘雜寶藏經》變文研究，杜成輝，山西大同大學學（社會科學版），2012 年第 1 期。

149. 應縣木塔秘藏中的《無常經》抄本，杜成輝，蘭臺世界，2013 年第 18 期。

150. 應縣木塔所藏《入法界品》及其相關問題考論，尤李，山西檔案，2013 年第 6 期。

151. 房山雲居寺遼代刻經述略，王德朋，蘭臺世界，2014 年第 24 期。

152. 護法與盡孝道：房山石經雕刻的原動力，李尚全，遼金佛教研究，金城出版社，2012 年。

153. 《房山石經》中的遼代佛教史料，徐自強、張永強，遼金元佛教研究（上）——第二屆河北禪宗文化論壇論文集，大象出版社，2012 年。

154. 《趙城金藏》檔案文獻和保護資金捐贈國圖，馬子雷，中國文化報，2011 年 6 月 20 日第 1 版。

155. 《趙城金藏》劫波，艾方容，東西南北，2011 年第 21 期。

156. 搶運保護《趙城金藏》的真相，梁正、劉蘭祖，新湘評論，2015 年第 14 期。

157. 褪去金代孤本《趙城金藏》搶運中的傳奇色彩，趙躍飛，檔案春秋，2013 年第 2 期。

158. 遼代僧人群體研究，張琳，吉林大學碩士學位論文，2013 年。

159. 從石刻文獻論遼人出家眾多的原因，蔣武雄，（臺灣）東吳歷史學報（第 31 期），2014 年 6 月。

160. 遼代飯僧探討，王源，智富時代，2015 年第 7 期。

161. 遼代僧尼法號、師德號與「學位」稱號考——以石刻資料為中心，張國慶，民族研究，2011 年第 6 期。

162. 遼代僧尼出家「具戒」考——以石刻文字資料為中心，張國慶，浙江學刊，2011 年第 6 期。

163. 應縣木塔秘藏中的遼代戒牒，杜成輝、馬志強，山西大同大學學報（社會科學版），2015 年第 2 期。

164. 遼代高僧「杖錫」「掛錫」及相關問題探究——以石刻文字資料為中心，張國慶、陶莉，遼寧大學學報（哲學社會科學版），2011 年第 6 期。

165. 遼代僧官的俗職研究，姚遠，內蒙古農業大學學報（社會科學版），2011 年第 3 期。

166. 遼代僧官的俗職研究，姚遠，五臺山研究，2011 年第 6 期。

167. 華嚴寺文化傳承中的古代寺僧們，齊平，大同日報，2011 年 10 月 8 日第 3 版。

168. 遼代高僧思孝與覺華島，尤李，中央民族大學學報（哲學社會科學版），2012 年第 1 期。

169. 樂得苦離，邢淑蘭，佛教文化，2011 年第 5 期。

170. 無礙大師詮曉與遼代佛教，紀華傳，釋迦塔遼金佛教與舍利文化，宗教文化出版社，2012 年。

171. 無礙大師詮曉與遼代佛教，紀華傳，遼金佛教研究，金城出版社，2012 年。

172. 道殿祖師顯密思想簡論及其籍貫考，殷謙，今日湖北（中旬刊），2015 年第 5 期。

173. 通過鮮演的事跡看契丹（遼）後期政權下的學僧和佛教，（日）藤原崇仁著，姚義田譯，遼金歷史與考古（第五輯），遼寧教育出版社，2014 年。

174. 遼法均及嫡傳弟子相關史事，包世軒，遼金佛教研究，金城出版社，2012 年。

175. 法均與燕京馬鞍山的菩薩戒壇——大乘菩薩戒在契丹（遼）的流行，古松崇志著，姚義田譯，遼金歷史與考古（第三輯），遼寧教育出版社，2011 年。

176. 《俄藏黑水城文獻》中通理大師著作考，馮國棟、李輝，文獻，2011 年第 3 期。

177. 遼代僧志延對駢體文的繼承與發展，宣立品，陽臺集——大覺寺歷史文化研究，北京燕山出版社，2012 年。

178. 遼僧非濁《三寶感應要略錄》研究，邵穎濤，遼金佛教研究，金城出版社，2012 年。

179. 金代度僧制度初探，王德朋，文史哲，2014 年第 2 期。

180. 金代僧尼名號探析，王德朋，學習與探索，2014 年第 7 期。

181. 金代僧人的圓寂與安葬，王德朋，社會科學戰線，2015 年第 9 期。

182. 貓又無，爭甚狗？——萬松行秀評「南泉宰貓」，陳堅，遼金佛教研究，金城出版社，2012 年。

183. 耶律楚材的佛門淵源，葉憲允，遼金佛教研究，金城出版社，2012 年。

184. 金朝遺僧善柔考略——以《奉聖州法雲寺柔和尚塔銘》爲中心，崔紅芬，
遼金史論集（第十三輯），中國社會科學出版社，2013 年。

（四）道教

1. 試論遼朝時期道教在草原地區的傳播，李月新，赤峰學院學報（漢文哲
學社會科學版），2015 年第 9 期。

2. 遼代燕京道教初探，鄭永華，北京聯合大學學報（人文社會科學版），2013
年第 2 期。

3. 論金朝道教，陳曉敏，金戲磚影——金代山西戲曲磚雕，北京燕山出版
社，2014 年。

4. 金元道教信仰與圖像表現，劉科，中央美術學院博士學位論文，2012 年。

5. 宦南地區的金朝道觀與碑文，王崗，古籍整理研究學刊，2012 年第 1 期。

6. 金代山東全眞教發展探析，張華，吉林大學碩士學位論文，2014 年。

7. 金元時期延安地區道教的發展，杜林淵、丁強強，宗教學研究，2014 年
第 2 期。

8. 金元時期河南全眞教的傳播研究，李曉豔，山東大學碩士學位論文，
2014 年。

9. 全眞教與女眞和蒙古統治集團之關係探析，李洪權，陝西師範大學學報
（哲學社會科學版），2012 年第 5 期。

10. 金元時期全眞道教派活動研究，史多遊，蘭州大學碩士學位論文，2014 年。

11. 金元全眞道的「全眞而仙」思想研究，王昊，河南大學碩士學位論文，
2012 年。

12. 全眞道三教合一的理論特徵，韓星，蘭州大學學報（社會科學版），2011
年第 5 期。

13. 漢文化作爲他者——以金元儒家與全眞教的關係爲例，申喜萍，孔子研
究，2015 年第 5 期。

14. 錘呂傳說與金代全眞教的譜系建構，吳光正、王一帆，全眞道研究（第
四輯），齊魯書社，2015 年。

15. 全眞道與禪宗心性思想比較，聶清，全眞道研究（第四輯），齊魯書社，
2015 年。

16. 全眞道「先性後命」的內外因，黃鴻文，（臺灣）中國學術年刊（第 33 期），2011 年 9 月。

17. 論金元全眞道「性命雙修」的內在意涵，張莞苓，（臺灣）思辨集（第 14 期），2011 年 3 月。

18. 金元全眞教女冠研究，劉通，渤海大學碩士學位論文，2014 年。

19. 女性視角下的全眞教修道觀，夏當英，安徽大學學報（哲學社會科學版），2011 年第 6 期。

20. 略論全眞教教徒的詩學觀，胡傳志，江蘇大學學報（社會科學版），2012 年第 5 期

21. 論全眞音樂機制與全眞道士的詩詞藝術，于東新，中央民族大學學報（哲學社會科學版），2012 年第 2 期。

22. 傳統駢文體式對遼金道教文章創作的多元滲透，蔣振華，學術研究，2015 年第 3 期。

23. 論金元時期全眞教對孝道倫理的維護，李洪權，貴州社會科學，2013 年第 6 期。

24. 論金元時期全眞教的善惡觀念，李洪權，求是學刊，2013 年第 5 期。

25. 金元之際全眞教的政治參與和政治抉擇，李洪權，史學集刊，2013 年第 5 期。

26. 從康泰眞墓碑看金末元初全眞道教在遼西的傳播，徐效慧，渤海大學學報（哲學社會科學版），2013 年第 6 期。

27. 《康泰眞碑》探微──兼論金元之際全眞道在東北地區的傳播與發展，汪桂平，全眞道研究（第三輯），齊魯書社，2013 年。

28. 多重視野下的西方全眞教研究，張廣保，中國史研究動態，2011 年第 1 期。

29. 王重陽和全眞七子的眞面目，馮永軍，東方早報，2013 年 5 月 5 日第 8 版。

30. 淺論王喆創建全眞教的歷史背景，王長喜，商業文化（上半月），2011 年第 6 期。

31. 王處一全眞思想研究，王文文，南京大學碩士學位論文，2013 年。

32. 王重陽得中思想探析，呂昂，商丘師範學院學報，2013 年第 8 期。

33. 全眞道祖師王重陽的眞性思想與儒、佛會通，鄭素春，（臺灣）輔仁宗教研究（第 13 卷第 1 期），2012 年 9 月。

34. 身患、無身、眞身及等觀一切——王重陽對老子「身體」說的體證及發展，蕭進銘，全眞道研究（第四輯），齊魯書社，2015 年。

35. 塵睛、道眼及認知功能的轉化——王重陽密契主義知識論的重構，蕭進銘，（臺灣）成大宗教與文化學報（第 18 期），2012 年 7 月。

36. 王喆及其詞作研究，虞晨，山西師範大學碩士學位論文，2013 年。

37. 馬鈺之摒棄塵累探析，王玲、張強，名作欣賞，2011 年第 11 期。

38. 全眞道龍門派始祖丘處機與道教的中興，佟洵，北京聯合大學學報（人文社會科學版），2014 年第 4 期。

39. 丘處機與全眞道教團管理制度的創建和成熟，鍾海連，學海，2011 年第 3 期。

40. 全眞道士丘處機的生命觀與宗教實踐，鄭素春，（臺灣）輔仁宗教研究（第 12 卷第 2 期），2012 年 3 月。

41. 丘處機《攝生消息論》中的養生理念，章原，中國道教，2015 年第 1 期。

42. 粹之以易象，廣之以禪悅——試論郝大通暨其弟子「全眞心性論」的修養工夫，張曉芬，（臺灣）通識教育學報（第 1 期），2011 年 6 月。

43. 郝大通《易》圖學中的內丹思想，王詩評，（臺灣）孔孟學報（第 90 期），2012 年 9 月。

44. 尹志平及其全眞道思想研究，侯照民，山東師範大學碩士學位論文，2011 年。

45. 全眞道士尹志平（1169~1251）的宗教實踐，鄭素春，輔仁宗教研究（11 卷第 2 期），2011 年 3 月。

46. 祁志誠全眞道思想探究，王雲燕，山東師範大學碩士學位論文，2011 年。

47. 劉通微及其《清靜經頌注》思想初探，丁培仁，商丘師範學院學報，2012 年第 10 期。

（五）伊斯蘭教

1. 遼金元時期呼和浩特地區的回回人與伊斯蘭教的傳入，馬寧，內蒙古統戰理論研究，2011 年第 3 期。

2. 金代伊斯蘭教初探，陳廣恩、黃橙華，北方民族大學學報（哲學社會科學版），2011 年第 3 期。

十三、科學技術

（一）概論

1. 淺析遼代農業科學發展狀況，夏宇旭，安徽農業科學，2011 年第 14 期。
2. 金代的科技成就及其歷史地位，李玉君，中國社會科學報，2013 年 3 月 27 日 A06 版。
3. 三晉地區宋遼金元時期的農具，胡澤學，當代農機，2011 年第 7 期。
4. 對山西屯留宋村金代墓葬壁畫所繪農具的分析，史曉雷，文物世界，2011 年第 1 期。
5. 我國至晚在金代初年已經出現砘車，史曉雷，中國科技史雜誌，2011 年第 3 期。
6. 遼金西夏金屬製品設計史料研究，李春波，湖南工業大學碩士學位論文，2013 年。

（二）醫學

1. 論遼代醫藥及疾病治療，于新春、孫昊，北方文物，2013 年第 4 期。
2. 史籍與考古所見遼代藥物考，李浩楠，唐山師範學院學報，2015 年第 6 期。
3. 略論金代醫藥與疾病治療，于新春、孫昊，蘭臺世界，2013 年第 33 期。
4. 遼金「外科手術刀」見證一段醫學史，衣曉峰、靳萬慶，中國中醫藥報，2012 年 8 月 13 日第 8 版。
5. 宋金時期河北路疫病的流行與防治，韓毅，保定宋遼歷史文化遺產及其開發研究，河北大學出版社，2015 年。

6. 金元時期醫學流派發展的歷史反思，溫長路，環球中醫藥，2011 年第 1 期。

7. 淺析宋金元時期的中醫門戶流變，張婕，學理論，2013 年第 3 期。

8. 金元時代における儒醫の展開について，谷口綾，東方宗教（121），2013 年。

9. 宋明理學對金元明清醫學發展的影響，譚春雨，中國中醫基礎醫學雜誌，2013 年第 12 期。

10. 宋金元時期方劑學發展特點探討，李成文、馬豔春、王琳，中華中醫藥雜誌，2011 年第 3 期。

11. 金元社會醫療的貢獻力量及宗教文化特色，張稚鯤，西北民族大學學報（哲學社會科學版），2015 年第 6 期。

12. 內源性醫學在金元時期的發展——金元四大醫家與全真七子，魏慧，首都食品與醫藥，2015 年第 23 期。

13. 金元時期藥性組方理論簡析，王燁燃、王萍，遼寧中醫雜誌，2015 年第 7 期。

14. 金元時期至清代內治甲狀腺疾病主要中藥聚類分析，王學妍、李明哲、王士彪、楊宇峰、石岩、高天舒，中華中醫藥學刊，2015 年第 5 期。

15. 金元時期疫病證治初探，李董男，湖北中醫藥大學學報，2012 年第 1 期。

16. 漢至金元時期方書中止痛方劑的研究，李明，中國中醫科學院碩士學位論文，2012 年。

17. 金元醫家藥性理論文獻研究，杜鵑，山東中醫藥大學博士學位論文，2012 年。

18. 芻議金元以降學術爭鳴中的「補偏救弊」，馬傑、嚴世芸，中醫雜誌，2012 年第 9 期。

19. 宋金元傷寒學發表攻裏治法形成、擴大與消解的歷史考察，李成衛，中國中醫基礎醫學雜誌，2012 年第 3 期。

20. 宋金元時期中醫養生學發展特點分析，張玉輝、杜松，中國中醫基礎醫學雜誌，2013 年第 8 期。

21. 情志過極，非藥可愈——試論金元明清的「以情勝情」療法，陳秀芬，（臺灣）新史學（25 卷 1 期），2014 年 3 月。

22. 金朝的移民和酒與醫之關係——兼論河間寒涼派的起源，王廣軍、石學敏，中醫藥文化，2011 年第 1 期。

23. 金元四大家，鄭波，家庭醫藥，2013 年第 4 期。

24. 金元四大家補益觀，趙潔、戴慎，吉林中醫藥，2015 年第 12 期。

25. 金元四大家論消渴之治療理論框架，張世超、石岩、楊宇峰，中醫藥導報，2015 年第 21 期。

26. 金元四大家對經方 50 味常用藥物的臨床用量研究，宋延強，北京中醫藥大學博士學位論文，2011 年。

27. 金元四大家擇時用藥經驗和思想文獻整理研究，王亞旭，北京中醫藥大學碩士學位論文，2015 年。

28. 「金元四大家」刺絡瀉血療法研究探析，胡明德，北京中醫藥大學碩士學位論文，2013 年。

29. 金元四大家婦科學術思想，張娟，中醫臨床研究，2012 年第 3 期。

30. 金國的八白散令你面白如玉，張楠，求醫問藥，2013 年第 5 期。

31. 易水學派張元素，趙子昂，開卷有益（求醫問藥），2014 年第 2 期。

32. 張元素生平之補正及學術思想的探討，吳昊天，北京中醫藥大學碩士學位論文，2014 年。

33. 張元素醫學思想及臨證經驗探析，楊麗莎、王彤，北京中醫藥大學學報（中醫臨床版），2011 年第 2 期。

34. 金代醫家張元素組方思想的研究，盛勵，北京中醫藥大學碩士學位論文，2011 年。

35. 易水開山張元素的臟腑辯證，張軼暉、董尚樸，赤峰學院學報（自然科學版），2011 年第 1 期。

36. 劉完素醫易思想初探，姚春鵬、姚丹，周易研究，2011 年第 2 期。

37. 氣候因素對劉完素學術思想的影響，劉舟、張衛華、范東華，陝西中醫學院學報，2014 年第 6 期。

38. 論劉完素對氣化理論的認識與發揮，陳曦，中國中醫基礎醫學雜誌，2012 年第 4 期。

39. 劉完素《三消論》中「腎本寒，虛則熱」之我見，霍炳傑、常靚、劉羽、李梅，中國中醫基礎醫學雜誌，2015 年第 12 期。

40. 劉完素宣明論方內經六十二病證之病機理論研究，陳貞如、陳立德、陳榮洲，（臺灣）中西整合醫學雜誌（第 15 卷第 1 期），2013 年 3 月。

41. 李東垣倡風藥應用學術思想述要，張眞全，西部中醫藥，2012 年第 2 期。

42. 談李東垣的養生思想，劉友章、王京芳、郭亞蕾，遼寧中醫雜誌，2012 年第 3 期。

43. 基於數據挖掘金代名醫李東垣治療脾胃病用藥思路探討，劉新發、李廷保、井小會，中醫研究，2013 年第 10 期。

44. 趙獻可對易水學派的貢獻，安豔秋，中醫研究，2011 年第 6 期。

45. 淺談張從正的補益觀，畢穎斐，四川中醫，2011 年第 1 期。

46. 張從正：亂補是「以糧資寇」，魯灣，科學養生，2011 年第 5 期。

47. 論《正續一切經音義》病證名兼考「癲癇」「痰飲」，王育林、李嬰華、于雷，北京中醫藥大學學報，2011 年第 3 期。

48. 《黃帝內經》對張子和學術思想的影響，李萍，吉林中醫藥，2012 年第 2 期。

49. 張子和燥證辨治淺析，燕少恒，河南中醫，2013 年第 1 期。

50. 張子和藥邪致病論及兒科臨床，黃裕華、孫小琴、姜潤林，四川中醫，2014 年第 11 期。

51. 以情勝情治怪病——張子和激怒治病，張效霞、莫芳芳，家庭中醫藥，2014 年第 11 期。

52. 張子和「因驚風搐」案分析，葛慶濤、張慶祥，山東中醫雜誌，2014 年第 11 期。

53. 張子和的運氣病機學說，劉派、歐陽亞萍、陳昊、張野、蘇穎，吉林中醫藥，2014 年第 8 期。

54. 張子和對仲景汗吐下三法學術思想的繼承與發展，郭玉娜，北京中醫藥大學碩士學位論文，2014 年。

55. 張從正汗、吐、下三法臨床運用驗案分析，胡方林，中醫藥信息，2014 年第 5 期。

56. 張子和醫學心理學思想淺析，高娟、李衍鵬，現代交際，2015 年第 5 期。

57. 張子和中醫心理思想探討，張冰、杜漸，中國中醫基礎醫學雜誌，2015 年第 12 期。

58. 對張子和及其《儒門事親》的考辨，溫長路，光明中醫，2012 年第 1 期。

59. 元中統三年刻本《儒門事親》的文獻價值，蘇春梅，蘭州學刊，2011 年第 10 期。

60. 首都圖書館藏明嘉靖刻本《儒門事親》考，李雄飛、郭瓊，中國典籍與文化，2013 年第 2 期。

61. 《儒門事親》的文學淵源，蘇春梅，黑龍江社會科學，2011 年第 4 期。

62. 淺析《儒門事親》中舟車丸治「濕形」，段雷，河南中醫，2014 年第 2 期。

63. 從《儒門事親》醫案論中醫情志病治療，田丙坤，時珍國醫國藥，2014 年第 11 期。

64. 《儒門事親》「內傷形」中情志療法的應用，段雷、郭錦晨、汪偉，中醫學報，2014 年第 11 期。

65. 因時制宜在《儒門事親》的應用，王非、郭育汝，江西中醫藥，2015 年第 2 期。

66. 張子和《儒門事親》治法理論基礎及應用探析，卜立群、張引強、王萍、唐旭東，北京中醫藥，2015 年第 6 期。

67. 《儒門事親》對《黃帝內經》因勢利導思想的繼承和發展，郭育汝，黑龍江中醫藥大學碩士學位論文，2015 年。

68. 《儒門事親》整理實踐與非通用字形的處理，工曉琳，中醫文獻雜誌，2015 年第 5 期。

（三）天文曆法

1. 古籍整理中過度依賴傳統曆譜的問題——以《遼史》朔閏為例，邱靖嘉，文獻，2015 年第 6 期。

2. 《遼史》所見祖沖之《大明曆》文獻價值發覆，邱靖嘉，契丹學論集（第一輯），內蒙古人民出版社，2015 年。

3. 《遼史》、《金史》中的老人星，何慕，宋史研究論叢（第 15 輯），河北大學出版社，2014 年。

4. 肅慎族系的天文曆法源流，楊淑輝、張妍，咸陽師範學院學報，2015 年第 4 期。

十四、歷史地理

（一）概論

1. 遼金時期部份地理名稱與今地對照表，關伯陽，金上京文史論叢（第四輯），黑龍江人民出版社，2013 年。

2. 尋見祥符九域圖——宋遼金元正史中的地圖故事，范俊劼，中國測繪，2014 年第 6 期。

3. 遼代松漠地理環境研究，楊福瑞，赤峰學院學報（漢文哲學社會科學版），2012 年第 2 期。

4. 文獻反映的遼代西遼河流域的氣候等自然環境狀況，滕海鍵，蘭臺世界，2013 年第 15 期。

5. 論遼代契丹人對野生動物資源的保護，夏宇旭，安徽農業科學，2012 年第 31 期。。

6. 遼代遼寧地區城市發展考論，肖忠純，遼金史論集（第十二輯），吉林大學出版社，2012 年。

7. 遼代奚境變遷考論，畢德廣，中國邊疆史地研究，2014 年第 3 期。

8. 阿保機之「龍眉宮」及相關問題淺談，葛華廷，遼金歷史與考古（第五輯），遼寧教育出版社，2014 年。

9. 金代女真人生存環境述略，夏宇旭，滿族研究，2014 年第 1 期。

10. 宋金時期黃河下游自然環境與人口變遷關係初探，蘇兆翟，傳承，2011 年第 5 期。

11. 金中都地區軍事地理研究，姜賓，首都師範大學碩士學位論文，2011 年。

12. 二卷被忽視的宋金交聘圖文研究，周立志，中國歷史地理論叢，2012 年第 4 期

13. 曷懶甸的地理位置及區域辨析，關伯陽，東北史研究，2013 年第 3 期。

14. 曷懶甸的地理位置及區域辨析，關伯陽，金上京文史論叢（第四輯），黑龍江人民出版社，2013 年。

15. 「行部志」與東北地區的人文地理，葛超，華章，2014 年第 11 期。

16. 《遼東行部志》所涉部份女眞營寨地望研究，周向永，遼金歷史與考古（第五輯），遼寧教育出版社，2014 年。

17. 「沙崗子」不是大金國相「撒改」之諧音——對伊春金山屯橫山存疑地名試解析，陳士平，黑龍江史志，2014 年第 24 期。

（二）地方行政建置

1. 河北區域一級行政區劃的演變——以唐、北宋、遼時期爲例，孫斌，石家莊職業技術學院學報，2013 年第 5 期。

2. 遼宋夏金時期鄂爾多斯高原的行政建制，保宏彪，西夏研究，2014 年第 3 期。

3. 關於唐\遼時期黑龍江政區地理研究的幾點回顧，王昊，世紀橋（理論版），2012 年第 3 期。

4. 契丹遼朝在遼瀋地區的行政管理考略，張國慶，朔方論叢（第三輯），內蒙古大學出版社，2013 年。

5. 小議遼代的「道」，何畏，金田，2012 年第 4 期。

6. 論遼朝南京路建制，胡江川，黑龍江史志，2015 年第 5 期。

7. 契丹建國前城邑建置考論，呂昕娛、楊福瑞，北方文物，2011 年第 4 期。

8. 歷史地理視角下的遼代城市研究，王淑蘭，東北師範大學博士學位論文，2011 年。

9. 契丹遼朝州縣行政管窺，王明前，遼寧教育行政學院學報，2014 年第 1 期。

10. 遼朝地方州縣行政區劃體系的形成及其特點，楊福瑞，宋史研究論叢（第十二輯），河北大學出版社，2011 年。

11. 遼朝州縣制行政區劃的形成與松漠人文環境的變遷，楊福瑞，遼金史論集（第十三輯），中國社會科學出版社，2013 年。

12. 論遼代草原地區城市群體的特點——以上京道城市為例，王淑蘭、韓賓娜，中南大學學報（社會科學版），2011 年第 1 期。

13. 遼代五京建置研究，姜含，遼寧大學碩士學位論文，2011 年。

14. 遼代五京與道級政區析疑，何天明，（韓國）北方文化研究（第 6 期），2015 年 12 月。

15. 遼朝在不同時期設立的「中京」及其相關問題探討，袁剛、李俊義，赤峰學院學報（漢文哲學社會科學版），2013 年第 7 期。

16. 遼朝興中府的設置，任仲書，遼金史論集（第十二輯），吉林大學出版社，2012 年。

17. 「遼興府」存廢新探，孫建權，契丹學論集（第二輯），內蒙古人民出版社，2015 年。

18. 遼代頭下軍州若干問題探討，何天明，北方文物，2011 年第 1 期。

19. 遼代頭下州軍與中原分封制比較研究，陳凱軍，洛陽師範學院學報，2012 年第 9 期。

20. 遼代頭下軍州城的城市形態，王明蓀，（臺灣）史學彙刊（第 31 期），2013 年 6 月。

21. 《亡遼錄》與《遼史・地理志》所載節鎮州比較研究，曹流，首屆中國民族史研究生論壇論文集，中央民族大學出版社，2011 年。

22. 遼代顯州的建置及其政治、軍事地位，吳鳳霞，內蒙古社會科學（漢文版），2011 年第 2 期。

23. 遼代瀋州屬下未辨三縣文獻與考古學探證，王綿厚，遼金歷史與考古（第三輯），遼寧教育出版社，2011 年。

24. 遼代錦州城市建置與區域經濟文化的發展，任仲書、高玉平，東北史地，2014 年第 4 期。

25. 遼代白川州沿革及其經濟文化發展，任仲書、洪嘉璐，渤海大學學報（哲學社會科學版），2014 年第 6 期。

26. 中國北方城市行政管理制度的演變——兼論金代的地方行政區劃，韓光輝、魏丹、王亞男，城市發展研究，2012 年第 7 期。

27. 金代行政路制研究，孫佳，吉林大學博士學位論文，2014 年。

28. 金代轉運司路研究，康鵬，隋唐遼宋金元史論叢（第二輯），上海古籍出版社，2012 年。

29. 金熙宗以來地方行政路考論，孫佳，史學集刊，2012 年第 2 期。

30. 金朝後期陝西行省考，賈傑、楊清華、顧玉順，鞍山師範學院學報，2012 年第 1 期。

31. 金朝京府州縣司制度述論，李昌憲，中國史研究，2012 年第 3 期。

32. 金朝府制略論，孫佳，社會文化史學（55），2012 年 3 月。

33. 《金史・地理志》城市行政建制疏漏及補正研究，韓光輝、魏丹、何文林，地理學報，2012 年第 10 期。

34. 金代北京路地區研究，寧波，吉林大學博士學位論文，2014 年。

35. 路下屬路，是路非路——金代蒲與路行政級別研究，綦岩，大慶師範學院學報，2013 年第 1 期。

36. 「黃龍府」若干問題述論，姜雅迪，長春師範大學學報，2014 年第 8 期。

37. 金代「石州」考辨，陳曉偉，北方文物，2015 年第 4 期。

38. 金元之際「十道」變遷考論——兼論元代腹裏地區的形成，溫海清，中國史研究，2011 年第 3 期。

（三）疆域

1. 北宋對遼、金和戰疆界變遷，孫斌、李寧，黑龍江史志，2013 年第 23 期。

2. 夏遼邊界問題再討論，許偉偉、楊浣，西夏研究，2013 年第 1 期。

3. 夏遼邊界問題的再討論，許偉偉、楊浣，契丹學論集（第一輯），內蒙古人民出版社，2015 年。

4. 宋遼夏金政權在鄂爾多斯高原地區的疆界變遷，陸瑤，陝西師範大學碩士學位論文，2014 年。

（四）都城

1. 遼上京的發現及其遺址的確定，王未想，遼上京文化遺產（總第 2 期），2011 年 9 月 30 日。

2. 感悟上京話臨潢，葛華廷，遼上京文化遺產（總第 1 期），2011 年 7 月 1 日。

3. 赤峰市國家級重點文物保護單位——遼中京遺址簡介，孫國軍，赤峰學院學報（漢文哲學社會科學版），2011 年第 3 期。

4. 奈良大學創立40週年記念事業 平成21年度總合研究所特別研究概要報告モンゴル遼代城郭都市の構造と環境変動——モンゴル國チントルゴィ遺跡2009年調查報告，千田嘉博，總合研究所所報（19），2011年。

5. 奈良大學創立40週年記念事業 平成22年度總合研究所特別研究概要報告モンゴル遼代城郭都市の構造と環境変動 モンゴル國チントルゴィ城郭都市遺跡2010年調查報告，千田嘉博，總合研究所所報（20），2012年。

6. モンゴル遼代城郭都市の構造と環境変動 2011年度調查成果報告，千田嘉博，總合研究所所報（21號），2013年3月。

7. 契丹國（遼朝）の都城・城郭遺跡，武田和哉，歷博（167 號），2011年7月。

8. 北京的遼代古城遺跡，侯曉晨，科學大觀園，2011年第8期。

9. 金上京城址發現與研究，趙永軍，北方文物，2011年第1期。

10. 世界文明瑰寶 輝煌歷史見證：記遼代都城與皇陵，陳永志，內蒙古畫報，2012年第1期。

11. 西遼河流域的古代都市——遼上京臨潢府（上），王禹浪，哈爾濱學院學報，2012年第7期。

12. 西遼河流域的古代都市——遼中京大定府（下），王禹浪、劉加明，哈爾濱學院學報，2012年第9期。

13. 遼上京的地位和作用，王玉亭，遼上京文化遺產（總第3期），2012年5月30日。

14. 遼中京衰落的過程及原因，趙永勝，赤峰學院學報（漢文哲學社會科學版），2012年第7期。

15. 再論北宋與金代開封皇宮的幾個問題，李合群、劉書芳，華夏考古，2012年第4期。

16. 金代司天台位置考，姚傳森、陳曉，廣西民族大學學報（自然科學版），2012年第3期。

17. 遼代皇都上京城遺址，張森，內蒙古畫報，2013年第4期。

18. 遼上京與粟特文明，岳東，內蒙古農業大學學報（社會科學版），2013年第5期。

19. 遼上京和遼中京之政治地位，劉鳳翥，遼金史研究通訊，2012～2013 合刊。

20. 遼中京大定府の成立：管轄下の州県城から，高橋學而，アジア遊學（160），2013 年。

21. 遼南京休閒景觀研究，吳承忠、田昀，邯鄲學院學報，2013 年第 4 期。

22. 金朝第一都——上京會寧府，黃澄、李士良，金上京文史論叢（第四輯），黑龍江人民出版社，2013 年。

23. 金上京都城祭天壇、社稷壇考究，才大泉，華章，2013 年第 12 期。

24. 從金上京到燕京中華民族的歷史大跨越，王大爲、單麗麗，金上京文史論叢（第四輯），黑龍江人民出版社，2013 年。

25. 金中都的歷史地位，宋德金，白山・黑水・海東青——紀念金中都建都 860 週年特展，文物出版社，2013 年。

26. 古都北京建都 860 週年有感——兼論「金源文化」，齊心，白山・黑水・海東青——紀念金中都建都 860 週年特展，文物出版社，2013 年。

27. 海陵王遷都燕京營建金中都——紀念北京建都 860 週年，齊心，北京文史，2013 年第 4 期。

28. 金中都是宣南文化的源頭，許立仁，北京文史，2013 年第 4 期。

29. 金中都譜寫北京皇家園林的嶄新篇章，高大偉，北京文史，2013 年第 4 期。

30. 歷史爲什麼 選擇金中都——簡論金中都的歷史地位及意義，吳文濤，北京文史，2013 年第 4 期。

31. 金遷都燕京與中都城市行政管理機構——警巡院，韓光輝、王洪波、劉偉國，北京文史，2013 年第 4 期。

32. 金中都的建設與老北京的傳統文化，趙書，北京文史，2013 年第 4 期。

33. 金中都建設與老北京傳統文化，趙書，北京觀察，2013 年第 4 期。

34. 金中都有多少個城門？任國徵，光明日報，2013 年 8 月 26 日第 15 版。

35. 北京建都從宣南開始，周係皂，北京檔案，2013 年第 10 期。

36. 860 年北京，歲月帶不走的民族印記，中和，中國民族報，2013 年 10 月 18 日第 7 版。

37. 金中都再認識，王世仁，西城追憶，2013 年第 4 期。

38. 遼代究竟有幾個都城？劉建新，中學歷史教學，2014 年第 9 期。

39. 試論遼朝京城體系演變過程與特點問題，孫偉祥，東北亞研究論叢（第七輯），東北師範大學出版社，2014 年。

40. 大遼皇都契丹祖庭，王冀中、劉繼興，旅遊時代，2014 年第 4 期。

41. 遼上京、遼中京遺址述略，張瑞傑，赤峰學院學報（漢文哲學社會科學版），2014 年第 2 期。

42. 遼上京周邊地區遼代城址聚落初探，馬小飛，中國社會科學院研究生院碩士學位論文，2014 年。

43. 金代詩人筆下的遼上京故地風貌，張興國、于靜波，大眾考古，2014 年第 11 期。

44. 金代瓊華島再考——兼與李文輝先生商榷，鄭永華，北京社會科學，2014年第 4 期。

45. 金朝遷都燕京與中都城市行政管理機構研究，韓光輝、王洪波、劉偉國，三門峽職業技術學院學報，2014 年第 1 期。

46. 《金中都再認識》讀後，于德源，北京文博文叢，2014 年第 1 輯。

47. 金中都之歷史地位與特殊貢獻，邸永君，北京文史，2014 年第 2 期。

48. 金中都的歷史地位及作用，吳文濤，北京文史，2014 年第 4 期。

49. 金中都文化對元大都之影響，邸永君，北京文史，2014 年第 4 期。

50. 金中都與女真文化縱論，邸永君，滿族研究，2014 年第 3 期。

51. 金會寧府築城研究，于鑫，黑龍江大學碩士學位論文，2015 年。

52. 汴京元素對古代北京的影響，程民生，史學集刊，2015 年第 1 期。

53. 金中都城市佈局復原的歷史回顧，丁力娜，中國文物報，2015 年 6 月 19 日第 6 版。

54. 從金中都到元大都——紀念金中都建立 860 週年，景愛，東北史研究，2015 年第 1 期。

55. 金朝京都相關問題研究，吳煥超，河北大學碩士學位論文，2015 年。

（五）城址

1. 遼、宋、西夏、金築城述略，土茂華，保定宋遼歷史文化遺產及其開發研究，河北大學出版社，2015 年。

2. 遼代早期漢城的社會影響，李月新，內蒙古民族大學學報，2012 年第 4 期。

3. 遼代早期漢城的社會影響，李月新，契丹學論集（第一輯），內蒙古人民出版社，2015 年。

4. 唐至遼代桑乾河流域城市的發展與分佈，孫靖國，黃河文明與可持續發展，2013 年第 2 期。

5. 論河北的遼金元時期城址，黃信，文物世界，2012 年第 6 期。

6. 河北北部遼金城址的發現與研究，黃信，金上京文史論叢（第四輯），黑龍江人民出版社，2013 年。

7. 河北陽原舊城遺址考，常文鵬，文物春秋，2012 年第 4 期。

8. 遼金元時期大同府一城雙縣考，李昌、李晟、李昱，山西社會主義學院學報，2013 年第 1 期。

9. 內蒙古遼代城址研究，魏孔，遼金歷史與考古（第四輯），遼寧教育出版社，2013 年。

10. 內蒙古遼代物質文化遺產資源研究與利用──以城址與墓葬為例，唐彩霞，山東大學博士學位論文，2014 年。

11. 內蒙古東南部遼代城址的分類及研究初識，畢顯忠，中國人民大學考古學科建立十週年紀念文集：北方民族考古（第 1 輯），科學出版社，2014 年。

12. 赤峰市巴林左旗、阿魯科爾沁旗境內遼代城鎮遺址及其特點，張瑞傑，赤峰學院學報（漢文哲學社會科學版），2013 年第 12 期。

13. 遼代饒州城址相關問題，李非，赤峰學院學報（漢文哲學社會科學版），2014 年第 1 期。

14. 遼代上京道烏州考，劉喜民，地域性遼金史研究（第一輯），中國社會科學出版社，2014 年。

15. 憑弔契丹第一城──龍化州，王炯亮，老年世界，2014 年第 7 期。

16. 西遼河平原遼代城鄉聚落的選址依據──以「福巨城址區域」為例，李鵬，東北史地，2012 年第 6 期。

17. 內蒙古通遼市腰伯吐古城調查，李鵬、邰新河，北方文物，2012 年第 4 期。

18. 12～13 世紀金桓州元上都的環境變化，洪思慧，赤峰學院學報（漢文哲學社會科學版），2015 年第 52 期。

19. 遼寧地區遼、金古城的分佈概要（一），王禹浪、劉述欣，哈爾濱學院學報，2011 年第 1 期。

20. 遼寧地區遼、金古城的分佈概要（二），王禹浪、李福軍，哈爾濱學院學報，2011 年第 2 期。

21. 遼寧地區遼、金古城的分佈概要（三），王禹浪、郭叢叢，哈爾濱學院學報，2011 年第 3 期。

22. 論遼代東京道城市的來源及分佈，王淑蘭，河北北方學院學報（社會科學版），2015 年第 3 期。

23. 遼金元時期瀋陽城建變遷考，張國慶，遼寧工程技術大學學報（社會科學版），2013 年第 2 期。

24. 遼代的瀋陽叫瀋州，宋彧，遼寧日報，2015 年 2 月 6 日第 18 版。

25. 遼代瀋陽叫「瀋州」遼代「后族」葬法庫，邱宏，瀋陽日報，2012 年 1 月 2 日第 8 版。

26. 遼代瀋州應是瀋陽建城始源的源頭，關學智，瀋陽工程學院學報（社會科學版），2013 年第 3 期。

27. 遼代銀州考，周向永、陳術石，遼金歷史與考古（第四輯），遼寧教育出版社，2013 年。

28. 對《遼代銀州考》的幾點意見，劉少江，遼金歷史與考古（第四輯），遼寧教育出版社，2013 年。

29. 從城址和墓葬窺探遼代法庫，郭松雪，中國地名，2013 年第 4 期。

30. 遼睦州，成州建置考，楊森，遼金史研究，遼寧民族出版社，2013 年。

31. 遼代徽州城和遼金大戰蒺藜山地址考，羅顯明、李秀梅，遼金史研究，遼寧民族出版社，2013 年。

32. 試論遼代義州諸問題，呂昕娛，蘭臺世界，2012 年第 9 期。

33. 四面城殘碑與遼代安州，許志國，昌圖年鑒（2009～2010），遼寧民族出版社，2012 年。

34. 遼代通州考，周向永、史宇輝，遼金歷史與考古國際學術研討會論文集（上），遼寧教育出版社，2012 年。

35. 朝陽縣大青山城址略考，杜曉紅、宋豔偉，遼金歷史與考古（第五輯），遼寧教育出版社，2014 年。

36. 遼金王朝與渤海國時期吉林城鎮比較研究，楊雨舒，遼寧工程技術大學學報（社會科學版），2011 年第 5 期。

37. 延邊州遼金時期城址及其分佈情況概述，劉曉溪、姜銘、Pauline Sebillaud（史寶琳），東北史地，2015 年第 2 期。

38. 韓國遼金古城研究狀況，李秉建，中國遼夏金研究年鑒 2013，中國社會科學出版社，2015 年。

39. 莫力廟發現古城遺址 疑是遼代州城，周靜，通遼日報，2011 年 6 月 27 日第 5 版。

40. 長春州 永恒的歷史座標（上），李旭光，吉林日報，2011 年 5 月 14 日第 5 版。

41. 長春州 永恒的歷史座標（下），李旭光，吉林日報，2011 年 7 月 2 日第 8 版。

42. 金朝時期長春州、長春縣、（新）泰州的歷史作用，宋德輝，金上京文史論叢（第四輯），黑龍江人民出版社，2013 年。

43. 論科爾沁地區在遼代的重要地位——以長春州爲例，孫立梅、鞠賀，白城師範學院學報，2014 年第 6 期。

44. 通州、長春州與泰州簡析，張福有，地域性遼金史研究（第一輯），中國社會科學出版社，2014 年。

45. 遼泰州故城建築時間考，孫文政，地域性遼金史研究（第一輯），中國社會科學出版社，2014 年。

46. 城四家子古城爲遼代長春州金代新泰州，宋德輝、孟哲學，東北史研究，2012 年第 2 期。

47. 城四家子古城的興衰，宋德輝、宋美萱，東北史地，2013 年第 5 期。

48. 城四家子古城的興衰，宋德輝、宋美萱，地域性遼金史研究（第一輯），中國社會科學出版社，2014 年。

49. 遼金泰州在東北亞的歷史地位，孫文政、王碩，理論觀察，2011 年第 6 期。

50. 吉林前郭塔虎城爲金代肇州新證，彭善國，社會科學戰線，2015 年第 10 期。

51. 沿海地方における渤海と女眞の古城遺跡（「環日本海地域の歷史に関する実踐的教育」（2009 年の概要報告）——（第二回「環日本海地域の歷史」スプリングセミナー），Ivliev Alexander L.，小嶋芳孝訳，金沢學院大學紀要—文學・美術・社會學編（9），2011 年 3 月。

52. 「黃龍府」考辨，張福有，遼金歷史與考古國際學術研討會論文集（上），遼寧教育出版社，2012 年。

53. 黃龍府與古都之緣，王守雙，鄉鎮論壇，2014 年第 27 期。

54. 吉、黑二省遼金城址考察記，邱靖嘉，遼金歷史與考古（第四輯），遼寧教育出版社，2013 年。

55. 嫩江流域遼金古城的分佈與初步研究，王禹浪、郝冰、劉加明，哈爾濱學院學報，2013 年第 7 期。

56. 嫩江流域遼金古城初步研究，劉加明，大連大學碩士學位論文，2014 年。

57. 牡丹江流域遼金時期女眞築城分佈研究，王禹浪、于彭，滿族研究，2014 年第 3 期。

58. 哈爾濱城史紀元始於金代的主要依據，王禹浪，哈爾濱學院學報，2015 年第 9 期。

59. 大金國第一都的創建應定爲哈爾濱城史紀元，李士良，東北史研究，2015 年第 3 期。

60. 哈爾濱市城史紀元始於金代的三點理由，王永年、王軍，活力，2015 年第 16 期。

61. 金代北方重鎮蒲峪路城，栗紅，黑龍江史志，2012 年第 3 期。

62. 蒲與路故城的考古學觀察，孫文政、祁麗，東北史地，2013 年第 4 期。

63. 蒲與路故城的考古學觀察，孫文政，金上京文史論叢（第四輯），黑龍江人民出版社，2013 年。

64. 蒲與路金代北部邊疆的地理座標，王大爲、單麗麗，黑龍江史志，2013 年第 21 期。

65. 蒲與路金代北部邊疆的地理座標，單麗麗、王大爲，金上京文史論叢（第四輯），黑龍江人民出版社，2013 年。

66. 淺談克東縣金代蒲峪路古城發掘，齊鑫，黑龍江史志，2013 年第 23 期。

67. 從遼金時期古城出土文物看當時文化發展狀況，郭虹，群文天地，2013 年第 2 期。

68. 齊齊哈爾地名及城市沿革，王天蛟，理論觀察，2013 年第 5 期。
69. 源於金代龐葛的齊齊哈爾地名及城市沿革，傅惟光，東北史研究，2013 年第 3 期。
70. 金代的「龐葛」不是清代的「卜奎村」元代的「吉塔」不是清代的「齊齊哈」，陳士平，黑龍江史志，2014 年第 22 期。
71. 金代的「龐葛」不是清代的「卜奎村」元代的「吉塔」不是清代的「齊齊哈」，陳士平，東北史研究，2015 年第 2 期。
72. 賓縣古城遺址簡況，聶晶，黑龍江史志，2013 年第 4 期。
73. 依蘭遼金古城遺存的特徵，王建軍、胡殿君、廖懷志，金上京文史論叢（第四輯），黑龍江人民出版社，2013 年。
74. 徽、欽二帝金國行宮考，那海洲、張相和、郭長海，金上京文史論叢（第四輯），黑龍江人民出版社，2013 年。
75. 黑龍江省哈爾濱市方正縣黑河口古城遺址調查，趙微，黑龍江史志，2013 年第 21 期。
76. 五國城址新探，于永奎，東北史研究，2014 年第 4 期
77. 五國城城名考釋，王曉靜，雞西大學學報，2015 年第 7 期。
78. 肇源縣遼金古城遺址考察，程加昌，大慶社會科學，2014 年第 4 期。
79. 探究綏濱中興金代古城和墓群，王維娜，黑龍江史志，2014 年第 1 期。
80. 金源內地雙城堡，那正俊，東北史研究，2014 年第 2 期。
81. 淺談雙城境內古城，陳勇，黑龍江史志，2013 年第 21 期。
82. 簡論八里城遺址歷史沿革及價值，姜振波，黑龍江史志，2013 年第 11 期。
83. 蒙古國遼代城址的初步研究，巴圖，吉林大學碩士學位論文，2012 年。
84. 蒙古國土拉何流域的契丹古城，雪蓮，契丹學論集（第一輯），內蒙古人民出版社，2015 年。

（六）長城

1. 遼代「鎮東海口」長城，董成、周旭，旅遊縱覽（下半月），2012 年第 10 期。
2. 哈思罕關建築年代及相關問題的再探討，張志成、丁岩、劉金友，遼金歷史與考古國際學術研討會論文集（上），遼寧教育出版社，2012 年。
3. 再論金長城，彭占傑，東北史研究，2012 年第 2 期。

4. 金長城文化研究，王怡，黑龍江史志，2011 年第 5 期。

5. 塞外雄關萬里長城，付惟光、莊麗華，東北史研究，2011 年第 1 期。

6. 金代萬里長城——中華民族文化的傳承，趙海平、傅惟光，理論觀察，2015 年第 9 期。

7. 北魏長城與金界壕對比研究，張蔚，東北史地，2012 年第 6 期。

8. 嶺北金界壕修築時代初析，長海，草原文物，2013 年第 1 期。

9. 淺考金代東北路界壕邊堡，張惠霞，戲劇之家，2014 年第 18 期。

10. 金朝東北路界壕考——兼論東北路招討司，寧波，內蒙古社會科學（漢文版），2014 年第 3 期。

11. 金長城東北路北段和烏古迪烈地，傅惟光、霍曉東，金上京文史論叢（第四輯），黑龍江人民出版社，2013 年。

12. 甘南的歷史勝蹟——三百里段金長城，彭占傑，東北史研究，2013 年第 2 期。

13. 金代東北路招討司轄區內七段長城的功用，李丕華，東北史地，2012 年第 1 期。

14. 金代東北路招討司轄區內七段長城最初修築目的、功用的探討，李丕華，遼金歷史與考古（第四輯），遼寧教育出版社，2013 年。

15. 金長城軍事防禦體系概述，解丹，新建築，2013 年第 4 期。

16. 金長城軍事防禦體系及其空間規劃佈局研究，解丹，天津大學博士學位論文，2012 年。

17. 金長城界壕防禦工程中壕的淵源和作用，解丹，新建築，2013 年第 1 期。

18. 試論金界壕邊堡的調整與防禦結構，李雲豔，北方文學（下旬刊），2015 年第 9 期。

19. 金界壕沿線邊堡的類型學研究，丹達爾，內蒙古師範大學碩士學位論文，2013 年。

20. 淺析金長城中界壕的形成和作用，蘇德，黑龍江史志，2014 年第 1 期。

21. 金長城線上覓詩詞，彭占傑、孫仁，金上京文史論叢（第四輯），黑龍江人民出版社，2013 年。

（七）山川

1. 木葉山地望考，王石莊，社會科學輯刊，2013 年第 2 期。

2. 遼代木葉山淺析，劉喜民，地域性遼金史研究（第一輯），中國社會科學出版社，2014 年。

3. 遼代馬盂山考，汪景隆，赤峰學院學報（漢文哲學社會科學版），2014 年第 7 期。

4. 遼中京馬盂山（峰）及其狹義廣義域考，胡廷榮、李俊義，赤峰學院學報（漢文哲學社會科學版），2014 年第 9 期。

5. 醫巫閭山與遼文化，任仲書，遼寧工程技術大學學報（社會科學版），2011 年第 6 期。

6. 醫巫閭山與遼文化研究，任仲書，遼金歷史與考古國際學術研討會論文集（上），遼寧教育出版社，2012 年。

7. 夾山與六頂帳房古城，車日格，大眾文藝，2012 年第 14 期。

8. 渾源龍山考，李潤民，山西大同大學學報（社會科學版），2011 年第 2 期。

9. 遼水、遼澤、遼河考釋，郭浩、李鵬、邰新河，東北史地，2012 年第 6 期。

10. 烏力吉沐倫河歷史名稱考，張興國，東北史研究，2012 年第 3 期。

11. 「新開河」遼代古道考，李鵬，東北史地，2013 年第 2 期。

12. 遼代「北老河」古道考，李鵬，北方文物，2013 年第 1 期。

13. 金兀朮運糧河考察報告，郭長海、王永年、那海洲，東北史研究，2012 年第 1 期。

14. 金兀朮運糧河考察報告，郭長海、王永年、那海洲，金上京文史論叢（第四輯），黑龍江人民出版社，2013 年。

15. 遼長泊在敖漢旗木頭營子鄉境考，胡廷榮，契丹學論集（第二輯），內蒙古人民出版社，2015 年。

16. 遼金時期的月亮泡與漁獵文化傳承，孫立梅，蘭臺世界，2013 年第 33 期。

17. 黃河變遷對金代開封的影響，吳朋飛，井岡山大學學報（社會科學版），2015 年第 4 期。

（八）交通

1. 遼宋金時期交通體制的變化和南北水陸交通發展概況，楊樹森，遼金史論集（第十三輯），中國社會科學出版社，2013 年。

2. 遼代東西交通路線的走向——以可敦墓地望研究為中心，鍾焓，歷史研究，2014 年第 4 期。

3. 五代、宋時期陸上絲綢之路研究述評，楊蕤，西域研究，2011 年第 3 期。

4. 草原絲綢之路興盛時期中西交流的考古學觀察——以遼上京、元上都及其周邊發現為例，宋陽，滄桑，2013 年第 4 期。

5. 遼金元時期的草原絲綢之路——兼談內蒙古在當代絲綢之路經濟帶建設中的地位，翟禹，契丹學論集（第二輯），內蒙古人民出版社，2015 年。

6. 遼代對絲綢之路之經營，程嘉靜，遼金歷史與考古國際學術研討會論文集（上），遼寧教育出版社，2012 年。

7. 遼代對草原絲綢之路的控制與經營，武玉環、程嘉靜，求索，2014 年第 7 期。

8. 遼代的契丹和草原絲綢之路，王坤、傅惟光，理論觀察，2015 年第 6 期。

9. 文物考古學視野下的遼代絲綢之路，楊蕤，北方民族大學學報（哲學社會科學版），2015 年第 2 期。

10. 契丹利用和親打通萬里絲路，陶靈燕，中國高新技術企業，2012 年第 5 期。

11. 從宣化遼墓到草原茶葉之路，陶宗冶、劉海文，農業考古，2012 年第 5 期。

12. 契丹（遼）の交通路と往來する人，澤本光弘，古代東アジアの道路と交通，勉誠出版，2011 年 7 月。

13. 金代阿城古道，才大泉，黑龍江史志，2013 年第 11 期。

14. 從「西京」到「東京」——一條被遺忘的路，詹俊峰，戲劇之家，2014 年第 8 期。

15. 海豐鎮遺址：宋金「海上絲路」北起點？張春海，中國社會科學報，2014 年 8 月 4 日 A01 版。

16. 沈括、陳襄使遼「單于庭」今地考——兼論沈括、陳襄二使者在巴林的行程、頓舍等問題，王玉亭、田高，遼金歷史與考古（第五輯），遼寧教育出版社，2014 年。

17. 沈括、陳襄使遼所達「單于庭」今地考——兼論沈括、陳襄二使者在巴林的行程、頓舍等問題，王玉亭、田高，契丹學論集（第一輯），內蒙古人民出版社，2015 年。

18. 陳襄使遼終點及其前五驛館和路徑考，胡廷榮、李義，地域性遼金史研究（第一輯），中國社會科學出版社，2014 年。

19. 宋綬使遼路線之中京至木葉山段考實——兼考木葉山的地理位置，劉海榮、楊福瑞，北方文物，2013 年第 4 期。

20. 《熙寧使虜圖抄》出使線路圖與部份館驛考，陳天宇，赤峰學院學報（漢文哲學社會科學版），2015 年第 2 期。

21. 驢在金代交通工具中的作用初議，王孝華，北方文物，2011 年第 3 期。

十五、考　古

（一）綜述

1. 遼代契丹文化與漢文化的考古學觀察，吳敬，社會科學戰線，2011 年第 5 期。

2. 北京遼金元考古回顧與展望，孫猛，北京文博文叢，2015 年第 2 期。

3. 淺談北京地區金代佛教考古的發現，孫猛，北京聯合大學學報（人文社會科學版），2011 年第 1 期。

4. 北京西城區遼金元時期考古發現與研究現狀，張利芳，北京文博文叢，2015 年第 4 期。

5. 北京海淀區遼金元時期考古發現與研究，張利芳，文物春秋，2013 年第 6 期。

6. 金中都考古學研究，劉慶柱，白山·黑水·海東青——紀念金中都建都 860 週年特展，文物出版社，2013 年。

7. 略論河北宋遼金時期考古，陳釗，黑龍江史志，2013 年第 3 期。

8. 遼上京考古研究的新篇章，金永田，遼上京文化遺產（總第 4 期），2012 年 12 月 15 日。

9. 概述敖漢旗近年遼代考古發現與研究，邵國田，（韓國）北方文化研究（第 6 期），2015 年 12 月。

10. 近十年來東北、內蒙古東部遼金元考古的發現與研究，彭善國、呂瞾馨，遼金歷史與考古（第三輯），遼寧教育出版社，2011 年。

11. 瀋陽城市考古之金代遺存，趙曉剛，遼金歷史與考古（第三輯），遼寧教育出版社，2011 年。

12. 大連地區遼代考古發現與研究，張翠敏，遼金歷史與考古（第三輯），遼寧教育出版社，2011 年。

13. 大連地區金代考古發現與相關問題研究，張翠敏，遼金歷史與考古國際學術研討會論文集（上），遼寧教育出版社，2012 年。

14. 阜新地區遼金時期考古及研究成果，胡健，遼金歷史與考古國際學術研討會論文集（上），遼寧教育出版社，2012 年。

15. 營口地區遼金時期的文化遺跡，崔豔茹，遼金歷史與考古（第三輯），遼寧教育出版社，2011 年。

16. 近年來吉林省遼金時期考古發現與研究述略，吳敬，博物館研究，2011 年第 4 期。

17. 黑龍江金代考古述論，趙永軍、李陳奇，北方文物，2011 年第 3 期。

18. 靺鞨・渤海・女眞の考古學（アイヌ史を問いなおす――生態・交流・文化継承）――（北方世界を行きかうヒトとモノ），木山克彦，アジア遊學（139），2011 年 3 月。

19. 河南宋金元明考古六十年，辛革，華夏考古，2012 年第 2 期。

（二）帝陵

1. 遼西夏金陵墓制度的新因素及其影響，劉毅，南方文物，2015 年第 3 期。

2. 20 世紀上半葉日本學者對內蒙古地區遼代皇陵的考察與研究，曹鐵娃、曹鐵錚、王一建，契丹學論集（第一輯），內蒙古人民出版社，2015 年。

3. 遼朝帝王陵寢制度研究，孫偉祥，吉林大學碩士學位論文，2012 年。

4. 遼代陵寢制度研究，鄭承燕，華西語文學刊（第八輯），四川文藝出版社，2013 年。

5. 遼代帝王陵寢制度特點研究，鄭承燕、楊星宇，赤峰學院學報（漢文哲學社會科學版），2015 年第 2 期。

6. 關於遼代皇陵的幾點認識，劉毅，中國國家博物館館刊，2013 年第 3 期。

7. 遼朝帝王陵寢組成問題初探，孫偉祥，黑龍江民族叢刊，2015 年第 1 期。

8. 試論遼朝帝王陵寢的營造，孫偉祥，內蒙古社會科學（漢文版），2013 年第 4 期。

9. 試論遼朝帝王陵寢作用問題，孫偉祥，華西語文學刊（第八輯），四川文藝出版社，2013 年。

10. 試論遼朝陵寢佈局特點，孫偉祥，蘭臺世界，2014 年第 27 期。

11. 試論遼朝帝王陵寢的組成與佈局，孫偉祥，契丹學論集（第一輯），內蒙古人民出版社，2015 年。

12. 遼代帝陵佈局特點芻議，葛華廷，契丹學論集（第二輯），內蒙古人民出版社，2015 年。

13. 遼朝皇帝陵寢與奉陵邑佈局問題鈎沉，孫偉祥，宋史研究論叢（第 15 輯），河北大學出版社，2014 年。

14. 試論遼朝帝王陵寢的建築構成，孫偉祥，東北亞研究論叢（第八輯），東北師範大學出版社，2013 年。

15. 契丹國（遼朝）の皇帝陵および皇族・貴族墓の佔地に関する一考察，武田和哉，眞宗総合研究所研究紀要（31），2012 年。

16. 赤峰市國家級重點文物保護單位③ ——遼陵及奉陵邑簡介，孫國軍，赤峰學院學報（漢文哲學社會科學版），2011 年第 4 期。

17. 帝陵中的特例——遼祖陵（上），王德恒，知識就是力量，2011 年第 1 期。

18. 遼祖陵是述律后的作品（下），王德恒，知識就是力量，2011 年第 2 期。

19. 遼代祖陵陵園考古發現和研究述論，董新林，草原文物，2011 年第 1 期。

20. 內蒙古巴林左旗遼代祖陵陵園黑龍門址和四號建築基址，中國社會科學院考古研究所內蒙古第二工作隊、內蒙古文物考古研究所，考古，2011 年第 1 期。

21. 內蒙古巴林左旗遼代祖陵龜趺山建築基址，中國社會科學院考古研究所內蒙古第二工作隊、內蒙古文物考古研究所，考古，2011 年第 8 期。

22. 中國內モンゴル遼代祖陵陵園遺跡における考古學的新発見--遼初代皇帝「耶律阿保機」陵を探る，董新林著，佐川正敏訳，アジア文化史研究（11），2011 年 3 月。

23. 訳者後記（中國內モンゴル遼代祖陵陵園遺跡における考古學的新発見——遼初代皇帝「耶律阿保機」陵を探る），佐川正敏，アジア文化史研究（11），2011 年 3 月。

24. 遼祖陵陵園遺跡の考古學的新発見と研究，董新林著，渡辺健哉翻訳，アジア遊學（160），2013 年。

25. 探秘遼代祖陵，張新朝，百科知識，2014 年第 6 期。

26. 遼祖陵黑龍門遺址初探，董新林，遼金歷史與考古國際學術研討會論文集（上），遼寧教育出版社，2012 年。

27. 遼代祖陵黑龍門所見「五瓣蟬翅」，王子奇，中國文物報，2013 年 11 月 22 日第 6 版。

28. 遼祖州石室探秘，葛華廷，遼上京文化遺產（總第 2 期），2011 年 9 月 30 日。

29. 冬至日的遼祖州石室，金永田，遼上京文化遺產（總第 1 期），2011 年 7 月 1 日。

30. 遼祖州石室新考，劉喜民，北方文物，2013 年第 1 期。

31. 神秘的契丹「聖地」——祖州石屋，蔡海雁，科學之友（上旬），2013 年第 3 期。

32. 令人感慨良多的遼懷陵，王德恒，知識就是力量，2011 年第 3 期。

33. 饑民挖掘遼帝后「哀冊」，王丹，科學大觀園，2011 年第 22 期。

34. 「盜墓」風波下的「和陵」之疑，賈子建，三聯生活周刊，2011 年第 46 期。

35. 契丹研究と日本人——鳥居龍蔵の見た慶陵，古松崇志，Field+：フィールドプラス：世界を感応する雑志（8），2012 年。

36. 遼道宗皇帝的陵墓——一個有趣的發現，（比利時）凱爾溫撰，羅賢祐譯，契丹學論集（第一輯），內蒙古人民出版社，2015 年。

37. 中都金陵背後漢文化與遊獵文化的融合，丁力娜，中國社會科學報，2014 年 10 月 22 日 A06 版。

38. 從白山黑水到中都房山——淺談女眞帝王陵的歷史始末，丁利娜，黑龍江史志，2015 年第 6 期。

39. 北京最早最大的皇家園陵——金陵，張娟娟，北京檔案，2015 年第 7 期。

（三）墓葬

1. 從墓葬資料看遼文化與唐文化的聯繫，于文薀、趙淑霞，決策與信息（中旬刊），2015 年第 11 期。

2. 遼墓「禮樂」制度探微，梅鵬雲，邊疆考古研究（第 10 輯），科學出版社，2011 年。

3. 有關紀年遼墓的紀年舉例分析，李宇峰，遼金史研究，遼寧民族出版社，2013 年。

4. 遼墓與五代十國墓的佈局、裝飾、葬具的共性研究，王欣，吉林大學碩士學位論文，2013 年。

5. 南區遼墓的發現與研究綜述，李影，大遼遺珍——遼代文物展，學苑出版社，2012 年。

6. 試論遼代契丹墓葬的棺屍床，林棟，北方民族考古（第 2 輯），科學出版社，2015 年。

7. 遼代墓葬階梯墓道初探，林棟，草原文物，2014 年第 2 期。

8. 試論遼代墓葬的天井，林棟、金愉，北方文物，2015 年第 4 期。

9. 試論遼代墓葬的排水系統，林棟，瀋陽考古文集（第 5 集），科學出版社，2015 年。

10. 遼代墓飾門神圖初探，李鵬，北方文物，2015 年第 4 期。

11. 論遼代墓葬與堪輿術，鐵顏顏，長春師範學院碩士學位論文，2012 年。

12. 遼代墓葬中的佛教題刻綜述，孫猛，遼金佛教研究，金城出版社，2012 年。

13. 宋元墓葬中榜題、題記研究，趙冉，南方文物，2012 年第 1 期。

14. 宋、金雕磚壁畫墓中心區位移探討，陳章龍，遼金歷史與考古國際學術研討會論文集（上），遼寧教育出版社，2012 年。

15. 試析宋金時期磚雕壁畫墓的營建工藝——從洛陽關林廟宋墓談起，鄧菲，考古與文物，2015 年第 1 期。

16. 中國北方地區宋金墓葬中宴飲圖裝飾研究，王麗穎，山西大學碩士學位論文，2013 年。

17. 金代墓葬戲曲圖像研究，夏天，首都師範大學碩士學位論文，2015 年。

18. 「一堂家慶」的新意象——宋金時期的墓主夫婦像與唐宋墓葬風氣之變，李清泉，美術學報，2013 年第 2 期。

19. 中原地區宋金元墓葬墓主圖像的再思考，任林平，中國文物報，2014 年 2 月 20 日第 6 版。

20. 淺議宋金墓葬中的啓門圖，丁雨，考古與文物，2015 年第 1 期。

21. 金代墓壁畫所題聯語小考，淩瑜，中華文史論叢，2013 年第 3 期。

22. 宋金時期「明堂」淺議，任林平，中國文物報，2015 年 9 月 11 日第 6 版。

23. 長城以北地區金墓初探，董新林，北方文物，2014 年第 3 期。

24. 金代女眞貴族墓漢化的再探索，吳敬，考古，2012 年第 10 期。
25. 女眞墓葬中的薩滿文化因素考察，梁娜，吉林大學碩士學位論文，2012 年。
26. 北京地區遼墓的初步研究，孫猛，吉林大學碩士學位論文，2012 年。
27. 北京地區遼代火葬墓及相關問題試析，李偉敏，文物春秋，2014 年第 3 期。
28. 北京地區遼代墓葬形制研究綜述，姚慶，學理論，2013 年第 33 期。
29. 北京地區遼金壁畫墓研究，董坤玉，北京文博文叢，2011 年第 3 輯。
30. 試論北京地區金代墓葬的墓葬裝飾，李影，金戲磚影──金代山西戲曲磚雕，北京燕山出版社，2014 年。
31. 北京東白塔遼墓發掘簡報，劉風亮，文物春秋，2011 年第 6 期。
32. 北京大興康莊遼墓，北京市文物研究所，文物春秋，2012 年第 5 期。
33. 北京市大興區遼金墓發掘獲重要收穫，于璞，遼金西夏研究 2011，同心出版社，2013 年。
34. 北京大興三合莊村發現 129 座東漢至遼金時期墓葬，郭曉蓉，中國文物報，2015 年 3 月 20 日第 2 版。
35. 北京市大興區生物醫藥基地金元墓葬發掘簡報，北京市文物研究所，北京文博文叢，2012 年第 3 輯。
36. 時尚紡織品有限公司壁畫墓考古發掘報告，尚珩，北京考古工作報告（2000～2009）延慶卷，上海古籍出版社，2011 年。
37. 南菜園北二區三期工程（住宅樓）考古勘探報告，尚珩，北京考古工作報告（2000～2009）延慶卷，上海古籍出版社，2011 年。
38. 南菜園北二區三期工程（住宅樓）考古發掘報告，尚珩，北京考古工作報告（2000～2009）延慶卷，上海古籍出版社，2011 年。
39. 延慶鎮西屯村西南地塊一級開發項目西區（Ⅰ區）考古發掘報告，尚珩，北京考古工作報告（2000～2009）延慶卷，上海古籍出版社，2011 年。
40. 密雲縣大唐莊新景家園住宅區考古勘探報告，郭歷展、尚珩，北京考古工作報告（2000～2009）密雲、懷柔、昌平卷，上海古籍出版社，2011 年。
41. 密雲縣大唐莊新景家園住宅區考古發掘報告，郭歷展、尚珩，北京考古工作報告（2000～2009）密雲、懷柔、昌平卷，上海古籍出版社，2011 年。
42. 密雲縣第七中學工程考古勘探報告，郭歷展、尚珩，北京考古工作報告（2000～2009）密雲、懷柔、昌平卷，上海古籍出版社，2011 年。

43. 密雲縣第七中學工程考古發掘報告，郭歷展、尚珩，北京考古工作報告（2000～2009）密雲、懷柔、昌平卷，上海古籍出版社，2011 年。

44. 昌平區南邵鎮張營遺址考古勘探報告，郭歷展、尚珩，北京考古工作報告（2000～2009）密雲、懷柔、昌平卷，上海古籍出版社，2011 年。

45. 昌平區南邵鎮張營遺址考古發掘報告，郭歷展、尚珩，北京考古工作報告（2000～2009）密雲、懷柔、昌平卷，上海古籍出版社，2011 年。

46. 昌平區民福置業集團旅遊度假休閒居住工程考古勘探報告，郭歷展、尚珩，北京考古工作報告（2000～2009）密雲、懷柔、昌平卷，上海古籍出版社，2011 年。

47. 昌平區民福置業集團旅遊度假休閒居住工程考古發掘報告，郭歷展、尚珩，北京考古工作報告（2000～2009）密雲、懷柔、昌平卷，上海古籍出版社，2011 年。

48. 昌平區小湯山鎮常興莊 B 地塊考古勘探報告，郭歷展、尚珩，北京考古工作報告（2000～2009）密雲、懷柔、昌平卷，上海古籍出版社，2011 年。

49. 昌平區小湯山鎮常興莊 B 地塊考古發掘報告，郭歷展、尚珩，北京考古工作報告（2000～2009）密雲、懷柔、昌平卷，上海古籍出版社，2011 年。

50. 五環路二期工程考古勘探報告，郭歷展，北京考古工作報告（2000～2009）海淀卷，上海古籍出版社，2011 年。

51. 五環路二期工程考古發掘報告，郭歷展，北京考古工作報告（2000～2009）海淀卷，上海古籍出版社，2011 年。

52. 豐臺銀河星座居住小區住宅工程考古發掘報告，韓鴻業，北京考古工作報告（2000～2009）房山、豐臺、門頭溝、石景山卷，上海古籍出版社，2011 年。

53. 龍泉務村搬遷用地考古勘探報告，韓鴻業，北京考古工作報告（2000～2009）房山、豐臺、門頭溝、石景山卷，上海古籍出版社，2011 年。

54. 魯谷遠洋山水小區考古勘探報告，韓鴻業，北京考古工作報告（2000～2009）房山、豐臺、門頭溝、石景山卷，上海古籍出版社，2011 年。

55. 魯谷遠洋山水小區考古發掘報告，韓鴻業，北京考古工作報告（2000～2009）房山、豐臺、門頭溝、石景山卷，上海古籍出版社，2011 年。

56. 2007 石景山銀河商務區二期商業金融工程考古勘探報告，韓鴻業，北京考古工作報告（2000～2009）房山、豐臺、門頭溝、石景山卷，上海古籍出版社，2011 年。

57. 2007 石景山銀河商務區二期商業金融工程考古發掘報告，韓鴻業，北京考古工作報告（2000～2009）房山、豐臺、門頭溝、石景山卷，上海古籍出版社，2011 年。

58. 石景山魯谷商業金融（M 地塊）項目考古勘探報告，韓鴻業，北京考古工作報告（2000～2009）房山、豐臺、門頭溝、石景山卷，上海古籍出版社，2011 年。

59. 北京尚青雲工藝美術廠考古勘探報告，劉乃濤，北京考古工作報告（2000～2009）大興卷，上海古籍出版社，2011 年。

60. 北京尚青雲工藝美術廠考古發掘報告，劉乃濤，北京考古工作報告（2000～2009）大興卷，上海古籍出版社，2011 年。

61. 大興青雲店鎮楊各莊村古墓葬考古勘探報告，劉乃濤，北京考古工作報告（2000～2009）大興卷，上海古籍出版社，2011 年。

62. 大興青雲店鎮楊各莊村古墓群考古發掘報告，劉乃濤，北京考古工作報告（2000～2009）大興卷，上海古籍出版社，2011 年。

63. 翡翠苑四期工程考古勘探報告，劉乃濤，北京考古工作報告（2000～2009）大興卷，上海古籍出版社，2011 年。

64. 翡翠苑四期工程考古發掘報告，劉乃濤，北京考古工作報告（2000～2009）大興卷，上海古籍出版社，2011 年。

65. 北京聯賓客塑膠印刷有限公司生產車間、綜合樓擴建工程考古發掘報告，劉乃濤，北京考古工作報告（2000～2009）大興卷，上海古籍出版社，2011 年。

66. 大興區新城北區 16 號地工程考古勘探報告，劉乃濤，北京考古工作報告（2000～2009）大興卷，上海古籍出版社，2011 年。

67. 大興區新城北區 16 號地工程考古發掘報告，劉乃濤，北京考古工作報告（2000～2009）大興卷，上海古籍出版社，2011 年。

68. 大興康莊項目兩限房地塊工程考古勘探報告，劉乃濤，北京考古工作報告（2000～2009）大興卷，上海古籍出版社，2011 年。

69. 大興康莊項目兩限房地塊工程考古發掘報告，劉乃濤，北京考古工作報告（2000～2009）大興卷，上海古籍出版社，2011 年。

70. 大興區軌道交通大興線棗園路站土地一級開發項目一期工程考古勘探報告，劉乃濤，北京考古工作報告（2000～2009）大興卷，上海古籍出版社，2011 年。

71. 大興區軌道交通大興線棗園路站土地一級開發項目一期工程考古發掘報告，劉乃濤，北京考古工作報告（2000～2009）大興卷，上海古籍出版社，2011 年。

72. 大興區軌道交通大興線棗園路站土地一級開發項目二期工程考古勘探報告，劉乃濤，北京考古工作報告（2000～2009）大興卷，上海古籍出版社，2011 年。

73. 大興區軌道交通大興線棗園路站土地一級開發項目二期工程考古發掘報告，劉乃濤，北京考古工作報告（2000～2009）大興卷，上海古籍出版社，2011 年。

74. 大興區軌道交通大興線棗園路站土地一級開發項目三期工程考古勘探報告，劉乃濤，北京考古工作報告（2000～2009）大興卷，上海古籍出版社，2011 年。

75. 大興區軌道交通大興線棗園路站土地一級開發項目三期工程考古發掘報告，劉乃濤，北京考古工作報告（2000～2009）大興卷，上海古籍出版社，2011 年。

76. 五棵松籃球館工程考古勘探報告，楊菊，北京考古工作報告（2000～2009）奧運卷，上海古籍出版社，2011 年。

77. 五棵松籃球館工程考古發掘報告，楊菊，北京考古工作報告（2000～2009）奧運卷，上海古籍出版社，2011 年。

78. 草橋燃氣聯合循環熱電廠考古勘探報告，楊菊，北京考古工作報告（2000～2009）奧運卷，上海古籍出版社，2011 年。

79. 草橋燃氣聯合循環熱電廠考古發掘報告，楊菊，北京考古工作報告（2000～2009）奧運卷，上海古籍出版社，2011 年。

80. 國家體育總局射擊射箭運動管理中心飛碟靶場工程考古勘探報告，楊菊，北京考古工作報告（2000～2009）奧運卷，上海古籍出版社，2011 年。

81. 國家體育總局射擊射箭運動管理中心飛碟靶場區工程考古發掘報告，楊菊，北京考古工作報告（2000～2009）奧運卷，上海古籍出版社，2011 年。

82. 北京市亦莊經濟技術開發區 80 號地考古勘探報告，董育綱、劉乃濤，北京考古工作報告（2000～2009）亦莊卷，上海古籍出版社，2011 年。

83. 北京市亦莊經濟技術開發區 80 號地考古發掘報告，董育綱、劉乃濤，北京考古工作報告（2000～2009）亦莊卷，上海古籍出版社，2011 年。

84. 北京市經濟開發區協作配套區雨水下水管道和 41 號區考古勘探報告，董育綱、劉乃濤，北京考古工作報告（2000～2009）亦莊卷，上海古籍出版社，2011 年。

85. 北吉汽車有限公司亦莊開發區聯合車間考古發掘報告，董育綱、劉乃濤，北京考古工作報告（2000～2009）亦莊卷，上海古籍出版社，2011 年。

86. 博世力士樂液壓有限公司（一期）考古發掘報告，董育綱、劉乃濤，北京考古工作報告（2000～2009）亦莊卷，上海古籍出版社，2011 年。

87. 北京奔馳戴姆勒克萊斯勒公司實驗室等四項工程考古勘探報告，董育綱、劉乃濤，北京考古工作報告（2000～2009）亦莊卷，上海古籍出版社，2011 年。

88. 北京市經濟技術開發區東部新區經海路四、五標段工程考古勘探報告，董育綱、劉乃濤，北京考古工作報告（2000～2009）亦莊卷，上海古籍出版社，2011 年。

89. 北京市經濟技術開發區東部新區經海路四、五標段工程考古發掘報告，董育綱、劉乃濤，北京考古工作報告（2000～2009）亦莊卷，上海古籍出版社，2011 年。

90. 北京市亦莊新城實業有限公司鹿圈拆遷安置用房工程（10 號地）考古勘探報告，董育綱、劉乃濤，北京考古工作報告（2000～2009）亦莊卷，上海古籍出版社，2011 年。

91. 亦莊興海路 8 號標段工程考古勘探報告，董育綱、劉乃濤，北京考古工作報告（2000～2009）亦莊卷，上海古籍出版社，2011 年。

92. 亦莊興海路 8 號標段工程考古發掘報告，董育綱、劉乃濤，北京考古工作報告（2000～2009）亦莊卷，上海古籍出版社，2011 年。

93. 亦莊澤通水務泰和三街工程考古勘探報告，董育綱、劉乃濤，北京考古工作報告（2000～2009）亦莊卷，上海古籍出版社，2011 年。

94. 亦莊澤通水務泰和三街工程考古發掘報告，董育綱、劉乃濤，北京考古工作報告（2000～2009）亦莊卷，上海古籍出版社，2011 年。

95. 北京市亦莊經濟技術開發區博興路東雨水下水管道區墓葬發掘報告，董育綱、劉乃濤，北京考古工作報告（2000～2009）亦莊卷，上海古籍出版社，2011 年。

96. 北京市亦莊經濟技術開發區 81 號地考古發掘報告，董育綱、劉乃濤，北京考古工作報告（2000～2009）亦莊卷，上海古籍出版社，2011 年。

97. 亦莊鹿圈拆遷安置用房工程（x10 號地）考古發掘報告，董育綱、劉乃濤，北京考古工作報告（2000～2009）亦莊卷，上海古籍出版社，2011 年。

98. 王四營鄉觀音堂居住區二期工程考古勘探報告，朱志剛，北京考古工作報告（2000～2009）朝陽卷，上海古籍出版社，2011 年。

99. 華能北京熱電有限責任公司二期工程考古勘探報告，朱志剛，北京考古工作報告（2000～2009）朝陽卷，上海古籍出版社，2011 年。

100. 華能北京熱電廠二期工程考古發掘報告，朱志剛，北京考古工作報告（2000～2009）朝陽卷，上海古籍出版社，2011 年。

101. 京平高速公路工程考古勘探報告，劉鳳亮，北京考古工作報告（2000～2009）平谷、通州、順義卷，上海古籍出版社，2011 年。

102. 京平高速公路工程考古發掘報告，劉鳳亮，北京考古工作報告（2000～2009）平谷、通州、順義卷，上海古籍出版社，2011 年。

103. 平谷區平三路擴建工程考古勘探報告，劉鳳亮，北京考古工作報告（2000～2009）平谷、通州、順義卷，上海古籍出版社，2011 年。

104. 北京地鐵土橋車輛段墓葬、窯址發掘報告，劉鳳亮，北京考古工作報告（2000～2009）平谷、通州、順義卷，上海古籍出版社，2011 年。

105. 京津磁懸浮鐵路工程考古勘探報告，劉鳳亮，北京考古工作報告（2000～2009）平谷、通州、順義卷，上海古籍出版社，2011 年。

106. 京津磁懸浮鐵路工程考古發掘報告，劉鳳亮，北京考古工作報告（2000～2009）平谷、通州、順義卷，上海古籍出版社，2011 年。

107. 北京通州次渠唐金墓發掘簡報，北京市文物研究所，文物春秋，2015 年第 1 期。

108. 河北地區宋金墓葬研究，夏素穎，文物春秋，2012 年第 2 期。

109. 平泉石羊石虎古墓之謎，王翠琴，老人世界，2014 年第 7 期。

110. 河北宣化遼金壁畫墓發掘簡報，張家口市宣化區文物保管所，文物，2014 年第 4 期。

111. 河北張家口宣化遼金壁畫墓發掘簡報，張家口市宣化區文物保管所，文物，2015 年第 3 期。

112. 解讀宣化遼墓的禮儀性空間，劉喜玲，青年文學家，2015 年第 20 期。

113. 張世卿的天上人間，趙春霞，老人世界，2015 年第 10 期。

114. 河北井陘柿莊宋金墓葬研究，曹淩子，鄭州大學碩士學位論文，2015 年。

115. 固安縣大王村遼墓清理簡報，廊坊市文物管理處，文物春秋，2013 年第 6 期。

116. 廊坊市曉廊坊小區金代墓群發掘簡報，廊坊市文物管理處，文物春秋，2013 年第 3 期。

117. 唐縣發現金代墓葬，唐縣文物保管所，文物春秋，2012 年第 6 期。

118. 山西大同東風里遼代壁畫墓發掘簡報，大同市考古研究所，文物，2013 年第 10 期。

119. 山西金墓分區分期研究，許若茜，中央民族大學碩士學位論文，2011 年。

120. 山西金代墓葬建築形制與禮制探析，王祺禎，太原理工大學碩士學位論文，2014 年。

121. 山西金代壁畫墓分區與題材分類淺析，穆潔，金戲磚影——金代山西戲曲磚雕，北京燕山出版社，2014 年。

122. 晉中南地區宋金墓葬研究，任林平，南京大學碩士學位論文，2012 年。

123. 晉南地區宋金紀年墓對比研究，田多，北京教育學院學報，2013 年第 4 期。

124. 晉南地區金代磚室墓叢葬現象探討，有實其積——紀念山西省考古研究所六十華誕文集，山西人民出版社，2012 年。

125. 晉南金墓中的仿木建築——以稷山馬村段氏家族墓為中心，吳垠，中央美術學院碩士學位論文，2014 年。

126. 晉南金墓仿木構建築中的佛教元素，崔躍忠，金戲磚影——金代山西戲曲磚雕，北京燕山出版社，2014 年。

127. 慶堂與淨土——晉南金墓中的嬰戲圖像及其雙重信仰，莊程恒，美術學報，2014 年第 4 期。

128. 山西晉中發現金代正大五年墓，王俊、閆震，中國國家博物館館刊，2013年第 10 期。

129. 山西繁峙南關村金代壁畫墓發掘簡報，山西省考古研究所、首都師範大學歷史學院、忻州市文物管理處、繁峙縣文物管理所，考古與文物，2015年第 1 期。

130. 我市發現兩座罕見遼代壁畫墓，高雅敏，大同日報，2015 年 5 月 27 日第 1 版。

131. 山西大同西環路遼金墓發掘簡報，大同市考古研究所，文物，2015 年第 12 期。

132. 山西昔陽松溪路宋金壁畫墓發掘簡報，山西省考古研究所、昔陽縣文物管理所、昔陽縣博物館，考古與文物，2015 年第 1 期。

133. 四面欄杆彩畫簷——山西昔陽宋金墓的發現與保護，劉岩、史永紅，中國文物報，2015 年 6 月 5 日第 8 版。

134. 山西盂縣皇后村宋金壁畫墓，趙培青，文物世界，2015 年第 1 期。

135. 山西沁縣卜莊村發現一座金代磚室墓，張慶捷、王曉毅、白曙璋，中國文物報，2015 年 9 月 25 日第 8 版。

136. 山西沁縣發現一座形制罕見金代磚室墓，邢兆遠、李建斌，光明日報，2015 年 10 月 8 日第 9 版。

137. 沁縣農民建房挖出金代墓，孟苗，山西日報，2015 年 9 月 29 日 B01 版。

138. 稷山縣化肥廠金墓發掘報告，山西省考古研究所侯馬工作站，文物世界，2011 年第 4 期。

139. 山西壺關縣上好牢村宋金時期墓葬，山西省考古研究所、長治市文物旅遊局、壺關縣文體廣電局，考古，2012 年第 4 期。

140. 山西夏縣宋金墓的發掘，鄒冬珍，考古，2014 年第 11 期。

141. 和順縣和順一中金元壁畫墓清理簡報，崔曉東，文物世界，2014 年第 4 期。

142. 我省搶救性揭取一金代磚雕墓壁畫，孟苗，山西日報，2012 年 9 月 6 日 A01 版。

143. 三維激光掃描技術在田野考古中的應用——以黎城金代磚石墓為例，陳鑫、程虎偉，文物世界，2012 年第 6 期。

144. 屯留宋村金墓題記考釋，關樹東，隋唐遼宋金元史論叢（第一輯），紫禁城出版社，2011 年。

145. 山西屯留宋村金代壁畫墓墨書題記研究，王義印，中原文物，2014 年第 6 期。

146. 巴林左旗林東鎮架子山發現遼代龍興寺僧人墓葬，左利軍，遼上京文化遺產（總第 1 期），2011 年 7 月 1 日。

147. 哈拉海場遼代壁畫墓，王青煜，遼上京文化遺產（總第 1 期），2011 年 7 月 1 日。

148. 赤峰地區遼代晚期墓葬及其所反映的文化風貌，張敏，赤峰學院學報（漢文哲學社會科學版），2012 年第 4 期。

149. 赤峰市國家級重點文物保護單位——寶山·罕蘇木墓群遺址簡介，孫國軍、康建國，赤峰學院學報（自然科學版），2012 年第 2 期。

150. 赤峰市國家級重點文物保護單位（21）——遼代韓匡嗣家族墓地簡介，康建國、孫國軍，赤峰學院學報（自然科學版），2012 年第 8 期。

151. 赤峰市全國重點文物保護單位（第七批）之十：喀喇沁遼代耶律琮墓，孫國軍、王若芝，赤峰學院學報（漢文哲學社會科學版），2014 年第 10 期。

152. 赤峰市全國重點文物保護單位（第七批）之十七：阿旗遼代耶律祺家族墓，孫國軍、付麗琛，赤峰學院學報（漢文哲學社會科學版），2015 年第 4 期。

153. 赤峰市全國重點文物保護單位（第七批）之二十四：遼代沙日寶特墓葬群，孫國軍、隋瑞軒，赤峰學院學報（自然科學版），2015 年第 11 期。

154. 內蒙古巴林左旗哈拉海場遼代壁畫墓清理簡報，遼上京博物館，文物，2014 年第 4 期。

155. 內蒙古巴林左旗白音敖包遼墓清理簡報，張興國、孟令婧，遼金歷史與考古（第五輯），遼寧教育出版社，2014 年。

156. 巴林左旗盤羊溝遼代後唐德妃伊氏墓清理簡報，赤峰市博物館、巴林左旗遼上京博物館、文物管理所，契丹學論集（第二輯），內蒙古人民出版社，2015 年。

157. 巴林右旗哈魯遼代墓葬考古發現，烏蘭其其格，遼金西夏研究 2012，同心出版社，2014 年。

158. 內蒙古寧城山嘴墓地第一次發掘簡報，內蒙古文物考古研究所、內蒙古博物院，文物，2015 年第 3 期。

159. 關於吐爾基山遼墓墓主人身份的推測，王大方，契丹學論集（第二輯），內蒙古人民出版社，2015 年。

160. 內蒙古又發現一座遼代貴族墓葬，高平、薛海軍，光明日報，2015 年 10 月 14 日第 9 版。

161. 察右前旗巴音鎮二臺溝金元時期墓葬發掘簡報，內蒙古自治區文物考古研究所，草原文物，2013 年第 1 期。

162. 赤峰巴彥塔拉地區考古挖掘特徵及其第 8 號墓挖掘簡報，吉日嘎拉，赤峰學院學報（漢文哲學社會科學版），2012 年第 8 期。

163. 內蒙古涼城縣水泉遼代墓葬，內蒙古文物考古研究所，考古，2011 年第 8 期。

164. 內蒙古林西縣劉家大院遼墓發掘簡報，內蒙古自治區文物考古研究所，北方文物，2011 年第 1 期。

165. 清水河縣塔爾梁壁畫墓發掘述要，曹建恩、兒郁、揉金松、李刀，草原文物，2011 年第 2 期。

166. 古老文明終見天日，王德恒，知識就是力量，2011 年 5 期。

167. 陳國公主墓：大遼公主的寶藏，孫建華，中華遺產，2013 年第 10 期。

168. 2011 년 동몽골 다리강가지역 무덤의 발굴조사 약보고서，복기대，（韓國）北方文化研究（第 6 期），2015 年 12 月。

169. 內蒙古克什克騰大營子遼代石棺壁畫墓，內蒙古克什克騰旗博物館，文物，2015 年第 11 期。

170. 瀋陽八王寺地區遼金墓群的分期與年代，林棟，遼寧省博物館館刊（2013），遼海出版社，2014 年。

171. 試論瀋陽市區遼墓的類型及源流，林棟，邊疆考古研究（第 15 輯），科學出版社，2014 年。

172. 對瀋陽廣宜街遼代石函墓的再認識，林棟，中國文物報，2014 年 1 月 3 日第 6 版。

173. 對瀋陽廣宜街遼墓群的再認識，林棟、金愉，北方文物，2014 年第 4 期。

174. 瀋陽市五愛墓群發掘報告，瀋陽市文物考古研究所，瀋陽考古文集（第 5 集），科學出版社，2015 年。

175. 瀋陽地區遼墓初探，王博妍，遼寧師範大學碩士學位論文，2013 年。

176. 瀋陽城區遼代墓葬拾遺，趙曉剛，遼金歷史與考古（第四輯），遼寧教育出版社，2013 年。

177. 瀋陽市惠工街遼代墓葬考古發掘報告，瀋陽市文物考古研究所，瀋陽考古文集（第 5 集），科學出版社，2015 年。

178. 瀋陽康平縣大付家窩堡遼墓的發掘，瀋陽市文物考古研究所，瀋陽考古文集（第 5 集），科學出版社，2015 年。

179. 遼寧朝陽市姑營子遼代耿氏家族 3、4 號墓發掘簡報，朝陽博物館、朝陽市城區博物館，考古，2011 年第 8 期。

180. 遼寧阜新縣遼代平原公主墓與梯子廟 4 號墓，遼寧省文物考古研究所、阜新市考古隊，考古，2011 年第 8 期。

181. 遼寧淩海市鄭家窩鋪發現遼代畫像石墓，錦州市文物考古研究所，考古，2012 年第 6 期。

182. 遼寧朝陽杜杖子遼代墓葬發掘簡報，朝陽市博物館、朝陽市龍城區博物館，文物，2014 年第 11 期。

183. 遼寧朝陽市金代紀年墓葬的發掘，朝陽博物館，考古，2012 年第 3 期。

184. 北鎮龍崗耶律宗政墓北鄰遼墓的考古學窺探，王綿厚，遼金歷史與考古（第四輯），遼寧教育出版社，2013 年。

185. 遼寧法庫縣蔡家溝發現一座遼墓，趙曉剛、趙棟，考古，2013 年第 1 期。

186. 錦州市黑山遼墓群清理簡報，吳鵬，遼寧省博物館館刊（2012），遼海出版社，2013 年。

187. 吉林省鎮賚縣烏鴉山村發現兩座遼墓，吉林省文物考古研究所，北方文物，2011 年第 4 期。

188. 黑龍江嘉蔭縣靠江屯金代墓葬調查簡報，萬大勇，北方文物，2011 年第 2 期。

189. 湯原新城遼墓調查簡報，李可鑫，文物春秋，2013 年第 2 期。

190. 完顏希尹家族墓地研究，顧聆博，吉林大學碩士學位論文，2012 年。

191. 完顏希尹家族墓地遺址研究新認識，顧聆博，邊疆考古研究（第 18 輯），科學出版社，2015 年。

192. 嫩江流域唐代文化遺存辨識——以大慶沙家窯遼墓為出發點，張偉、田禾，北方文物，2012 年第 1 期。

193. 西安南郊黃渠頭村金墓發掘簡報，西安市文物保護考古研究院、遼寧師範大學歷史文化旅遊學院，文物春秋，2014 年第 5 期。

194. 陝西甘泉城關鎮袁莊村金代紀年畫像磚墓群調查簡報，延安市文物研究所，考古與文物，2014 年第 3 期。

195. 陝西渭南靳尚村金末元初壁畫墓發掘簡報，陝西省考古研究院、渭南市中心博物館，考古與文物，2014 年第 3 期。

196. 陝西發現金代高官墓，周豔濤，中國文化報，2015 年 3 月 23 日第 7 版。

197. 富平發現金代陶棺，王保東，考古與文物，2015 年第 5 期。

198. 銅川阿來金、明墓葬發掘簡報，陝西省考古研究院、銅川市考古研究所，文博，2015 年第 2 期。

199. 甘肅清水箭峽墓孝子圖像研究，孫丹婕，中央美術學院碩士學位論文，2014 年。

200. 臨夏市紅園路金代磚雕墓清理簡報，臨夏州博物館、臨夏市博物館，隴右文博，2011 年第 1 期。

201. 和政縣發現一座金代磚雕墓，張有財，民族日報，2012 年 4 月 19 日 P03 版。

202. 和政縣張家莊金代磚雕墓清理簡報，臨夏回族自治州博物館，隴右文博，2013 年第 2 期。

203. 河南洛陽市苗北村五代、宋金墓，洛陽市文物考古研究院，考古，2013 年第 4 期。

204. 榮陽後眞村墓地唐、宋、金墓發掘簡報，鄭州大學歷史學院考古系、河南省文物局南水北調文物保護辦公室，中原文物，2015 年第 1 期。

205. 新鄭龍湖發現一批金代元代時期墓葬，沈磊、宋守傑、王凱，鄭州日報，2013 年 4 月 24 日第 15 版。

206. 河南濟源首次發現金代紀年墓，陳良軍，中國文物報，2014 年 6 月 20 日第 8 版。

207. 河南三門峽市化工廠兩座金代磚雕墓發掘簡報，三門峽市文物考古研究所，中原文物，2015 年第 4 期。

208. 山東淄博市博山區金代壁畫墓，李鴻雁，考古，2012 年第 10 期。

209. 蒙古國布爾幹省達欣其楞蘇木詹和碩遺址發掘簡報，內蒙古自治區文物考古研究所、蒙古國游牧文化研究國際學院，草原文物，2015 年第 2 期。

（四）遺址

1. 金代窖藏研究，葉帥，東北師範大學碩士學位論文，2015 年。

2. 北京地區現存遼金佛教遺跡考略，陳曉敏，中國文物報，2012 年 9 月 14 日第 8 版。

3. 南馬連道道路工程（金中都魚藻池遺址區）考古勘探報告，黃娟、劉銳，北京考古工作報告（2000～2009）建築遺址卷，上海古籍出版社，2011 年。

4. 南馬連道道路工程（金中都魚藻池遺址區）考古發掘報告，黃娟、劉銳，北京考古工作報告（2000～2009）建築遺址卷，上海古籍出版社，2011 年。

5. 金宮花園工程（金中都魚藻池遺址區）考古勘探報告，黃娟、劉銳，北京考古工作報告（2000～2009）建築遺址卷，上海古籍出版社，2011 年。

6. 金宮花園工程（金中都魚藻池遺址區）考古發掘報告，黃娟、劉銳，北京考古工作報告（2000～2009）建築遺址卷，上海古籍出版社，2011 年。

7. 房山雲居寺南塔遺址考古發掘報告，黃娟、劉銳，北京考古工作報告（2000～2009）建築遺址卷，上海古籍出版社，2011 年。

8. 房山雲居寺南塔遺址考古發掘報告，韓鴻業，北京考古工作報告（2000～2009）房山、豐臺、門頭溝、石景山卷，上海古籍出版社，2011 年。

9. 天寧寺鐘鼓樓遺址勘探及試掘報告，黃娟、劉銳，北京考古工作報告（2000～2009）建築遺址卷，上海古籍出版社，2011 年。

10. 興海家園住宅小區（一期）考古勘探報告，劉乃濤，北京考古工作報告（2000～2009）大興卷，上海古籍出版社，2011 年。

11. 興海家園住宅小區（一期）考古發掘報告，劉乃濤，北京考古工作報告（2000～2009）大興卷，上海古籍出版社，2011 年。

12. 大興新城北區 19 號地塊項目考古勘探報告，劉乃濤，北京考古工作報告（2000～2009）大興卷，上海古籍出版社，2011 年。

13. 大興新城北區 19 號地考古發掘報告，劉乃濤，北京考古工作報告（2000～2009）大興卷，上海古籍出版社，2011 年。

14. 宣武區大吉片 2 號地塊考古試掘報告，李華、李貝，北京考古工作報告（2000～2009）城區卷，上海古籍出版社，2011 年。

15. 順義區趙全營鎮忻州營北小中河交界考古發掘報告，劉鳳亮，北京考古工作報告（2000～2009）平谷、通州、順義卷，上海古籍出版社，2011 年。

16. 北京大興遼金塔林遺址考古發掘，于璞，遼金西夏研究 2011，同心出版社，2013 年。

17. 北京延慶水泉溝冶鐵遺址，郭京寧、劉乃濤，中國文物報，2011 年 12 月 2 日第 4 版。

18. 北京發現最完整的遼代冶鐵遺址，李雪、范學新，中國文化報，2011 年 11 月 29 日第 2 版。

19. 遼代「首鋼」延慶重見天日，劉冕，北京日報，2011 年 11 月 25 日第 9 版。

20. 北京遼代礦冶遺址群考古取得重要成果，李韻，光明日報，2014 年 11 月 19 日第 9 版。

21. 北京延慶大莊科考古新發現一千年前礦冶遺址群——展現古代工業文明重要遺存，殊文，中國藝術報，2014 年 11 月 19 日第 9 版。

22. 冶煉傳奇：鑄造千年的輝煌，劉燕廬，科技日報，2014 年 12 月 4 日第 5 版。

23. 遼代「首鋼」有望建遺址公園，劉冕，北京日報，2014 年 11 月 18 日第 8 版。

24. 古代礦冶遺址的重要考古新發現——北京延慶大莊科遼代礦冶遺址群，劉乃濤、郭京寧、李延祥、潛偉、陳建立，中國文物報，2015 年 3 月 27 日第 6、7 版。

25. 「遼鋼」入選十大考古新發現，劉冕，北京日報，2015 年 4 月 10 日第 5 版。

26. 對北京地區遼代冶鐵考古研究的思考——由延慶水泉溝遼代冶鐵遺址說起，解小敏，北京文博文叢，2015 年第 1 期。

27. 燕山地帶部分遼代冶鐵遺址的初步調查，王啟立、潛偉，廣西民族大學學報（自然科學版），2014 年第 1 期。

28. 昌平挖出一千年前「糧食加工廠」——發現以水為動力加工糧食的遺址在北京地區尚屬首次，王海燕、徐娜、邢軍，北京日報，2012 年 11 月 20 日第 9 版。

29. 北京昌平區畚斗屯村挖出千年「糧食加工廠」——古水渠遺址或填補北京遼金農業考古空白，張春海，中國社會科學報，2012 年 11 月 23 日第 1 版。

30. 西城串起金中都元大都核心史蹟，鞏崢、曹蕾，北京日報，2013 年 4 月 22 日第 10 版。

31. 北京金章宗雀兒庵調查記，景愛，東北史地，2015 年第 1 期。

32. 張家口地區遼金元時期城址勘查報告，河北省文物研究所，河北省考古文集（四），科學出版社，2011 年。

33. 河北省康保縣西土城城址考古調查簡報，河北師範大學歷史文化學院考古學系、康保縣文物保護管理所，草原文物，2014 年第 1 期。

34. 豐潤 800 年前路屋「重現」掀開河北金元考古新篇，李菖鸝，唐山勞動日報，2011 年 6 月 29 日第 3 版。

35. 唐山豐潤後馮各莊金元時期遺址發掘簡報，河北省文物研究所、唐山市文物管理處、豐潤區文物管理所，文物春秋，2012 年第 4 期。

36. 河北邱縣邱城宋金遺址發掘簡報，河北省文物研究所，河北省考古文集（四），科學出版社，2011 年。

37. 河北省元氏縣殷村遺址考古發掘簡報，瀋陽市文物考古研究所，瀋陽考古文集（第 5 集），科學出版社，2015 年。

38. 大同雲岡窟頂再次發現北魏至遼金佛教寺院遺址，張慶捷、江偉偉，中國文物報，2011 年 12 月 2 日第 4 版。

39. 《天工開物》冶鑄描述 雲岡考古實景再現——大同出土遼金鑄造工場，孟苗，山西日報，2011 年 12 月 12 日 A02 版。

40. 內蒙古遼上京遺址探微，董新林、陳永志、汪盈，中國文化報，2013 年 6 月 7 日第 4 版。

41. 遼上京遺址揭秘，劉春、孫寶珠，內蒙古日報（漢），2013 年 5 月 15 日第 12 版。

42. 遼上京城遺址首次大規模考古發掘乾德門遺址，董新林、陳永志、汪盈、康立君、肖淮雁，中國文物報，2012 年 1 月 20 日第 8 版。

43. 遼上京皇城西山坡佛寺遺址發掘獲重大發現，董新林、陳永志、汪盈、肖淮雁、岳夠明、馬東旗、左利軍，中國文物報，2012 年 12 月 7 日第 8 版。

44. 內蒙古巴林左旗遼上京皇城西山坡佛寺遺址考古獲重大發現，中國社會科學院考古研究所內蒙古第二工作隊、內蒙古文物考古研究所，考古，2013 年第 1 期。

45. 2013 年遼上京皇城遺址考古發掘取得重要收穫，董新林、陳永志、汪盈、肖淮雁、左立軍，中國文物報，2014 年 2 月 14 日第 8 版。

46. 2013 年遼上京皇城街道及臨街建築遺址考古發掘，董新林、汪盈，中國遼夏金研究年鑑 2013，中國社會科學出版社，2015 年。

47. 考古發掘首次確認遼上京宮城形制和規模，董新林、陳永志、汪盈、左利軍、肖淮雁、李春雷，中國文物報，2015 年 1 月 30 日第 8 版。

48. 內蒙古巴林左旗遼上京宮城城牆 2014 年發掘簡報，中國社會科學院考古研究所內蒙古第二工作隊、內蒙古文物考古研究所，考古，2015 年第 12 期。

49. 王家灣玉雕作坊遺址踏查記，高雅暉，遼上京文化遺產（總第 3 期），2012 年 5 月 30 日。

50. 王家灣遼代玉器作坊遺址，金永田，契丹學論集（第一輯），內蒙古人民出版社，2015 年。

51. 《中國通史》記載的「土拐山」應是哈拉基木遺址，左利軍，遼上京文化遺產（總第 4 期），2012 年 12 月 15 日。

52. 《中國通史》記載的「王拐山」應是哈拉基木遺址，左利軍，東北史研究，2004 年第 1 期。

53. 遼上京「飛龍院」故址淺探，張興國，遼上京文化遺產（總第 4 期），2012 年 12 月 15 日。

54. 遼上京遺址「暗藏」遼代高超建築技術，于嘉，新華每日電訊，2011 年 10 月 31 日第 2 版。

55. 巴彥塔拉遼代遺址植物遺存及相關問題研究，孫永剛，赤峰學院學報（漢文哲學社會科學版），2013 年第 8 期。

56. 巴彥塔拉遼代遺址植物遺存綜合研究，孫永剛、趙志軍，契丹學論集（第二輯），內蒙古人民出版社，2015 年。

57. 內蒙赤峰巴彥塔拉遼代遺址浮選結果及分析，孫永剛、趙志軍，南方文物，2014 年第 3 期。

58. 試述內蒙古、遼寧遼金元時期的燒瓷窯爐，陳永婷、彭善國，北方文物，2013 年第 2 期 。

59. 內蒙赤峰、遼西遼代遺跡考察散記，周峰，中國人文田野（第四輯），巴蜀書社，2011 年。

60. 寒風裏的行動——尋找契丹遺跡點滴，曉邊，中國科學探險，2012 年第 1 期。

61. 赤峰市國家級重點文物保護單位⑥ ——缸瓦窯遺址簡介，孫國軍，赤峰學院學報（漢文哲學社會科學版），2011 年第 7 期。

62. 바린좌·우기（巴林左·右旗）요대（遼代） 유적 및 고리국（槀離國） 일대 담사 보고서，류병재，（韓国）北方文化研究（第 6 期），2015 年 12 月。

63. 科爾沁沙地遼代聚落與現代農業聚落分佈的規律——以內蒙古通遼市二林場區域爲例，李鵬，內蒙古民族大學學報（社會科學版），2012 年第 5 期。

64. 汪古部「按打堡子」及諸城址考辨，魏堅、周雪喬，邊疆考古研究（第 15 輯），科學出版社，2014 年。

65. 遼寧省遼河流域の遼代州県城址についての踏査報告，高橋學而，眞宗總合研究所研究紀要（31），2012 年。

66. 瀋陽市遼金城址調查，瀋陽市文物考古研究所，瀋陽考古文集（第 5 集），科學出版社，2015 年。

67. 瀋陽市大二臺子遼金遺址發掘簡報，瀋陽市文物考古研究所，遼金歷史與考古（第五輯），遼寧教育出版社，2014 年。

68. 瀋陽市北四臺子遼金遺址 2012 年發掘簡報，瀋陽市文物考古研究所，瀋陽考古文集（第 5 集），科學出版社，2015 年。

69. 瀋陽市新民偏堡子遺址遼金時期遺存發掘簡報，瀋陽市文物考古研究所、吉林大學邊疆考古研究中心、新民市文物管理所，邊疆考古研究（第 10 輯），科學出版社，2011 年。

70. 鞍山市岫岩滿族自治縣遼金時期遺址調查報告，楊旭東、曹國群、張旗，遼金歷史與考古（第五輯），遼寧教育出版社，2014 年。

71. 千山正觀堂遺址考，李剛，遼金歷史與考古（第五輯），遼寧教育出版社，2014 年。

72. 遼代遼西走廊的考古遺址與社會發展，肖忠純，農業考古，2014 年第 4 期。

73. 本溪考古又有新發現——省市考古工作者聯合發掘偏滴臺金代遺址，姜大鵬，本溪日報，2011 年 5 月 30 日第 5 版。

74. 昌圖四面城城址 2009 年試掘簡報，趙少軍、王雷，遼金歷史與考古（第四輯），遼寧教育出版社，2013 年。

75. 昌圖四面城城址 2010 年調查及城址東北角探溝發掘簡報，遼寧省文物考古研究所、鐵嶺市博物館，遼金歷史與考古（第三輯），遼寧教育出版社，2011 年。

76. 遼寧昌圖縣塔東遼代遺址的發掘，遼寧省文物考古研究所、鐵嶺市博物館、昌圖縣文管所，考古，2013 年第 2 期。

77. 遼寧鐵嶺市歪石砬子遼金遺址發掘簡報，遼寧省文物考古研究所、 鐵嶺市博物館，考古，2012 年第 2 期。

78. 鞍山千山區和臺安縣遼金時期遺址調查報告，李剛、張旗，遼金歷史與考古國際學術研討會論文集（上），遼寧教育出版社，2012 年。

79. 四平市鐵東區項家溝遺址發掘簡報，田永兵、魏佳明、趙殿坤，東北史地，2013 年第 6 期。

80. 四平市石嶺子城子山山城調查報告，梁會麗、雋成軍、田永兵、魏佳明，北方文物，2014 年第 1 期。

81. 醫巫閭山發現遼代石雕祭壇，屈連志，中國遼夏金研究年鑒 2013，中國社會科學出版社，2015 年。

82. 遼寧錦州龍臺遺址發掘簡報，遼寧省文物考古研究所、錦州市考古所，東北史地，2015 年第 5 期。

83. 吉林地區遼金文化遺存綜合述考（上），董學增，東北史研究，2015 年第 2 期。

84. 吉林地區遼金文化遺存綜合述考（下），董學增，東北史研究，2015 年第 3 期。

85. 松原市前郭縣查干湖東岸遼金聚落址調查報告，范博凱、景阿男，博物館研究，2013 年第 2 期。

86. 吉林省乾安縣查干湖西南岸春捺缽遺址群調查簡報，吉林大學邊疆考古研究中心、乾安縣文物管理所，邊疆考古研究（第 18 輯），科學出版社，2015 年。

87. 吉林乾安發現遼金時期春捺鉢遺址群，馮恩學，中國文物報，2015 年 3 月 27 日第 8 版。

88. 前郭塔虎城的考古發現與研究，彭善國，慶祝魏存成先生七十歲論文集，科學出版社，2015 年。

89. 前郭塔虎城的分期與年代——以 2000 年發掘資料爲中心，彭善國，邊疆考古研究（第 18 輯），科學出版社，2015 年。

90. 遼金城市考古的新發現：白城城四家子城址的發掘，梁會麗、全仁學、宋明雷，中國文物報，2013 年 12 月 20 日第 8 版。

91. 城四家子遼金城址的考古發掘，梁會麗、全仁學、周宇，遼金西夏研究年鑒 2013，中國社會科學出版社，2015 年。

92. 吉林白城永平金代遺址，李丹，遼金西夏研究 2010，同心出版社，2012 年。

93. 吉林白城永平金代寺廟址一號房址發掘簡報，李丹、謝峰，遼金歷史與考古國際學術研討會論文集（上），遼寧教育出版社，2012 年。

94. 吉林省白城地區永平遺址植物遺存研究，楊春，邊疆考古研究（第 15 輯），科學出版社，2014 年。

95. 吉林省白城市金家金代遺址的發掘，吉林省文物考古研究所，邊疆考古研究（第 12 輯），科學出版社，2012 年。

96. 吉林安圖發現金代皇家祭祀遺址——寶馬城遺址發掘的收穫，趙俊傑，中國文物報，2014 年 10 月 24 日第 8 版。

97. 吉林省安圖縣寶馬城遺址試掘簡報，吉林大學邊疆考古研究中心、吉林省長白山寶馬經濟區管委會，北方文物，2014 年第 4 期。

98. 關於寶馬城性質的初步研究，趙俊傑，北方文物，2015 年第 3 期。

99. 吉林發現東北地區首個遼金時期土鹽製作遺址——大安尹家窩堡遺址的發掘收穫，Pauline Sebilaud（史寶琳）、劉曉溪、李楊、王立新、楊建軍，中國文物報，2014 年 9 月 26 日第 8 版。

100. 吉林省東遼縣楊樹排子地遺址考古發掘簡報，吉林省文物考古研究所、遼源市文物管理所、東遼縣文物管理所，北方文物，2015 年第 2 期。

101. 吉林長白縣民主遺址 2011 年發掘及以往調查簡報，吉林省文物考古研究所、長白縣文物管理所，北方文物，2015 年第 3 期。

102. 揭開東夏國的神秘面紗——吉林圖們磨盤山村山城發掘收穫，李強，中國文物報，2015 年 2 月 13 日第 8 版。

103. 後套木嘎遺址（2011-12）出土的戰國至遼金時期哺乳動物遺存研究，左豪瑞，吉林大學碩士學位論文，2015 年。

104. 洮南市胡力吐鄉北山石砌建築遺址調查簡報，趙里萌，白城師範學院學報，2014 年第 5 期。

105. 我市考古發掘出土一批較珍貴文物，唐洪源，遼源日報，2014 年 10 月 27 日第 1 版。

106. 吉林、遼寧境內部份女眞部落遺址調查日記，關伯陽，金上京文史論叢（第四輯），黑龍江人民出版社，2013 年。

107. 遼古紀行：女眞と高句麗の史蹟を訪ねて，村山吉廣，斯文（123），2013 年 9 月。

108. 金・東夏代女眞の集落構造とその特質：ロシア沿岸地方を中心として，中澤寬將，中央大學考古學研究會創設 45 週年記念論文集，中央大學考古學研究會，2013 年。

109. 金卜京遺址調查報告，呂竟成，黑龍江史志，2013 年第 11 期。

110. 金上京城考古收穫，趙評春，遼金西夏研究 2012，同心出版社，2014 年。

111. 考古發掘確定金上京城址建築與使用年代，趙永軍、劉陽、陳永婷，中國文物報，2014 年 5 月 9 日第 8 版。

112. 金上京考古取得新成果——發掘揭露南城南牆西門址，趙永軍、劉陽，中國文物報，2015 年 1 月 30 日第 8 版。

113. 大遺址保護視角下的金上京考古工作，趙永軍、劉陽，北方文物，2015 年第 2 期。

114. 松峰山道教遺址，趙微，黑龍江史志，2013 年第 20 期。

115. 塞北第一洞天——松峰山道教遺址，張明蕾，黑龍江史志，2013 年第 9 期。

116. 關於金源文化遺址保護及其經濟社會價值的若干思考，邵佳慧、韓豔，經濟研究導刊，2013 年第 14 期。

117. 黑龍江省綏濱縣二九〇農場一隊古遺址調查，黑龍江省文物考古研究所，北方文物，2011 年第 1 期。

118. 黑龍江省齊齊哈爾市奈門沁遺址發掘簡報，黑龍江省文物考古研究所，北方文物，2012 年第 3 期。

119. 黑龍江省訥河市龍河城址調查，王怡，北方文物，2015 年第 2 期。

120. 黑龍江撫遠縣亮子油庫遺址調查簡報，黑龍江省文物考古研究所，北方文物，2014 年第 2 期。

121. 黑龍江省湯原縣東慶升村南遺址調查簡報，李可鑫，北方文物，2014 年第 2 期。

122. 密山境內金代女眞人遺址的發現與研究，王鳳梅，戲劇之家（理論版），2012 年第 1 期。

123. 千古之謎試揭秘（連載一）——伊春暨金山屯所涉金代文化遺存整合考證研究，仲繼波，黑龍江史志，2012 年第 18 期。

124. 千古之謎試揭秘（連載二）——伊春暨金山屯所涉金代文化遺存整合考證研究，仲繼波，黑龍江史志，2012 年第 20 期。

125. 千古之謎試揭秘（連載三）——伊春暨金山屯所涉金代文化遺存整合考證研究，仲維波，黑龍江史志，2012 年第 22 期。

126. 千古之謎試揭秘（連載四），仲維波，黑龍江史志，2012 年第 24 期。

127. 千古之謎試揭秘（連載五），仲維波，黑龍江史志，2013 年第 2 期。

128. 千古之謎試揭秘（連載六）——伊春暨金山屯地域金代歷史文化研究新說，仲維波，黑龍江史志，2013 年第 4 期。

129. 千古之謎試揭秘（連載七）——伊春暨金山屯地域金代歷史文化研究新說，仲維波，黑龍江史志，2013 年第 6 期。

130. 千古之謎試揭秘（連載八）——伊春暨金山屯地域金代歷史文化研究新說，仲維波，黑龍江史志，2013 年第 8 期。

131. 千古之謎試揭秘（連載九）——伊春暨金山屯地域金代歷史文化研究新說，仲維波，黑龍江史志，2013 年第 10 期。

132. 千古之謎試揭秘（連載十）——伊春暨金少屯地域金代歷史文化研究新說，仲維波，黑龍江史志，2013 年第 12 期。

133. モンゴル遼代城郭都市の構造と環境変動：モンゴル國チントルゴイ城郭都市遺跡 2010 年調查報告，千田嘉博，總合研究所所報（20 號），2012 年 3 月。

134. モンゴル遼代城郭都市の構造と環境変動 2011 年度調查成果報告，千田嘉博，總合研究所所報（21），2013 年。

135. 平成 24 年度総合研究所特別研究トーラ川流域の大型城郭都市デイジ
　　　タルアーカイブ化──モンゴル國における大型城郭都市のデイジタ
　　　ルアーカイブ，正司哲朗、エンフトル　アルタンゲレル，総合研究所
　　　所報（22），2014 年。
136. チントルゴイ城址と周辺遺跡，木山克彦、臼杵勲、千田嘉博等，アジ
　　　ア遊學（160），2013 年。
137. 蒙古國戈壁沙漠地區的契丹系文化遺存，白石典之著，王達來譯，草原
　　　文物，2015 年第 2 期。

十六、文　物

（一）建築、寺院、佛塔

1. 金刻《重校正地理新書》所引宋《營造法式》芻議，王其亨、成麗，2013年保國寺大殿建成 1000 週年系列學術研討會論文合集，科學出版社，2015 年。

2. 遼代建築分期略論，丁垚、劉翔宇、張思銳，中國科技論文在線，2011年第 5 期。

3. 從發現遼代建築那刻起，陳莘，文化月刊，2014 年第 2 期。

4. 談遼代木結構建築營造技術，朱涵瑞、楊一帆，山西建築，2014 年第36 期。

5. 遼金建築裝飾構件特徵——晉地遼金建築的裝飾形式及營造，趙青、張麒，古建園林技術，2012 年第 1 期。

6. 探尋遼金時代建築特點及在當代民俗建築中的應用，張曦元、祝一狄、呂靜，建築與文化，2015 年第 10 期。

7. 遼代建築文化理念的發展初探，孫文婧，建築工程技術與設計，2015 年第 27 期。

8. 同源異制的遼代木構與磚作鋪作，趙兵兵，四川建築科學研究，2015 年第 3 期。

9. 山西遼金建築彩繪與平面設計的關係，李英偉，藝術科技，2015 年第7 期。

10. 山西金代建築的建築特色與歷史價值，李青，黑龍江史志，2015 年第5 期。

11. 圖像學語境下的金代建築裝飾紋樣初探，郭瀟、林墨飛、唐建，城市建築，2015 年第 12 期。

12. 遼代磚塔建築形制初步研究，張曉東，吉林大學博士學位論文，2011 年。

13. 遼代磚石塔的演變發展與特點，趙兵兵、陳伯超，華中建築，2011 年第 3 期。

14. 遼代磚塔形制的美學特徵，趙兵兵，大舞臺，2015 年第 9 期。

15. 遼塔相關調查及研究概述，陳術石、佟強，中國文物科學研究，2012 年第 2 期。

16. 遼代佛塔建築的歷史成就，許凱，蘭臺世界，2013 年第 7 期。

17. 遼代佛塔的宗教淵源，趙兵兵，建築史（35 輯），清華大學出版社，2015 年。

18. 異族統治下中國北方的寶塔，鮑希曼著，趙娟譯，美術嚮導，2015 年第 1 期。

19. 遼塔的歷史價值及現實意義，趙慧研，青年文學家，2015 年第 6 期。

20. 聳立千年的遼代佛塔建築之藝術探源，張琳琳、陳春偉，蘭臺世界，2014 年第 34 期。

21. 遼塔研究，谷贇，中央美術學院博士論文，2013 年。

22. 典型遼塔尺度構成及各部比例關係探究，馬鵬飛、陳伯超，華中建築，2014 年第 8 期。

23. 遼、金、元代佛塔，張馭寰，佛教文化，2013 年第 5 期。

24. 淺析唐、宋、遼三代建築風格，王佳，蘭臺世界，2011 年第 20 期。

25. 北方遼宋木構梢間斗配置與轉角構造的演變關係研究，唐聰，古建園林技術，2013 年第 1 期。

26. 中國遼・金代の建築における補間鋪作の形式，溫靜，日本建築學會計劃系論文集 78（683），2013 年。

27. 山西存有大量宋遼金前古建築，王學濤、劉翔霄，中國建設報，2011 年 5 月 16 日第 4 版。

28. 宋金時期晉東南建築地域文化研究，侯寅峰，蘭臺世界，2013 年第 12 期。

29. 晉南金元戲臺視聽功能淺析，朱向東、佟雅茹，華中建築，2013 年第 3 期。

30. 從大同遼金時期的建築遺存看佛教的特徵，李珍梅、李杲、王宇超，山西大同大學學報（社會科學版），2013 年第 2 期。

31. 流域特徵對建築營造的影響——以桑乾河流域遼金建築爲例，劉婧、佟雅茹，四川建築科學研究，2014 年第 2 期。

32. 論多樣化外簷斗拱的外觀與佈局——日本和樣佛堂與中國北方遼宋金建築的比較研究，溫靜，中國建築史論彙刊（第 10 輯），清華大學出版社，2014 年。

33. 宋金建築營造技術對後世的影響——以晉東南元代建築爲例，屈宇軒，太原理工大學碩士學位論文，2014 年。

34. 中國東北地區遼金瓦當研究，盧成敢，吉林大學碩士學位論文，2015 年。

35. 20 世紀上半葉日本學者對蒙遼地區遼代佛教建築的考察與研究，曹鐵娃、曹鐵錚、王一建，世界宗教文化，2003 年第 1 期。

36. 宋金橋梁建造與維護管理研究，張楊，河北大學碩士學位論文，2011 年。

37. 地方孔廟的普及與覆蓋：宋・遼・金・元，沈暘，南方建築，2011 年第 4 期。

38. 遼南京建築文化特色與價值，宋衛忠，北京科技大學學報（社會科學版），2013 年第 3 期。

39. 天寧寺和慈壽寺，李曄，旅遊，2011 年第 8 期。

40. 北京名刹天寧寺（Ⅰ），汪藝朋、汪建民，首都師範大學學報（自然科學版），2011 年第 5 期。

41. 北京名刹天寧寺（Ⅱ），汪藝朋、汪建民，首都師範大學學報（自然科學版），2011 年第 6 期。

42. 北京名刹天寧寺（Ⅲ），汪藝朋、汪建民，首都師範大學學報（自然科學版），2012 年第 1 期。

43. 北京天寧寺塔的型制與裝飾藝術研究，李烽，太原理工大學碩士學位論文，2014 年。

44. 法藏塔小記，蔣偉濤，北京觀察，2013 年第 4 期。

45. 北京昌平遼代雙泉寺的歷史文化價值，理淨，遼金佛教研究，金城出版社，2012 年。

46. 「十字寺」的由來，郝福才，北京紀事，2011 年第 3 期。

47. 獨樂寺：曲高和寡的遼代大木作，花信，中華民居，2012 年第 8 期。

48. 中國古建築傳統數字觀念分析——以河北薊縣獨樂寺觀音閣爲例，蔣雪峰、楊大禹，華中建築，2011 年第 2 期。

49. 發現獨樂寺，丁垚，建築學報，2013 年第 5 期。

50. 薊縣獨樂寺山門新發現的榫卯痕跡調查，天津大學建築學院、薊縣文物保管所，中國文物報，2013 年 6 月 14 日第 8 版。

51. 獨樂寺山門主梁構造節點的新發現，文物建築測繪研究國家文物局重點科研基地（天津大學）、薊縣文物保管所，中國文物報，2014 年 4 月 18 日第 8 版。

52. 悠悠大觀 千年獨樂寺，天津經濟，本刊課題組，2014 年第 7 期。

53. 千年古剎獨樂寺建築藝術考略，吳迪、周堅 蘭臺世界，2015 年第 9 期。

54. 古建尋蹤羅漢堂，王宗徵，天津檔案，2011 年第 3 期。

55. 走進寧靜的豐潤天宮寺塔，張春海，中國社會科學報，2012 年 1 月 30 日第 5 版。

56. 古塔新暉——記豐潤天宮寺塔，徐小豐，科學大眾（科學教育），2013 年第 7 期。

57. 閣院寺文殊殿正面的門窗，劉翔宇、丁垚，建築師，2015 年第 4 期。

58. 光緒《廣昌縣志》所見淶源閣院寺的創建時間及活動，張婷，保定宋遼歷史文化遺產及其開發研究，河北大學出版社，2015 年。

59. 唐代殿堂建築到金代廳堂建築——從山西五臺山佛光寺大殿到文殊殿，李欣、陳璐，城市建設（下旬），2011 年第 4 期。

60. 佛光寺大殿新發現的題記與紀年牌，天津大學建築學院、文物建築測繪研究國家文物局重點科研基地（天津大學）、山西省古建築保護研究所佛光寺管理所，中國文物報，2015 年 6 月 16 日第 6 版。

61. 試談大同城內兩座遼金佛教寺院的建築藝術，張偉莉，文物世界，2012 年第 6 期。

62. 遼金珍品：山西大同華嚴寺，彭和鶯，中國民族報，2011 年 6 月 28 日第 7 版。

63. 大同華嚴寺的歷史變遷，曹臣明，山西大同大學學報（社會科學版），2012 年第 2 期。

64. 大同華嚴寺薄伽教藏殿建築風格略論，白勇，文物世界，2011 年第 3 期。

65. 從上華嚴寺看遼代建築裝飾藝術，趙黛麗，太原理工大學碩士學位論文，2011 年。

66. 淺析華嚴寺建築構件鴟吻的藝術特色，尹言、李志，藝術教育，2015 年第 7 期。

67. 大同華嚴寺薄伽教藏殿梁架結構分析，白志宇，2013 年保國寺大殿建成 1000 週年系列學術研討會論文合集，科學出版社，2015 年。

68. 唐風古韻善化寺，叢燕麗，中國民族報，2011 年 5 月 31 日第 7 版。

69. 遼金時期大同善化寺建築特色分析，劉旭峰，吉林建築工程學院學報，2014 年第 3 期。

70. 品味思考山西大同善化寺遼金建築裝飾風格，李宏剛，山西大學碩上學位論文，2013 年。

71. 崇福寺的前世今生，榮浪、徐蕾，中華文化畫報，2011 年第 9 期。

72. 木德參天：千年不倒的應縣木塔，長三角，2011 年第 2 期。

73. 應縣木塔結構圖解，俞正茂，廈門大學碩士學位論文，2014 年。

74. 應縣佛宮寺釋迦塔圖像解析，程乃蓮、張敏，美術大觀，2011 年第 2 期。

75. 應縣釋迦塔的龍圖案，程乃蓮，文藝研究，2011 年第 7 期。

76. 淺談應縣木塔之藝術美，程乃蓮、杜麗君，文物世界，2011 年第 4 期。

77. 應縣木塔始建年代新說，劉玉龍、蔡升元，新農村商報，2012 年 2 月 22 日 B13 版。

78. 應縣釋迦木塔及其在當代的價值，楊增文，釋迦塔遼金佛教與舍利文化，宗教文化出版社，2012 年。

79. 應縣釋迦木塔的歷史地位及現代價值，張琪，釋迦塔遼金佛教與舍利文化，宗教文化出版社，2012 年。

80. 釋迦塔與遼金佛教文化圈，溫金玉，釋迦塔遼金佛教與舍利文化，宗教文化出版社，2012 年。

81. 應縣釋迦塔的風鈴及其造型藝術，程乃蓮，山西大同大學學報（社會科學版），2012 年第 4 期。

82. 中國現存最古老的戲臺，車文明，中國社會科學報，2011 年 11 月 8 日第 12 版。

83. 清源文廟大成殿建築特徵分析，肖迎九，文物世界，2011 年第 4 期。

84. 山西汾陽太符觀昊天殿建築特徵分析，朱向東、劉旭峰，中外建築，2011 年第 1 期。

85. 山西郭莊村昭澤王廟建築形制探析，李碧、胡柏彥，中外建築，2012 年第 4 期。

86. 淺談晉城市府城玉皇廟建築格局的歷史發展，趙琦，太原城市職業技術學院學報，2013 年第 5 期。

87. 平遙慈相寺大殿三維激光掃描測繪述要，塞爾江‧哈力克、劉暢、劉夢雨，建築史（35 輯），清華大學出版社，2015 年。

88. 高平市西李門二仙廟露臺拆後記，王沐琪，戲劇之家（上半月），2014 年第 3 期。

89. 山西普濟橋雕刻圖案淵源考，丁曉慧，蘭州大學碩士學位論文，2012 年。

90. 河南臨潁小商橋建年補正，賈洲傑，華夏考古，2014 年第 4 期。

91. 遼代建築傑作：義縣奉國寺，王飛，中國民族報，2011 年 4 月 19 日第 7 版。

92. 奉國寺 千年古刹 皇家道場，方秀華，百科知識，2013 年第 7 期。

93. 義縣奉國寺「大雄殿」所體現的遼代歷史文化特徵，孫晶鑫、胡衛軍，蘭臺世界，2014 年第 27 期。

94. 奉國寺與世界文化遺產之比較，王飛，遼金歷史與考古國際學術研討會論文集（上），遼寧教育出版社，2012 年。

95. 遼代奉國寺後法堂復原探討，王劍、趙兵兵，遼金歷史與考古（第三輯），遼寧教育出版社，2011 年。

96. 奉國寺伽藍堂復原推想，田波、劉儉、王劍，遼金歷史與考古（第三輯），遼寧教育出版社，2011 年。

97. 遼代奉國寺觀音閣復原探討，王劍、趙兵兵，遼金歷史與考古（第三輯），遼寧教育出版社，2011 年。

98. 奉國寺彌陀閣復原探討，趙兵兵、劉儉、王劍，遼金歷史與考古（第三輯），遼寧教育出版社，2011 年。

99. 奉國寺山門復原探討，趙兵兵、王劍，遼金歷史與考古（第三輯），遼寧教育出版社，2011 年。

100. 遼代奉國寺中院佈局探析，趙兵兵、王劍，遼金歷史與考古（第三輯），遼寧教育出版社，2011 年。

101. 再談義縣奉國寺大雄殿大木尺度設計方法——從最新發佈資料得到的啓示，劉暢、劉夢雨、張淑琴，故宮博物院院刊，2012 年第 2 期。

102. 義縣嘉福寺舍利塔建造年代及其相關問題，孫立學、陳術石，北方文物，2014 年第 1 期。

103. 遼寧地區遼代佛教寺塔及其功能與影響，馬琳，渤海大學碩士學位論文，2013 年。

104. 遼寧地區塔建築分佈研究，劉海年、王興也，遼寧省博物館館刊（2013），遼海出版社，2014 年。

105. 遼寧遼塔營造技術研究，馬鵬飛，瀋陽建築大學碩士學位論文，2012 年。

106. 瀋陽地區遼代建築遺產資源體系構建及文化復興展望，金連生，建築工程技術與設計，2015 年第 28 期。

107. 阜新遼代建築風俗特點及歷史地位，王偉，遼金史研究，遼寧民族出版社，2013 年。

108. 香岩寺雙峰塔初探，李剛、李芳、張旗，遼金歷史與考古（第三輯），遼寧教育出版社，2011 年。

109. Conservation of the Guang Sheng Si Pasoda of the Liao Dynasty in Liaoning Province, China, Shi Hu,Xiaomin Jin,Miao Zhou, *Frontiers of Architecture and Civil Engineering in China*（中國建築與土木工程前沿：英文版）2012.1.

110. 遼寧興城白塔峪遼塔，佟強，中國文化遺產，2012 年第 6 期。

111. 遼寧北票遼代塔基調查，姜洪軍、杜志剛，遼寧省博物館館刊（2013），遼海出版社，2014 年。

112. 開原崇壽寺塔年代考，陳術石、佟強，遼金歷史與考古（第三輯），遼寧教育出版社，2011 年。

113. 北鎮崇興寺雙塔述略，于志剛，大眾文藝，2012 年第 3 期。

114. 北鎮崇興寺雙塔磚雕藝術研究，張睿，文教資料，2014 年第 21 期。

115. 綏中妙峰寺雙塔，孟玲，遼金歷史與考古國際學術研討會論文集（下），遼寧教育出版社，2012 年。

116. 東北古代建築奇葩：遼陽白塔，王文軼，哈爾濱學院學報，2013 年第 5 期。

117. 遼東仏塔初探：遼陽県塔灣塔について，藤原崇人，眞宗総合研究所研究紀要（31），2012 年。

118. 談遼代東平房塔的磚雕塔飾，王巍、田波，山西建築，2012 年第 21 期。

119. 遼寧朝陽地區古建築調查與分析，袁月，瀋陽建築大學碩士學位論文，2013 年。

120. 龍城區三遼塔入圍國保單位名錄，姜野，朝陽日報，2011 年 2 月 13 日第 1 版。

121. 淺談朝陽城內的七座遼代磚塔，佟強，遼金歷史與考古（第三輯），遼寧教育出版社，2011 年。

122. 關於朝陽地區密簷式遼金磚塔的比較研究——以黃花灘塔和美公靈塔為例，趙兵兵、劉思鐸，瀋陽建築大學學報（社會科學版），2015 年第 1 期。

123. 略議密宗對遼塔佛教藝術的影響——以朝陽北塔為例，王冬冬，遼金歷史與考古（第三輯），遼寧教育出版社，2011 年。

124. 遼代朝陽北塔に関する考察，水野さや，金沢美術工芸大學紀要（57），2013 年 3 月。

125. 朝陽鳳凰山遼摩雲塔須彌座磚雕藝術的初步研究，李國學、王冬冬，遼金歷史與考古（第四輯），遼寧教育出版社，2013 年。

126. 大城子塔考，侯申光、王鐵華、張立武，遼金歷史與考古（第四輯），遼寧教育出版社，2013 年。

127. 三十年前對「遼濱塔」和「巨流河」的首次調查及其收穫，王綿厚，遼金史研究，遼寧民族出版社，2013 年。

128. 鐵嶺市境內遼塔及遼代塔基的調查與研究，劉文革、周向永，東北史研究，2014 年第 2 期。

129. 鐵嶺古塔文化價值及其旅遊開發利用，趙娜，青年文學家，2015 年第 17 期。

130. 撫順高爾山遼塔旅遊資源開發策略探究，張麗萍，遼寧師專學報（社會科學版），2015 年第 5 期。

131. 遼南永豐塔掠影，周荃、王丹、吳曉東、胡文薈，建築與文化，2015 年第 10 期。

132. 金代天盛號石拱橋，王鳳龍、張恒偉、趙金敏，門窗，2012 年第 5 期。

133. 農安遼寺、遼塔考，姜維東，東北史地，2011 年第 6 期。

134. 內蒙古地區遼代佛教寺廟遺產，孟和套格套，華西語文學刊（第八輯），四川文藝出版社，2013 年。

135. 豐州故城與遼代白塔，高雁萍，中國建設報，2014 年 7 月 11 日第 4 版。

136. 遼代萬部華嚴經塔浮雕藝術研究，張磊，內蒙古師範大學碩士學位論文，2013 年。

137. 靜安寺塔和靜安寺，佟強、郎智明、郭雪松，草原文物，2013 年第 1 期。

138. 赤峰市國家級重點文物保護單位（18）——遼代眞寂之寺簡介，孫國軍、康建國，赤峰學院學報（漢文哲學社會科學版），2012 年第 4 期。

139. 試論眞寂之寺石窟的開鑿年代，王青煜，遼上京文化遺產（總第 2 期），2011 年 9 月 30 日。

140. 慶州白塔的千年光陰，楊瑛，老年世界，2011 年第 13 期。

141. 地震與寧城大明塔，李波，防災博覽，2012 年第 3 期。

142. 武安州塔形制及建築年代考，林林、付興勝、陳術實，草原文物，2014 年第 1 期。

（二）碑刻、墓誌

1. 遼寧地區遼金元石刻書人考論，王力春，美術大觀，2012 年第 8 期。

2. 阜新地區遼代碑誌及相關問題，梁姝丹，遼金歷史與考古（第五輯），遼寧教育出版社，2014 年。

3. 《遼代石刻檔案研究》補正，李宇峰，遼金歷史與考古（第三輯），遼寧教育出版社，2011 年。

4. 《內蒙古遼代石刻文研究》中的漢文碑專名研究，張彥莉，西南大學碩士學位論文，2012 年。

5. 遼瀋陽無垢淨光舍利塔碑、函及相關研究，李鑫，遼寧省博物館館刊（2011），遼海出版社，2011 年。

6. 塔子城古城和遼代大安七年刻石，張濤，黑龍江史志，2012 年第 21 期。

7. 東港市張甸村遼碑考析，王海，商情，2012 年第 19 期。

8. 遼圓慧大師玄福墓碑與木葉山，葛華亭，遼上京文化遺產（總第 3 期），2012 年 5 月 30 日。

9. 《重修桑乾河橋記》小考，宋丹丹，北方文物，2012 年第 1 期。

10. 《通法寺地產碑》爲遼碑說辨誤，苗潤博，北方文物，2015 年第 1 期。

11. 遼代慶州白塔建塔碑銘再考，尤李，內蒙古師範大學學報（哲學社會科學版），2015 年第 4 期。

12. 遼代慶州白塔建塔碑銘再考，尤李，契丹學論集（第二輯），內蒙古人民出版社，2015 年。

13. 《清河公到任記》相關問題考辨，郝紅霞，中國典籍與文化，2012 年第 2 期。

14. 與《契丹藏》有關的兩件刻石——遼咸雍四年殘經幢及暘臺山清水院藏經記碑，齊心、伊葆力，遼金歷史與考古國際學術研討會論文集（下），遼寧教育出版社，2012 年。

15. 遼《薊州沽漁山寺碑銘》小考，尤李，樂山師範學院學報，2012 年第 9 期。

16. 關於薊州神山雲泉寺記碑的撰書者——大遼薊州神山雲泉寺記碑考，吳夢麟、張永強，遼金歷史與考古國際學術研討會論文集（下），遼寧教育出版社，2012 年。

17. 史學博士徒步進山亂石中發現古寺碑，王梅，京華時報，2013 年 10 月 15 日。

18. 驢友尋千年石碑 專家：「驗明正身」保護罕見石碑，李禹潼，新京報，2013 年 10 月 15 日。

19. 遼代墓誌生肖圖案的考古學觀察，楊玥，考古與文物，2013 年第 1 期。

20. 遼代紀時法證史舉例，姜維東、姜維公，北華大學學報（社會科學版），2013 年第 6 期。

21. 遼代碑誌銘記中的紀時法研究，姜維公、姜維東，史學集刊，2015 年第 2 期。

22. 遼代墓誌蓋概述，于秀麗，遼金歷史與考古（第五輯），遼寧教育出版社，2014 年。

23. 遼代墓誌生肖紋飾研究，關翔宇，內蒙古大學碩士學位論文，2015 年。

24. 契丹文字墓誌の姿からわかること——契丹國時代墓誌の樣式を探る，武田和哉，Field+（フィールドプラス）NO.8，2012 年 7 月。

25. 遼聖宗道宗哀冊文匯校，李俊義，契丹學論集（第一輯），內蒙古人民出版社，2015 年。

26. 遼代平原公主墓誌考釋，李龍彬、樊聖英、李宇峰，考古，2011 年第 8 期。

27. 遼《駙馬蕭公平原公主墓誌》再考釋，韓世明、都興智，文史，2013 年第 3 期。

28. 遼《秦晉國妃墓誌銘》所記地名及達褵瑣議，羅樹坤，遼上京文化遺產（總第 2 期），2011 年 9 月 30 日。

29. 遼耶律氏是「陳」姓後裔？──《大契丹國夫人蕭氏墓誌》新釋，熊鳴琴，文獻，2013 年第 5 期。

30. 巴林左旗遼韓匡嗣家族墓地發現耶律度剌墓誌，張興國，遼金歷史與考古（第三輯），遼寧教育出版社，2011 年。

31. 遼代平州節度使耶律胡咄石棺及墓誌，項春松，遼金歷史與考古（第三輯），遼寧教育出版社，2011 年。

32. 遼《耶律宗福墓誌》校勘補述，王利華、王青煜、李宇峰，遼金歷史與考古（第三輯），遼寧教育出版社，2011 年。

33. 《耶律曷魯妻掘聯墓誌銘》為贗品說，劉鳳翥、何文峰，北方文物，2015 年第 2 期。

34. 關於蕭和家族幾塊墓誌名稱，史風春，中國遼夏金研究年鑒 2013，中國社會科學出版社，2015 年。

35. 遼代《蕭紹宗墓誌銘》和《耶律燕哥墓誌銘》考釋，郭寶存、祁彥春，文史，2015 年第 3 期。

36. 關於蕭旻墓誌的幾個問題，都興智，遼金史論集（第十二輯），吉林大學出版社，2012 年。

37. 《蕭旼墓誌銘》為贗品說，劉鳳翥，赤峰學院學報（漢文哲學社會科學版），2015 年第 1 期。

38. 《蕭旼墓誌銘》為贗品說，劉鳳翥，契丹學論集（第二輯），內蒙古人民出版社，2015 年。

39. 《蕭琳墓誌銘考釋》補述，穆啓文，遼金歷史與考古（第三輯），遼寧教育出版社，2011 年。

40. 《蕭琳墓誌銘考釋》補正，李宇峰，遼金史研究，遼寧民族出版社，2013 年。

41. 關於蕭和家族墓誌銘文的幾點認識，齊偉，遼金史論集（第十二輯），吉林大學出版社，2012 年。

42. 遼《蕭瑩墓誌》略考，都興智，遼金歷史與考古國際學術研討會論文集（下），遼寧教育出版社，2012 年。

43. 《大契丹國蕭氏夫人墓誌》再探討，葛華廷、王玉亭，北方文物，2012年第 3 期。

44. 遼寧朝陽縣發現遼代後晉李太后、安太妃墓誌，杜曉紅、李宇峰，邊疆考古研究（第 16 輯），科學出版社，2015 年。

45. 遼寧朝陽縣發現遼代後晉李太后，安太妃墓誌，李宇峰，契丹學論集（第二輯），內蒙古人民出版社，2015 年。

46. 略述遼寧地區發現的遼人墓誌的分區，蓋恩存、李宇峰，遼金歷史與考古國際學術研討會論文集（下），遼寧教育出版社，2012 年。

47. 遼寧省博物館藏《石重貴墓誌銘》考釋，齊偉，遼金歷史與考古（第四輯），遼寧教育出版社，2013 年。

48. 遼代《張懿墓誌》補考，田高、王利華、王玉亭，北方文物，2011 年第 3 期。

49. 遼朝梁穎墓誌銘考釋，楊衛東，文史，2011 年第 1 期。

50. 遼《高士寧墓誌》考釋，左利軍，遼金歷史與考古（第三輯），遼寧教育出版社，2011 年。

51. 遼《張守節墓誌》考，張力，遼金歷史與考古（第三輯），遼寧教育出版社，2011 年。

52. 《遼末金初齊堯舉夫婦墓誌》補校，王玉亭，遼寧省博物館館刊（2011），遼海出版社，2011 年。

53. 遼寧朝陽縣發現遼代高嵩高元父子墓誌，杜曉紅、李宇峰，遼寧省博物館館刊（2011），遼海出版社，2011 年。

54. 遼張公恕妻陳氏墓誌考釋，齊偉、都惜青，蘇州文博論叢（總第 2 輯），文物出版社，2011 年。

55. 遼代《韓僕射墓誌銘》揭秘，李雲、吳學俍，唐山政協，2012 年第 3 期。

56. 耿延毅墓誌考釋，苗霖霖，唐山師範學院學報，2012 年第 3 期。

57. 遼《張守節墓誌》補釋，李強，遼金歷史與考古（第四輯），遼寧教育出版社，2013 年。

58. 遼代《劉宇一墓誌》考釋，杜守昌、李宇峰，遼寧省博物館館刊（2012），遼海出版社，2013 年。

59. 遼寧省北票市發現遼劉府君墨書題記墓誌，杜曉紅，遼金歷史與考古（第四輯），遼寧教育出版社，2013 年。

60. 遼陳顗妻曹氏劉氏墓誌校勘考釋，姜洪軍、李宇峰，遼金歷史與考古（第四輯），遼寧教育出版社，2013 年。

61. 遼《劉暐墓誌》《劉慈墓誌》校勘，李俊義、高穎、戴順，赤峰學院學報（漢文哲學社會科學版），2014 年第 2 期。

62. 遼《劉文用墓誌銘》《劉貢墓誌銘》勘誤，李俊義、李義，遼金歷史與考古（第五輯），遼寧教育出版社，2014 年。

63. 遼《張正嵩張思忠墓誌銘》考釋，李宇峰，遼寧省博物館館刊（2014 年），遼海出版社，2015 年。

64. 遼寧北票市發現遼代李紹俞墓誌，姜洪軍，遼金歷史與考古（第五輯），遼寧教育出版社，2014 年。

65. 遼《高玄圭墓誌》考釋，康鵬、左利軍、魏聰聰，北方文物，2014 年第 3 期。

66. 新出元契丹裔勳貴耶律禿滿答兒墓誌研究，陳瑋，契丹學論集（第二輯），內蒙古人民出版社，2015 年。

67. 遼博館藏兩方石刻考釋——兼談遼代佛教「顯密圓通」思想之研究，齊偉，北方民族考古（第 2 輯），科學出版社，2015 年。

68. 從佛塔石刻看遼代建塔工種，王曉穎，碧彩雲天——遼代陶瓷，北京燕山出版社，2013 年。

69. 《龍興觀創造香幢記》：一則遼代民間道教的珍貴史料，尤李，中國道教，2013 年第 1 期。

70. 遼代經幢若干問題雜考，楊富學、朱滿良，契丹學論集（第二輯），內蒙古人民出版社，2015 年。

71. 遼南京地區城鎮中的經幢三例，冀洛源，文物，2013 年第 6 期。

72. 遼《南贍部州大契丹國興中府東北甘草塌建塔葬定光佛舍利記》考釋，姜洪軍、李宇峰，北方民族考古（第 2 輯），科學出版社，2015 年。

73. 錦州市博物館館藏的一件石刻，劉鱷，遼金史研究，遼寧民族出版社，2013 年。

74. 石經幢小考，孫繼豔，遼金歷史與考古（第四輯），遼寧教育出版社，2013 年。

75. 巴林左旗發現兩處遼代墓幢，李學良，遼金歷史與考古（第三輯），遼寧教育出版社，2011 年。

76. 阜新地區遼代石經幢及其相關問題的研究，梁姝丹，遼金歷史與考古（第三輯），遼寧教育出版社，2011 年。

77. 遼《李翊爲妣建陀羅尼經幢記》小考，尤李，內江師範學院學報，2012 年第 7 期。

78. 遼《覺華島海雲寺空通山悟寂院塔記》考釋，尤李，東北史地，2012 年第 5 期。

79. 盧龍縣大佛頂尊勝陀羅尼經幢考，畢丹紫玉，文物春秋，2012 年第 4 期。

80. 旅順博物館《佛頂尊勝陀羅尼眞言經幢》新解讀，宋豔秋，遼金歷史與考古（第三輯），遼寧教育出版社，2011 年。

81. 固安王龍村經幢不是金代文物，孫建權，文物春秋，2011 年第 6 期。

82. 忻州新發現金代七通「佛頂尊勝陀羅尼幢」考論，侯慧明，博物館研究，2014 年第 2 期。

83. 呼和浩特清水河縣出土一方金代佛頂尊勝陀羅尼經幢，胡漢光、張秀彪，草原文物，2014 年第 2 期。

84. 金《武德將軍幢記》相關問題再辨——兼與馬壘先生商榷，王玉亭，東北史研究，2014 年第 2 期。

85. 金元代石刻史料集——華北地域佛教關係碑刻（1），桂華淳祥，眞宗總合研究所研究紀要（28 號），2011 年 3 月。

86. 金代石刻對《金史》的補充與校正，王新英，遼寧省博物館館刊（2011），遼海出版社，2011 年。

87. 山西介休發現的幾塊重要碑刻，師又源，文物世界，2011 年第 5 期。

88. 關於大金得勝陀頌碑「身首反向」等問題的辨析，王國學，松花江，2011 年第 4 期。

89. 金代韓景□神道碑考釋，孫建權，北京文博文叢，2011 年第 2 輯。

90. 山西翼城喬澤廟金元水利碑考——以《大朝斷定使水日時記》爲中心，井黑忍，山西大學學報（哲學社會科學版），2011 年第 3 期。

91. 代縣發現金代墓誌銘考釋，王海英，文物世界，2011 年第 2 期。

92. 甘肅合水安定寺石窟金代党項人題記考釋，周峰，西夏學（第八輯），上海古籍出版社，2011 年。

93. 晉北訪碑行報告，舩田善之、井黑忍、飯山知保，調查研究報告（57 號），2012 年 11 月。

94. 時立愛碑誌考釋，苗霖霖，博物館研究，2012 年第 3 期。

95. 時豐墓誌考釋，苗霖霖、時妍，唐山學院學報，2012 年第 5 期。

96. 連雲港首塊盡孝碑刻「現身」孔雀溝，蒼梧晚報，2002 年 11 月 27 日。

97. 唐朝政権の形成と太宗の氏族政策：金劉若虛撰「裴氏相公家譜之碑」所引の唐裴湝撰『裴氏家譜』を手掛かりに，堀井裕之，史林 95（4），2012 年 7 月。

98. 正定新出金代塔銘考評，趙生泉，遼金元佛教研究（下）——第二屆河北禪宗文化論壇論文集，大象出版社，2012 年。

99. 牟平永安莊金代摩崖石刻探微，張國安，煙臺晚報，2012 年 1 月 12 日。

100. 館藏稀見碑帖文拾掇，張梅秀、劉秀榮，晉圖學刊，2012 年第 4 期。

101. 金元明時期金代石刻的著錄與研究，王新英，遼金歷史與考古國際學術研討會論文集（下），遼寧教育出版社，2012 年。

102. 「孫公亮墓」碑刻群の研究：12～14 世紀華北における「先塋碑」の出現と系譜伝承の変遷，飯山知保，アジア・アフリカ言語文化研究（85），2013 年。

103. 金源郡王神道碑述略，王久宇，北方文物，2013 年第 1 期。

104. 完顏幹魯墓碑的發現和研究，王久宇，遼金西夏研究 2010，同心出版社，2012 年。

105. 金源郡王神道碑與金朝大定年間的文化導向，王久宇，遼寧工程技術大學學報（社會科學版），2012 年第 5 期。

106. 金源內地重要碑刻考，李靖，赤子（上中旬），2015 年第 23 期。

107. 完顏婁室神道碑碑文的史料價值述要，王久宇、孫田，哈爾濱師範大學社會科學學報，2015 年第 2 期。

108. 完顏希尹神道碑碑文的史料價值，王久宇、孫田，古籍整理研究學刊，2015 年第 4 期。

109. 朱翼盦先生碑拓收藏的收官之作　金《完顏希尹碑》及其托裱，侯雁，紫禁城，2014 年第 8 期。

110. 《大金重修東嶽廟碑》考釋，馬傑，蘭臺世界，2013 年第 12 期。

111. 張邵與《宜州大奉國寺續裝兩洞賢聖題名記》，姜念思，遼金史研究，遼寧民族出版社，2013 年。

112. 金代墓誌等級制度研究——以出土墓誌爲中心，王新英，蘭州學刊，2012 年第 1 期。

113. 寧遠大將軍劉子志墓誌銘簡介，邵國田，赤峰書法，2012 年第 2 期。

114. 金初《王宗孟墓誌》考，伊葆力、楊衛東，文物春秋，2012 年第 5 期。

115. 金代張守仁墓誌考，倪彬，文物春秋，2013 年第 3 期。

116. 金代聶宗家族兩方碑銘考釋，周峰，遼金史論集（第十三輯），中國社會科學出版社，2013 年。

117. 金代《徐方墓誌銘》考釋，王新英，東北史地，2013 年第 5 期。

118. 山東濟南發現兩合劉豫僞齊時期墓誌，王興華、張幼輝、郭俊峰，中國國家博物館館刊，2013 年第 10 期。

119. 元《故宣武大將軍韓公墓誌銘》及墓主身份考略，劉奕彤，卷宗，2013 年第 3 期。

120. 金代石刻檔案初探，趙彥昌、孫麗，遼金歷史與考古（第四輯），遼寧教育出版社，2013 年。

121. 舞樓碑刻與晉東南社會：金代舞樓碑發現的意義，段建宏，中華戲曲（第 47 輯），文化藝術出版社，2014 年。

122. 宋金保安軍小胡等族碑碣資料綜合考察與研究，段雙印、白保榮，寧夏社會科學，2014 年第 5 期。

123. 《大金大房山縣子水道院興建三間法堂永記碑》考，馬壘，首都博物館論叢（第 28 輯），北京燕山出版社，2014 年。

124. 山東泰山《谷山寺敕牒碑》，陶莉，中國文物報，2014 年 10 月 7 日第 8 版。

125. 沁陽金代秦順授官碑考，羅火金、鄭衛、謝辰，中原文物，2014 年第 2 期。

126. 洛陽藏金代全眞道石碑考，劉連香，四川文物，2014 年第 5 期。

127. 譚處端丘處機書金代石碑初論，劉連香，中國國家博物館館刊，2014 年第 11 期。

128. 京兆劉處士墓碣銘考釋，王原茵，文博，2014 年第 1 期。

129. 西安碑林藏「劉處士墓碣」刊刻時代考，樊波，碑林集刊（第十八輯），三秦出版社，2012 年。

130. 金代「劉處士」的別樣人生，趙建蘭，中國文化報，2014 年 5 月 6 日第 8 版。

131. 陝西金代敕賜寺觀額牒碑刻整理與研究，司雅霖，西北大學碩士學位論文，2014 年。

132. 金代《張雄墓誌》考釋，都惜青，東北史地，2014 年第 2 期。

133. 《清河郡君牛氏墓誌銘》考釋，李忠魁，黃河之聲，2014 年第 4 期。

134. 龍泉霧金代武德將軍尊勝經幢考，馬壘，東北史地，2013 年第 1 期。

135. 金《武德將軍幢記》相關問題再辨，王玉亭，北京文博文叢，2013 年第 3 輯。

136. 《大金國燕京宛平縣陽臺山清水院長老和尚塔記》考述，宣立品，北京文博文叢，2015 年第 3 期。

137. 陝北宋金石窟題記內容分析，李靜傑，敦煌研究，2013 年第 3 期。

138. 志丹城臺寺石窟歷代題記的識讀與分析，劉振剛，敦煌研究，2015 年第 5 期。

139. 《金贈光祿大夫張行願墓誌》補釋，李智裕，北方文物，2015 年第 3 期。

140. 大蒙古國京兆總管府奏差提領經歷段繼榮墓誌銘考釋，陳瑋，北方文物，2015 年第 3 期。

141. 河北淶源閣院寺遼代「飛狐大鐘」銘文考，梁松濤、干路璐，北方文物，2015 年第 1 期。

142. 金明昌六年《王立買地券》校釋，鵬宇，中國國家博物館館刊，2014 年第 10 期。

143. 新發現的金代瓷質買地券，王嘉寧、王薦、蘇德永，中國書法，2014 年第 2 期。

（三）官印、印章

1. 遼代璽印藝術的民族風格與文化特色，辛蔚，前沿，2013 年第 15 期。

2. 遼「女眞鹿官戶太保印」銅官印考釋，趙中文、馮永謙，北方文物，2013 年第 4 期。

3. 遼寧省桓仁縣所出契丹文印，王俊輝，東北史地，2013 年第 6 期。

4. 「契丹節度使印」的性質與年代問題，辛蔚，遼金歷史與考古國際學術研討會論文集（下），遼寧教育出版社，2012 年。

5. 遼內小廄印考，張興國，中國文物報，2014 年 6 月 4 日第 7 版。

6. 一枚人物肖像畫押印，張興國，遼上京文化遺產（總第 2 期），2011 年 9 月 30 日。

7. 一方珍貴的金代銅印，馬玲，民族日報，2011 年 8 月 1 日 W03 版。

8. 一方珍貴的金代銅印——「河州監支納印」略考，馬玲，隴右文博，2012 年第 1 期。

9. 金代銅官印綜述，王娟，西江月，2013 年第 25 期。

10. 淺析金代官印的分期，矯石，赤子（上中旬），2015 年第 3 期。

11. 淺析阿城出土的金代官印，才大泉，華章，2013 年第 11 期。

12. 金代官印對當代黑龍江篆刻創作體系的影響，李慧、劉穎、董新傑，藝術教育，2015 年第 4 期。

13. 遼陽博物館館藏兩方金代銅印考釋，李智裕、高輝，遼金歷史與考古國際學術研討會論文集（下），遼寧教育出版社，2012 年。

14. 金代總領之印考，孟慶沄，文物鑒定與鑒賞，2011 年第 1 期。

15. 河南新安縣博物館藏金代官印，高耀偉，文物，2011 年第 10 期。

16. 金代的「酒監之印」，伊葆力，東方收藏，2012 年第 9 期。

17. 河南淇縣文物管理所藏漢金元銅印章賞析，王小運，文物鑒定與鑒賞，2012 年第 9 期。

18. 金代高州城出土「都天大雷火印」與道教神霄派的北傳及其在松漠流佈，辛蔚，北方文物，2012 年第 4 期。

19. 「中書門下之印」鑒賞，張澤兵，博物館研究，2013 年第 2 期。

20. 「韓州刺史之印」的收藏與研究，田麗梅，北方文物，2013 年第 4 期。

21. 朝陽博物館館藏金代官印考，董傑，遼寧省博物館館刊（2013），遼海出版社，2014 年。

22. 關於金山屯地區金代建制兼「都統所印」分析，仲維波，金上京文史論叢（第四輯），黑龍江人民出版社，2013 年。

23. 諸城博物館藏元帥右監軍印再考，王德朋，中國國家博物館館刊，2014 年第 2 期。

24. 金代龍頭「副統之印」探秘，孫昌喜，黑龍江史志，2014 年第 15 期。

25. 「大定四年」款「得勝寨」銅印，馬莉，文物鑒定與鑒賞，2014 年第 3 期。

26. 金代鈔庫類官印淺析，柳彤，北京文博文叢，2014 年第 2 輯。

27. 「詵王之印」小考，陳勇，黑龍江史志，2013 年第 23 期。

28. 「詵王之印」為金代完顏婁室追封印質疑——兼評金毓黻關於「詵王之印」的著錄與考證，張韜，社會科學戰線，2015 年第 9 期。

29. 從猛安、謀克官印看金代的尺度，王曉靜，西南交通大學學報（社會科學版），2015 年第 6 期。

30. 金代忠孝軍的「虎符」，周國典，黃三角早報，2013 年 11 月 9 日 A12 版。

（四）銅鏡

1. 漸趨於藝術生活化的宋遼金銅鏡，趙春安，東方收藏，2011 年第 4 期。

2. 對宋遼金時期銅鏡形制分類比較分析，崔曉晨，黑龍江史志，2014 年第 1 期。

3. 宋遼金銅鏡中的人物故事，李建廷，收藏，2013 年第 13 期。

4. 宋\遼\金\元銅鏡略論（上、下），耿紀朋，收藏參考，2011 年第 2、3 期。

5. 淺析遼金銅鏡的特點，吳鵬，黑龍江史志，2014 年第 7 期。

6. 遼金青銅鏡鑒賞，夏曦，芳草，2011 年第 1 期。

7. 遼金銅鏡紋飾初探，張新穎，黑龍江史志，2014 年第 33 期。

8. 遼金銅鏡的藝術風格比較探究，潘春利，藝術·生活，2011 年第 3 期。

9. 凝聚華夏多元民族情結的遼代銅龍鏡，張治學，東方收藏，2011 年第 4 期。

10. 兩心同長存佛光照乾坤：Lloyd Cotsen 先生捐贈的遼代蓮花人物鏡之考古學研究，胡嘉麟，上海文博論叢，2013 年第 1 期。

11. 遼代四神紋鏡探究，李建廷，收藏參考，2011 年第 8 期。

12. 內蒙古代欽塔拉出土的遼代八蝶紋銅鏡，尹建光、李鐵軍，收藏·拍賣，2015 年第 3 期。

13. 略談金代的銅鏡文化，張慶峰，才智，2011 年第 13 期。

14. 金代銅鏡兩個問題的探討，尤洪才，黑龍江史志，2013 年第 3 期。

15. 金代銅鏡的工藝與題材，馬爾開，藝術市場，2012 年第 21 期。

16. 金東北三路出土銅鏡研究，朱長餘，中央民族大學碩士學位論文，2013 年。

17. 金上京會寧府出土銅鏡淺談，彭芊芊，黑龍江史志，2013 年第 11 期。

18. 金源銅鏡的宗教文化意蘊初探，張傑、李秀蓮，佳木斯大學社會科學學報，2012 年第 2 期。

19. 「上京巡院」銅鏡，陳瑞清，黑龍江史志，2015 年第 2 期。

20. 淺談吉林省境內出土的金代銅鏡，張麗晶、于麗群、全勇哲，東北史地，2012 年第 6 期。

21. 瑞獸葡萄鏡，李學良，遼上京文化遺產（總第 1 期），2011 年 7 月 1 日。

22. 金代明昌、承安年款圈帶銘文銅鏡及相關問題探討，于力凡，北京文博文叢，2012 年第 3 輯。

23. 首都博物館藏金代柄鏡兩題，于力凡，紫禁城，2012 年第 4 期。

24. 錦州市博物館藏金代銅鏡及初探，劉鱺，遼金歷史與考古國際學術研討會論文集（下），遼寧教育出版社，2012 年。

25. 大連地區出土漢金銅鏡綜述，郭永軍，收藏家，2014 年第 6 期。

26. 朝陽博物館藏金代銅鏡賞析，董傑，遼金歷史與考古（第四輯），遼寧教育出版社，2013 年。

27. 本溪博物館藏金代銅鏡精品選介，郭晶，遼金歷史與考古（第五輯），遼寧教育出版社，2014 年。

28. 近年遼北發現的金代刻銘銅鏡，楊麗敏、張劍，蘭臺世界，2015 年第 36 期。

29. 遼寧北票市文管所收藏的古代銅鏡，陳金梅，遼寧省博物館館刊（2013），遼海出版社，2014 年。

30. 丹東市發現「官」字款瑞獸鏡辨偽，陳章龍，遼金歷史與考古（第三輯），遼寧教育出版社，2011 年。

31. 喜獲金代雙魚紋銅鏡，吳聖元，中國文物報，2012 年月 28 日第 8 版。

32. 「魚」「餘」諧音 吉慶有餘——解讀金代雙魚紋鏡，周衛國、宋康年，中國文物報，2011 年 10 月 26 日第 8 版。

33. 金代雙魚鏡與許由巢父故事鏡研究，于力凡，首都博物館（第 27 輯），北京燕山出版社，2013 年。

34. 宋、金許由巢父故事鏡的初步研究，楊玉彬，文物鑒定與鑒賞，2012 年第 9 期。

35. 許由巢父故事鏡芻議，張金鳳，華夏考古，2015 年第 3 期。

36. 仙鄉傳書成佳話 悲歡情緣映鑒中——宋金柳毅傳書故事鏡解析，楊玉彬，東方收藏，2012 年第 7 期。

37. 金代銅神獸銘文鏡考，李建華，民生周刊，2013 年第 8 期。

38. 宋金牛郎織女故事鏡考說，楊玉彬，文物鑒定與鑒賞，2013 年第 3 期。

39. 金代海舶紋菱花銅鏡賞析，杜樹志，東方收藏，2014 年第 5 期。

40. 金代海舶紋菱花銅鏡賞析，楊靜美，卷宗，2014 年第 6 期。

41. 金代銅鏡製作的成就及特色，李速達，黑龍江史志，2015 年第 12 期。

42. 金代「星宿鎮水鏡」與「犀牛望月鏡」「吳牛喘月鏡」的關係，朱偉，文物鑒定與鑒賞，2015 年第 7 期。

43. 一面銅鏡背後的故事，李學民，文物鑒定與鑒賞，2015 年第 7 期。

（五）陶瓷

1. 淺談遼、金陶瓷文化，金愛英，美術大觀，2011 年第 5 期。

2. 遼上京漢城瓷窯址踏查記，李恩友，遼上京文化遺產（總第 2 期），2011 年 9 月 30 日。

3. 遼代釉陶初少研究，徐戎戎，吉林大學碩士學位論文，2011 年。

4. 北京地區出土的遼代低溫釉陶器研究，李影，碧彩雲天──遼代陶瓷，北京燕山出版社，2013 年。

5. 平成版《中國陶磁見聞録（21）契丹國》のやきもの，弓場紀知，紫明（30），2012 年 3 月。

6. 契丹の地域土器生產（布施晶子先生追悼號），臼杵勲，札幌學院大學人文學會紀要（91），2012 年 2 月。

7. 契丹陶磁の「周緣性」に関する檢討（2）唐代の三彩窯との比較を通して，町田吉隆，神戶市立工業高等專門學校研究紀要（50），2012 年 3 月。

8. 契丹陶磁の「周緣性」に関する檢討（3）遼代の都城・州県城制度との関連から，町田吉隆，神戶市立工業高等專門學校研究紀要（51），2013 年 3 月。

9. 遼墓出土契丹陶磁に見られる契丹國（遼朝）社會の階層性について，町田吉隆，眞宗総合研究所研究紀要（31），2012 年。

10. 日本に伝わる契丹の陶磁器：契丹陶磁器の研究史的観點を中心にして，弓場紀知，アジア遊學（160），2013 年。

11. 發揮地方特色優勢，靈活講授《中國古代陶瓷》之「遼金陶瓷」，張少珊，赤峰學院學報（自然科學版），2012 年第 6 期。

12. 遼代陶瓷研究存疑——從舊金山亞洲藝術博物館收藏談起，賀利，遼金歷史與考古國際學術研討會論文集（下），遼寧教育出版社，2012 年。

13. 淺析遼代陶瓷的繼承、創新及發展，吳俊義，遼寧經濟管理幹部學院（遼寧經濟職業技術學院）學報，2014 年第 5 期。

14. 談遼代瓷器藝術，胡健，遼金史研究，遼寧民族出版社，2013 年。

15. 遼代早期紀年瓷器研究，李豔陽，遼金歷史與考古（第五輯），遼寧教育出版社，2014 年。

16. 北方地區宋遼金黑釉瓷器的考古學研究，李蔚然，吉林大學碩士學位論文，2012 年。

17. 北京地區遼金時期陶瓷器分期，李華，文物春秋，2011 年第 6 期。

18. 北京出土的遼金元時期的陶瓷佛像，孫猛，收藏家，2012 年第 6 期。

19. 北京出土的遼代輸入瓷器 以墓葬、塔基中發現的器物爲中心，孫猛，收藏家，2011 年第 4 期。

20. 東北地區契丹——遼陶器初探，宋雨晗，吉林大學碩士學位論文，2015 年。

21. 遼寧境內遼屬漢人分佈區遺址出土陶器及相關問題研究，張翠敏，遼金歷史與考古（第五輯），遼寧教育出版社，2014 年。

22. 秦家屯釉陶探究，郭虹、李向文，赤子（上中旬），2014 年第 24 期。

23. 遼寧出土遼代陶瓷初探——以近十年新出材料爲中心，張樹範，吉林大學碩士學位論文，2011 年。

24. 遼寧出土遼代輸入青白瓷器的類型與分期簡析，張樹範，遼金歷史與考古（第五輯），遼寧教育出版社，2014 年。

25. 瀋陽地區出土遼代輸入瓷器的類型與分期，張樹範，邊疆考古研究（第 15 輯），科學出版社，2014 年。

26. 瀋陽地區出土遼產陶瓷的類型簡析，張樹範，遼金歷史與考古（第三輯），遼寧教育出版社，2011 年。

27. 北通天街發現遼元時期瓷片，陳鳳軍，瀋陽日報，2011 年 5 月 2 日第 4 版。

28. 吉林省博物院藏遼金瓷，高雪，文物天地，2012 年第 3 期。

29. 吉林館藏遼金陶瓷賞粹，高雪，收藏，2013 年第 5 期。

30. 塔虎城遺址出土部份瓷器的成分分析與產地推測，崔劍鋒、彭善國，邊疆考古研究（第 18 輯），科學出版社，2015 年。

31. 渤海故地遼金遺存舉隅，彭善國，社會科學戰線，2012 年第 11 期。

32. 內蒙古代欽塔拉三號遼墓出土的陶瓷器，尹建光、李鐵軍、劉小放，收藏，2014 年第 21 期。

33. 遼懷陵 5 號墓出土瓷器，張紅星、唐彩霞、朱玉君，收藏‧拍賣，2015 年第 3 期。

34. 內蒙古地區出土青白釉瓷器研究，張紅星，草原文物，2011 年第 2 期。

35. 遼金時期游牧、漁獵民族陶瓷飲具研究，韓榮、吳文苑，江蘇大學學報（社會科學版），2011 年第 3 期。

36. 淨美達眞遠——淺析遼代陶瓷酒具之美，李芳，景德鎮陶瓷學院碩士學位論文，2011 年。

37. 遼代的白釉荷葉陶瓷弔燈，清淤，遼上京文化遺產（總第 2 期），2011 年 9 月 30 日。

38. 收藏和考古的互補與缺失，趙芬明，收藏參考，2011 年第 4 期。

39. 促進歷史發展的金代瓷器研究，劉建成，華章，2012 年第 2 期。

40. 金朝瓷器發展研究，倪雪梅，華章，2012 年第 17 期。

41. 北宋金代窖藏瓷器考述，宋東林，故宮學刊（第八輯），故宮出版社，2012 年。

42. 促進歷史發展的金代瓷器鑒賞探析，于亞非，經濟技術協作信息，2012 年第 19 期。

43. 藝術奇葩 民俗載體——宋金瓷塑玩具，王少石，收藏家，2012 年第 3 期。

44. 宋金瓷器娃娃紋藝術特徵及成因分析，白亞松，景德鎮陶瓷學院碩士學位論文，2011 年。

45. 宋金時期陶瓷魚藻紋的裝飾特徵，李偉、徐敏敏，文學界（理論版），2012 年第 10 期。

46. 北京金墓出土瓷器綜述，孫猛，絲綢之路，2012 年第 4 期。

47. 北京金代墓葬中出土的瓷器，孫猛、呂硯，收藏家，2013 年第 6 期。

48. 北京地區金墓出土瓷器考辨，龍霄飛，白山‧黑水‧海東青——紀念金中都建都 860 週年特展，文物出版社，2013 年。

49. 廊坊市曉廊坊小區金代墓葬出土瓷器研究，付豔華、劉米蘭，中國文物報，2013 年 11 月 6 日第 5 版。

50. 河南平頂山文集遺址出土的金元瓷，楊峰濤，收藏界，2011 年第 10 期。

51. 北方之色晉蒙兩地宋金元黑釉瓷集萃，趙凡奇、魏孔，收藏，2015 年第 4 期。

52. 內蒙古地區出土白地黑花瓷器的初步研究，于躍，內蒙古大學碩士學位論文，2014 年。

53. 宋金瓷話：五大窯址博物館館藏精品（上），張必萱，收藏，2013 年第 1 期。

54. 宋金瓷話：五大窯址博物館館藏精品（下篇），張必萱，收藏，2013 年第 5 期。

55. 金代絞胎瓷缽，宋寧寧，中國文物報，2013 年 9 月 11 日第 8 版。

56. 金上京古瓷探討，劉路平、許新銘、劉萬儒，金上京文史論叢（第四輯），黑龍江人民出版社，2013 年。

57. 山東地區宋金墓葬出土瓷器研究，張圓，山東大學碩士學位論文，2014 年。

58. 山西汾陽東龍觀宋金墓葬出土瓷器的產地問題探討，孟耀虎，故宮博物院院刊，2014 年第 5 期。

59. 山西呂梁漢畫像石館藏宋金元瓷器選介，王凱、王俊，文物世界，2011 年第 6 期。

60. 陝西歷史博物館藏金代瓷器賞析，張曉豔，文物天地，2015 年第 2 期。

61. 山東淄博古窯址出土陶瓷欣賞（二），魏傳來，陶瓷科學與藝術，2014 年第 7 期。

62. 河南漯河出土宋金陶模玩具 古人掌心上的童趣，劉晨、李麗莉，大眾考古，2014 年第 8 期。

63. 宋金茶盞，艾丹，藝術品，2014 年第 12 期。

64. 宋遼金瓷粉盒的初步探究，徐金翠，吉林大學碩士學位論文，2015 年。

65. 淺析瓷製荷葉蓋罐的發展史，熊振東，東方收藏，2015 年第 6 期。

66. 蘊華千年──淺議雁北黑釉剔劃花瓷器，李君，收藏界，2015 年第 8 期。

67. 遼瓷雞冠壺研究，羅平，中央民族大學碩士學位論文，2011 年。

68. 淺析遼代雞冠壺，田小虎，上海工藝美術，2015 年第 2 期。

69. 論雞冠壺的造型特色，呂金泉、孟蕾，大眾文藝，2011 年第 23 期。

70. 遼代雞冠壺形制與使用功能分析，馬春紅，赤峰學院學報（漢文哲學社會科學版），2014 年第 1 期。

71. 遼宋金元時期葫蘆形注壺比較研究，韓榮、尹悅，中國陶瓷，2011 年第 2 期。

72. 葫蘆式壺與倒灌式壺及其全一的一件遼器，王榮增，中國文物報，2011 年 11 月 9 日第 8 版。

73. 吉林地區出土的玉壺春瓶及其相關問題，呂軍、陳穎，北方文物，2011 年第 3 期。

74. 遼地兩梅瓶，初國卿，中華文化畫報，2012 年第 3 期。

75. 內モンゴル敖漢旗喇嘛溝の遼墓壁畫に認められる、臺形胴の長頸リュートについて，等々力政彦，眞宗總合研究所研究紀要（31），2012 年。

76. 試析遼境出土的陶瓷穿帶瓶，彭善國，邊疆考古研究（第 10 輯），科學出版社，2011 年。

77. 遼金元時期北方地區瓶類瓷器初步研究，劉怡麟，中國人民大學碩士學位論文，2014 年。

78. 遼三彩與遼文化，李慧淨，收藏，2015 年第 1 期。

79. 遼三彩與佛教文化，李慧淨、李曉豔，收藏（拍賣），2014 年第 8 期。

80. 北方遼代的三彩陶器，戴定九，汽車與社會，2013 年第 13 期。

81. 珍貴的遼三彩盤口雙龍瓶，鍾惠詠，中國文物報，2012 年 7 月 4 日總第 2046 期第 8 版。

82. 談河北易縣八佛窪遼代三彩陶羅漢，收藏，2012 年第 21 期。

83. 博山大街窯址山上宋金三彩器賞析，阮浩、滕衛，收藏界，2013 年第 12 期。

84. 錦州博物館藏金代兩件三彩瓷器，劉鱺，遼寧省博物館館刊（2012），遼海出版社，2013 年。

85. 金代淄博窯三彩俑，徐學琳，收藏，2012 年第 12 期。

86. 金元三彩述論，彭善國，邊疆考古研究（第 12 輯），科學出版社，2012 年。

87. 射獸金元三彩窯址調查報告，索麗霞、趙慶國，文物世界，2015 年第 6 期。

88. 旅順博物館藏三彩枕時代及窯址初探，孫傳波，收藏家，2013 年第 1 期。

89. 宋金元三彩枕的分類與產地，王衛丹，收藏，2011 年第 9 期。

90. 磁州窯三彩枕上的詩文與人物，王興、王時磊，收藏界，2015 年第 5 期。

91. 一件荷塘鴛鴦戲水紋三彩枕的年代問題，王安坤，收藏，2014 年第 17 期。

92. 海內孤品——金磁州窯三彩童子戲獅枕，趙學鋒，收藏，2012 年第 3 期。

93. 稚樸天真——金磁州窯系彩繪臥嬰枕，王興，收藏，2012 年第 3 期。

94. 金代磁州窯的彩繪臥嬰枕，王興，當代人，2013 年第 3 期。

95. 書於瓷枕——金代磁州窯文字枕研究，常存，中央美術學院碩士學位論文，2011 年。

96. 美哉 宋金元詩詞枕，黃宏，文明，2012 年第 5 期。

97. 金耀州窯薑黃釉剔花詩文枕，張軍政，中國文物報，2014 年 4 月 23 日第 8 版。

98. 金代磁州窯綠釉詩文枕擷英，王興、王時磊，收藏，2015 年第 5 期。

99. 磁州窯瓷枕面「橋紋」裝飾題材，張振海、張增午，東方收藏，2014 年第 11 期。

100. 磁州窯瓷枕枕面人物紋飾題材初探，潘煉、張江，劇影月報，2014 年第 6 期。

101. 論金代磁州窯瓷枕繪畫裝飾藝術及其藝術特徵，沈塔、李小龍，中國陶瓷，2015 年第 12 期。

102. 咫尺方圓天地 盡展「花鳥」魅力——金元磁州窯瓷枕「花鳥」裝飾淺析，張麗萍，東方收藏，2011 年第 3 期。

103. 磁州窯瓷枕工藝美學思想考略，安際衡，中國文物報，2012 年 11 月 7 日第 5 版。

104. 宋金元磁州窯白地黑花瓷枕裝飾美研究，尚青玉晶，景德鎮陶瓷學院碩士學位論文，2012 年。

105. 不施丹青遍人間——金、元磁州窯瓷枕繪畫與宋、金、元宮廷畫，俎少英，邯鄲職業技術學院學報，2012 年第 3 期。

106. 磁枕玄珠，孟耀虎，藝術品鑒，2012 年第 5 期。

107. 淺析金代磁州窯虎形瓷枕，黃靜，群文天地，2012 年第 7 期。

108. 周口民俗博物館藏金代虎形瓷枕，焦華中，理財（收藏），2014 年第 6 期。

109. 宋遼金虎紋枕考，谷莉、谷芳，蘭臺世界，2013 年第 30 期。

110. 鄭州大象陶瓷博物館館藏系列（四）宋金瓷枕、模範，何飛，收藏界，2014 年第 12 期。

111. 概述金代瓷枕的器型分類，杜若銘，中國文物報，2015 年 8 月 18 日第 8 版。

112. 宋代紅綠彩中的民俗情感，楊冰、曹凱，景德鎮陶瓷，2011 年第 6 期。

113. 金代紅綠彩的考古發現及其歷史傳承，呂軍、周高亮，中原文物，2011 年第 3 期。

114. 金代紅綠彩瓷塑藝術的民俗性體現，李曉宇、馮冕，中國陶瓷工業，2011 年第 3 期。

115. 淺析金代紅綠彩瓷器，孫瑩瑩，黑龍江史志，2014 年第 33 期。

116. 風格獨特的金代紅綠彩瓷，任遠、張悅、徐豔麗，中國陶瓷，2013 年第 11 期。

117. 金元時期紅綠彩瓷發展脈絡及時代特徵初探，孫傳波，收藏家，2013 年第 11 期。

118. 中國紅綠彩繪的衰落成因探析，彭曉雲，商業文化（上半月），2012 年第 2 期。

119. 從紅綠彩題詞裝飾探源其世俗化審美傾向，郭玉川，陶瓷，2011 年第 6 期。

120. 畫紅點綠——紅綠彩的陶瓷美學創作初探，康青，中國陶藝家，2015 年第 1 期。

121. 紅綠彩瓷器鑒賞，胡煥英，收藏界，2012 年第 8 期。

122. 關於山西紅綠彩的初步探討，曾昭東，文物世界，2014 年第 4 期。

123. 山西、河北地區出土的金代紅綠彩瓷器的比較研究，呂軍、周高亮，文物世界，2011 年第 2 期。

124. 海豐鎮遺址出土的金代磁州窯紅綠彩瓷俑，張寶剛，文物春秋，2015 年第 1 期。

125. 河南出土的紅綠彩瓷俑，張帥峰，收藏界，2011 年第 10 期。

126. 西安地區發現的紅綠彩器，王冬華，收藏界，2011 年第 10 期。

127. 安徽柳孜運河遺址出土紅綠彩瓷器的藝術成就，王倩，中國陶瓷，2015 年第 11 期。

128. 山東博物館館藏兩件紅綠彩人物俑，王衛丹，春秋，2015 年第 3 期。

129. 紅綠彩縛捆嬰兒與摩睺羅，張軍紅、李達，收藏家，2015 年第 2 期。

130. 磁州窯紅綠彩善財童子賞析，張麗萍，中國文物報，2015 年 12 月 15 日總第 2398 期第 5 版。

131. 珍珠地·白地黑花·紅綠彩 《宋遼金紀年瓷器》補正三則，劉濤，收藏，2015 年第 7 期。

132. 禪宗散聖——金代紅綠彩瓷布袋彌勒塑像考釋，黃陽興，文物天地，2012 年第 8 期。

133. 莊嚴的活潑——金代紅綠彩磨喝樂塑像與佛教信仰，黃陽興，收藏，2012 年第 12 期。

134. 紅綠彩裝飾的磨喝樂，計明、俞麗敏，中國陶瓷工業，2012 年第 5 期。

135. 金代臨水窯紅綠彩瓷釉上紅彩的致色劑研究，郝文濤，中國科學院大學碩士學位論文，2014 年。

136. 遼陽江官屯窯初步研究，孟霜橋，吉林大學碩士學位論文，2015 年。

137. 一個東北古窯曾在遼陽興盛 300 年，張瑜，遼寧日報，2015 年 5 月 6 日第 12 版。

138. 東北地區最早窯址發掘逾千件古代瓷器，張瑾，友報，2014 年 11 月 28 日第 7 版。

139. 遼寧遼陽江官屯瓷窯址考古發掘獲得重要成果，梁振晶、郭明、肖新奇，中國文物報，2015 年 1 月 23 日第 8 版。

140. 試論江官屯窯的植物紋樣，崔瀟允，美術大觀，2015 年第 2 期。

141. 遼寧省北鎮市小常屯遼代官窯遺址考察側記，賈輝，東北史地，2013 年第 4 期。

142. 論龍泉務窯的年代，唐雪梅，中國人民大學碩士學位論文，2014 年。

143. 北京龍泉務窯白瓷化學組成的研究，程琳、李梅田、黎龍輝、王君玲、李融武、齊鴻浩，光學學報，2015 年第 1 期。

144. 宋金時期的汝窯瓷器收藏，王志軍，收藏，2013 年第 23 期。

145. 汝州張公巷窯的年代與性質問題探析，李喜寬，故宮博物院院刊，2013 年第 3 期。

146. 河南寶豐清涼寺汝窯發掘再獲重要發現——發現素燒窯爐和大量精美素燒瓷器和「類汝瓷」，趙宏、郭木森、王團樂，中國文物報，2014 年 11 月 25 日第 8 版。

147. 金代定窯瓷器研究，孫瑩瑩，華章，2011 年第 10 期。

148. 宋金時期的定窯與定瓷（上），李曄，收藏家，2013 年第 2 期。

149. 宋金時期的定窯與定瓷（下），李曄，收藏家，2013 年第 3 期。

150. 神秘的白瓷奇葩──定窯，韓立森，河北日報，2012 年 11 月 2 日第 9 版。

151. 生產繁盛的金代定窯瓷器初步探索，王洪濤，華章，2012 年第 2 期。

152. 瀋陽地區出土遼代輸入定窯瓷器初探，張樹範，遼金歷史與考古（第四輯），遼寧教育出版社，2013 年。

153. 黃驊市海豐鎮遺址出土的金代定窯瓷片，張寶剛，文物春秋，2011 年第 3 期。

154. 定窯白釉刻花龍紋盤賞析，吳鐵軍，博物館研究，2012 年第 3 期。

155. 金裝定器 如玉花瓷 定窯牡丹紋飾，湯兆基，上海工藝美術，2015 年第 4 期。

156. 金代定窯白釉印花蟠龍紋盤，丁步平，東方收藏，2014 年第 1 期。

157. 淮北柳孜隋唐運河遺址出土的金代定窯印花盤賞析，解華頂，文物鑒定與鑒賞，2014 年第 9 期。

158. 金、元時期的鈞窯瓷器淺析，任思音，首都博物館論叢（第 28 輯），北京燕山出版社，2014 年。

159. 金元時期四種鈞釉瓷器斷代研究，張桂蓮，文物世界，2011 年第 1 期。

160. 金元時期山西地區鈞釉作風的流佈，有實其積──紀念山西省考古研究所六十華誕文集，山西人民出版社，2012 年。

161. 黑龍江發現金、元代鈞窯瓷器，孫雪松，東北史研究，2013 年第 2 期。

162. 底款「殿」字銘 誰解其中味──金代鈞窯天青釉「殿」字銘圓洗，王民軍、王德林，收藏界，2015 年第 2 期。

163. 河南禹州閔莊鈞窯遺址發掘取得重要成果，秦大樹、趙文軍、徐華烽，中國文物報，2012 年 3 月 2 日第 8 版。

164. 汝州東溝窯金元時期青瓷與鈞瓷原料和工藝特徵的比較研究，丁銀忠、李合、王光堯、段鴻鶯、孫新民、陳鐵梅、苗建民，文物保護與考古科學，2014 年第 3 期。

165. 穿越千年的陶瓷神話──磁州窯，趙學鋒，河北日報，2012 年 11 月 9 日第 9 版。

166. 女真文化與磁州窯瓷器，趙學鋒，收藏，2011 年第 6 期。

167. 古風神韻 質樸親和──金代磁州窯陶瓷藝術作品賞析，張會寬，名作欣賞，2012 年第 15 期。

168. 陝西出土的磁州窯類型陶瓷，杜文，收藏，2014 年第 21 期。

169. 粉白墨黑──金代磁州窯牡丹紋藝術風格探析，喬岳，大眾文藝（學術版），2012 年第 20 期。

170. 宋金時期磁州窯白地黑花瓷裝飾紋樣的世俗性，竇衍英、陳燕，景德鎮陶瓷，2014 年第 5 期。

171. 宋金磁州窯魚紋彩繪裝飾探析，靳雅權，裝飾，2015 年第 3 期。

172. 金代磁州窯動物裝飾分析，常櫻，大舞臺，2014 年第 2 期。

173. 磁州窯工匠畫向文人畫裝飾演變初探，趙學鋒，東方收藏，2014 年第 11 期。

174. 磁州窯魚藻紋探析，劉渤，東方收藏，2014 年第 11 期。

175. 金代磁州窯人物形象及其背景映像，常櫻，東方收藏，2014 年第 11 期。

176. 磁州窯錦地開光裝飾紋樣與藝術，劉志國，東方收藏，2014 年第 11 期。

177. 當代藝術流行元素與中國古代瓷器紋飾的碰撞──從一件磁州窯白地黑剔花缽談起，袁月，東方收藏，2014 年第 11 期。

178. 磁州窯觀臺窯址不同時期綠釉器原料來源的 PIXE 分析，李融武、楊大偉、趙學鋒、張麗萍、李江、李國霞、承煥生，北京師範大學學報（自然科學版），2015 年第 1 期。

179. 觀臺窯址金代佛教裝飾用瓷略說，張美芳，收藏家，2015 年第 8 期。

180. 耀州窯青瓷刻花藝術衰落原因研究，賀丹，景德鎮陶瓷學院碩士學位論文，2012 年。

181. 東北、內蒙古出土的耀州窯青瓷──以墓葬材料為中心，彭善國、劉輝，考古與文物，2015 年第 1 期。

182. 耀州柳林窖藏出土的金代耀州瓷，王建域，收藏，2014 年第 13 期。

183. 耀州窯白地黑花瓷的裝飾藝術，趙亞利，文物世界，2013 年第 2 期。

184. 耀州窯的月白釉瓷研究，薛雯，西部學刊，2013 年第 1 期。

185. 渾源青瓷窯瓷塑舉例，孟耀虎，故宮博物院院刊，2011 年第 5 期。

186. 渾源窯名瓷品賞，趙炳恩，東方收藏，2012 年第 2 期。

187. 渾源窯瓷器藝術特徵研究，湯俊，太原理工大學碩士學位論文，2014 年。

188. 論金代介休窯及相關問題，董健麗，華夏考古，2013 年第 4 期。

189. 劉莊窯與「明昌樣」（一），李民舉，許昌學院學報，2014 年第 4 期。

190. 劉莊窯與「明昌樣」（二），李民舉，許昌學院學報，2015 年第 1 期。

191. 魯山段店窯瓷器藝術特徵研究，扈亞改，太原理工大學碩士學位論文，2014 年。

192. 館藏黑釉雙系凸線紋罐窯口考，趙錚、司樹美，文物鑒定與鑒賞，2013 年第 7 期。

（六）玉器

1. 情有獨鍾遼金玉，張斌、孫潔，檢察風雲，2011 年第 24 期。

2. 吉林省出土玉器概述，曲豔麗，北方文物，2014 年第 2 期。

3. 草原玉韻：內蒙古出土遼代玉器鑒賞，丁哲、宮夢娜，東方收藏，2012 年第 4 期。

4. 遼代玉器藝術，盧婷婷，檢察風雲，2012 年第 15 期。

5. 獨具匠心的遼代玉器，周曉晶，遼金歷史與考古國際學術研討會論文集（下），遼寧教育出版社，2012 年。

6. 遼代玉器在中國玉文化中的地位，石林梅，滄桑，2013 年第 1 期。

7. 遼代玉器分類及材質研究，龐怡，遼寧師範大學碩士學位論文，2013 年。

8. 陳國公主墓玉器初步研究，丁哲，地球，2013 年 4 期。

9. 民族美工——試論金代女眞玉器，桂星星，藝術與設計（理論），2011 年第 6 期。

10. 宋元和田玉，薛援朝，兵團建設，2011 年第 4 期。

11. 馬背民族　春水秋山——遼、金、元玉器，馬未都，黑龍江畫報，2015 年第 2 期。

12. 淺析遼、金、元時期的春水玉，雲彩鳳，赤峰學院學報（漢文哲學社會科學版），2015 年第 8 期。

13. 玉器中的春水雜識，鄒偉初，收藏·拍賣，2011 年第 4 期。

14. 中國國家博物館藏遼金元春水、秋山玉器初探，張潤平，中國國家博物館館刊，2012 年第 5 期。

15. 激昂春水　恬淡秋山，張潤平，中國收藏，2013 年第 6 期。

16. 「春水」「秋山」玉研究，石林梅，內蒙古師範大學碩士學位論文，2013 年。

17. 安徽省文物總店藏春水秋山玉，朱潔，文物研究（第 20 輯），科學出版社，2013 年。

18. 金代玉器發現與研究述評，吳敬，宋史研究論叢（第十四輯），河北大學出版社，2013 年。

19. 北京地區出土的金代玉器，虞海燕，北京文博文叢，2012 年第 3 輯。

20. 有著神秘風情的金代玉器研究，宋曉東，華章，2012 年第 36 期。

21. 金代女眞族「春水」玉的藝術設計風格探究，趙蕾，北京服裝學院碩士學位論文，2013 年。

22. 金代春水秋山玉賞析，黃小鈺，收藏家，2015 年第 2 期。

23. 遼代的玉帶文化，龐怡，文史月刊，2013 年第 3 期。

24. 遼代玉蹀躞帶的特徵分析及其文化探源，吳沫，赤峰學院學報（漢文哲學社會科學版），2013 年第 7 期。

25. 鶻攫鵝紋玉帶環，資本市場，2014 年第 3 期。

26. 遼代胡人樂舞紋玉帶及相關問題探討，呂富華，東北師大學報（哲學社會科學版），2015 年第 1 期。

27. 遼代胡人樂舞紋玉帶及相關問題探討，呂富華，契丹學論集（第一輯），內蒙古人民出版社，2015 年。

28. 房山長溝峪金代石槨墓出土「孔雀形玉飾件」非簪、釵考，劉雲，首都博物館論叢（第 29 輯），北京燕山出版社，2015 年。

29. 對房山長溝峪金代石槨墓出土「孔雀形玉飾件」的再認識，李健，首都博物館論叢（第 29 輯），北京燕山出版社，2015 年。

30. 遼代瓔珞佩飾研究，周琳，遼寧師範大學碩士學位論文，2011 年。

31. 遼代出土琥珀初步研究，王春燕，內蒙古大學碩士學位論文，2011 年。

32. 遼代出土琥珀初步研究，王春燕，遼金歷史與考古國際學術研討會論文集（下），遼寧教育出版社，2012 年。

33. 遼代琥珀童子，王春燕，收藏家，2015 年第 1 期。

（七）石雕、石棺

1. 淺談金代石雕，穆長青，華章，2011 年第 1 期。

2. 橫山墓群八面樂舞浮雕石幢簡析，萬大勇，劇作家，2011 年第 2 期。

3. 一舞千年　遼俗再現，王青煜，遼上京文化遺產（總第 3 期），2012 年 5 月 30 日。

4. 從遼上京發現的馴獅雕像等文物看遼代中西關係，唐彩蘭，華西語文學刊（第八輯），四川文藝出版社，2013 年。

5. 關於盧溝橋金代石獅的商榷，吉磊，裝飾，2011 年第 7 期。

6. 遼上京附近的兩處遼代神道石象生，張興國、李學良，東北史研究，2012 年第 1 期。

7. 黑龍江省雙城市出土的石翁仲，李琦，北方文物，2011 年第 4 期。

8. 遼寧義縣北斗七星圖與中國古代墓葬的定穴理論，黃震雲，東北史地，2012 年第 5 期。

9. 瀋陽市出土的遼代石棺，孫繼豔，中國地名，2011 年第 6 期。

10. 河北平泉發現遼代石棺，陳彥華，光明日報，2014 年 10 月 25 日第 9 版。

11. 走向沒落的畫像石棺藝術——宋遼金元時期的畫像石棺，張孜江，文物鑒定與鑒賞，2012 年第 3 期。

12. 淺析豐潤天宮寺塔發現的遼代石造像，崔淑紅，科學大眾（科學教育），2015 年第 4 期。

13. 淺析金代亞溝摩崖石刻像，才大泉，華章，2013 年第 14 期。

14. 林州金代摹刻顧愷之《宣聖乘車像並贊》畫像石，張振海，理財（收藏），2014 年第 5 期。

（八）木器

1. 淺談一組遼代契丹族木樂俑，董曉琳，收藏界，2011 年第 11 期。

2. 木偶奇遇記，夢齋主人，收藏界，2011 年第 1 期。

3. 金代水月觀音木雕像，霍宏偉，文史知識，2012 年第 5 期。

4. 法庫葉茂臺遼墓出土漆木雙陸考述，么乃亮，遼金歷史與考古（第四輯），遼寧教育出版社，2013 年。

5. 遼寧省博物館藏遼代木雕飾，盧治萍，遼金歷史與考古（第四輯），遼寧教育出版社，2013 年。

（九）絲綢

1. 宋遼金的絲綢飾金，陳彥姝，裝飾，2011 年第 12 期。

2. 遼代契丹民族繁榮的絲綢文化解讀，王富松、龍佳義，大眾文藝，2011 年第 12 期。

3. 遼代緙絲，朴文英，遼金歷史與考古國際學術研討會論文集（下），遼寧教育出版社，2012 年。

4. 蝶夢雙飛，李晶晶，三聯生活周刊，2011 年第 1 期。

5. 新發現遼代絲綢裝飾材料及工藝研究，路智勇，文物，2011 年第 2 期。

6. 二階導數紅外光譜分析遼代絲綢的降解特徵，陳華鋒、龔德才、劉博，絲綢，2011 年第 1 期。

7. 褐綠地全枝梅金錦綿襠裙的研究與仿製，韓寶鑫、沈惠、朱豔、丁懷進、孫曉敏，現代絲綢科學與技術，2011 年第 3 期。

8. 棕褐菱紋暗花羅萱草團花繡綿大口褲的研製，丁懷進、沈惠，現代絲綢科學與技術，2012 年第 3 期。

9. 文化學園服飾博物館藏『古錦帖』所收の平安樣緯錦にみられる中國遼代染織品からの影響，福本有壽子，美學論究（26），2011 年 3 月。

10. 遼代を中心とした染織品に見る文樣の変遷について：中國出土裂と日本伝來の錦の比較から，福本有壽子，人文論究（62～4），2013 年 2 月。

（十）金屬器物

1. 遼代金銀器研究，王春燕，吉林大學博士學位論文，2015 年。

2. 遼代金銀器的特徵及演變，田野，絲綢之路，2014 年第 2 期。

3. 遼金金銀器，青檸，少兒書畫（綜合版），2011 年第 4 期。

4. 遼代墓葬出土金銀器歷史學研究，趙運龍，遼寧大學碩士學位論文，2011 年。

5. 繼承優秀傳統　突出民族特徵——考古發現的絢爛多姿遼代金銀玉器考察，馮永謙，遼金史研究，遼寧民族出版社，2013 年。

6. 遼代金銀器在草原絲綢之路中的作用，張景明，大連大學學報，2013 年第 5 期。

7. 游牧文化視野下遼代契丹族金銀器研究，楊婧，湖南工業大學碩士學位論文，2014 年。

8. 西夏、金朝的金銀器與草原絲綢之路的文化交流現象，張景明，文物世界，2013 年第 5 期。

9. 夢蝶軒藏遼代金銀器精選，本刊編輯部，三聯生活周刊，2011 年第 1 期。

10. 四川博物院收藏的一批遼宋金器，張孜江，文物，2012 年第 1 期。

11. 契丹金銀器造型紋樣特點淺析，楊婧，青春歲月，2012 年第 23 期。

12. 從考古材料試析遼代金銀細金工藝之特點，李建緯，（臺灣）輔仁歷史學報（第 30 卷），2013 年 3 月。

13. 內蒙古博物院：金花銀龍紋「萬歲臺」硯，鄭承燕，中國社會科學報，2013 年 2 月 22 日 B03 版。

14. 關於吐爾基山遼墓金下頜托的一點思考，王春燕，北方文物，2014 年第 2 期。

15. 遼代金冠，賈璽增，紫禁城，2011 年第 11 期。

16. 波士頓美術博物館遼朝銀冠研究述論，劉銀成，契丹學論集（第二輯），內蒙古人民出版社，2015 年。

17. 遼代金飾品上體現出的民族特色，賈冬梅，文物鑒定與鑒賞，2015 年第 5 期。

18. 北票市發現遼代鎏金摩羯紋銀鞍飾，王永蘭、趙志偉，遼金歷史與考古（第五輯），遼寧教育出版社，2014 年。

19. 金人金夢——從命飾藝術看女真人的文化交流，黃雪寅，白山‧黑水‧海東青——紀念金中都建都 860 週年特展，文物出版社，2013 年。

20. 金源文物的一縷燦爛輝光——金源地區出土的兩件鎏金文物，趙國華、關伯陽，金上京文史論叢（第四輯），黑龍江人民出版社，2013 年。

21. 從遼代蓮花童子金耳墜看契丹人的經濟生活，梁姝丹，遼金歷史與考古（第三輯），遼寧教育出版社，2011 年。

22. 遼代金銀耳飾研究，張偉琳，（臺灣）逢甲大學碩士學位論文，2012 年。

23. 契丹黃金面具，張森，內蒙古畫報，2012 年第 6 期。

24. 公主的金面具——神秘的金面王國遼王朝，楊凡，內蒙古日報（漢），2014 年 7 月 10 日第 13 版。

25. 陳國公主的銀靴，全岳，西部皮革，2015 年第 17 期。

26. 關於吐爾基山遼墓出土銀壺所飾人物故事圖，揚之水，收藏家，2011 年第 10 期。

27. 遼代鎏金龍紋銀骨朵考釋，師小群、杭志宏，文博，2011 年第 2 期。

28. 金齊國王墓銀銘牌考釋，楊海鵬，遼金歷史與考古國際學術研討會論文集（下），遼寧教育出版社，2012 年。

29. 臆釋金代齊國王墓出土的銀質銘牌，才大泉，華章，2013 年第 13 期。

30. 論契丹金屬面具，馬貞，內蒙古大學碩士學位論文，2014 年。

31. 遼墓出土的金屬面具和網絡，劉榮榮，中國文物報，2011 年 2 月 18 日總第 1905 期第六版。

32. 遼墓之金屬面具鉤沉，王曉穎，大遼遺珍——遼代文物展，學苑出版社，2012 年。

33. 旅順博物館館藏遼代面罩的分類與研究，劉立麗，遼寧師範大學學報（社會科學版），2013 年第 1 期。

34. 遼代墓葬出土銅器研究，何蓮，內蒙古大學碩士學位論文，2015 年。

35. 一件遼代的「巡防」牌，馮永蘭，中國文物報，2013 年 7 月 17 日第 8 版。

36. 牧民送我遼代銅腰牌，馮永蘭，中國文物報，2014 年 5 月 7 日都第 8 版。

37. 吉林省攬頭窩堡遺址出土的騎士牌研究，張勝超、馮恩學，北方文物，2015 年第 3 期。

38. 遼代銅印形「秦二世詔書」文字印版辨疑，趙中文、馮永謙，中國文物報，2013 年 7 月 31 日第 7 版。

39. 蓋州泉眼溝出土銅權淺析，孫璿、崔豔茹，遼金歷史與考古（第四輯），遼寧教育出版社，2013 年。

40. 「我國古代大型鑄銅文物」系列文章之七——古代大銅鐘（待續），王福諄，鑄造設備與工藝，2012 年第 3 期。

41. 「我國古代大型鑄銅文物」系列文章之七——古代大銅鐘（續 1），王福諄，鑄造設備與工藝，2012 年第 4 期。

42. 「我國古代大型鑄銅文物」系列文章之八——古代大銅鐘（續完），王福諄，鑄造設備與工藝，2012 年第 5 期。

43. 淮安金天德大鐘的故事，陳榮，中國文物報，2012 年 4 月 18 日第 4 版。

44. 吉縣安平村天眷元年三月八日所鑄鐵鐘，鄭國平、閻雅梅，文物世界，2011 年第 1 期。

45. 吉林省出土金代銅器初步考察，田麗梅，遼金歷史與考古國際學術研討會論文集（下），遼寧教育出版社，2012 年。

46. 楊茂公銅燈與墓葬年代修正——兼談宋金交替之際祖厲河流域文化面貌的轉變，王科社、陳輔泰，絲綢之路，2011 年第 20 期。

47. 喚醒小銅人，李鉞，今日中國（中文版），2011 年第 3 期。

48. 阿城出土金代銅坐龍的歷史淵源，王久宇，邊疆經濟與文化，2014 年第
3 期。

49. 裝飾圖案的創意表現及研究阿城金代銅坐龍和雙魚鏡的造型紋樣特徵，
于婷、林學偉，神州，2012 年第 29 期。

50. 從建築構件角度談金代銅坐龍的功用，楊海鵬，東北史地，2013 年第
4 期。

51. 從建築構件角度談金代的銅坐龍功用，楊海鵬，白山·黑水·海東青——
—紀念金中都建都 860 週年特展，文物出版社，2013 年。

52. 遼金時期鐵器初探，叢國安、高大鵬，金上京文史論叢（第四輯），黑龍
江人民出版社，2013 年。

53. 金上京發現開國禮器——人面犁頭，郭長海，遼金西夏研究 2010，同心
出版社，2012 年。

54. 黑龍江省博物館徵集的一批金代文物，勾海燕、楊海鵬、劉麗萍，北方
文物，2012 年第 2 期。

55. 遼寧省旅順博物館藏小庫倫出土鐵鏃簡析，劉立麗，北方文物，2012 年
第 4 期。

56. 遼金時期醫療器械的發現與研究，鄧樹平，遼金西夏研究 2011，同心出
版社，2013 年。

57. 遼金時期醫療器械的發現與研究，鄧樹平，社會科學戰線，2013 年第
4 期。

58. 關於在蘿北名山發現遼代五國部時期鐵器的幾點思考，田哲、米成，決
策與信息，2015 年第 24 期。

59. 遼代鐎斗考——從杜杖子遼墓發現的一柄鐵鐎斗說起，馬會宇、任愛君，
北方文物，2015 年第 4 期。

60. 談龍江龍博物館藏金代匏狀鐵火炮，叢國安，東北史研究，2013 年第
2 期。

61. 11～13 世紀中國剪刀形態的轉變及可能的外來影響，陳巍，自然科學史
研究，2013 年第 2 期。

62. 承德縣閆杖子村出土的金代窖藏鐵器，佟淑華，文物春秋，2014 年第
1 期。

63. 黑龍江省湯原縣雙興遺址出土的金代窖藏鐵器，錢霞，北方文物，2014年第 2 期。

（十一）其它文物

1. 遼代文物概述，都惜青、齊偉，文物鑒定與鑒賞，2014 年第 6 期。

2. 陝西歷史博物館新徵集遼代文物，杭志宏，文博，2011 年第 2 期。

3. 黑龍江出土的金代文物，王麗梅，黑龍江史志，2011 年第 23 期。

4. 黑龍江雙城市房身泡窖藏出土的幾件文物，陶然，北方文物，2011 年第 2 期。

5. 泰來縣遼金元時期的主要文物，劉德珍，黑龍江科技信息，2011 年第 1 期。

6. 考古發現遼代佛教文物研究，李春雷，內蒙古大學碩士學位論文，2013 年。

7. 順義遼無垢淨光舍利塔出土文物資料整理與淺析，任思音，首都博物館論叢（第 29 輯），北京燕山出版社，2015 年。

8. 阿納尼耶夫斯克古城址出土的兩件文物，（俄）А.л.伊夫利耶夫、B.A.霍列夫著，楊振福譯，北方文物，2011 年第 1 期。

9. 洛陽古代藝術博物館藏山西金墓畫像雕磚，徐嬋菲、王愛文，中國國家博物館館刊，2011 年第 5 期。

10. 旅途中偶得金代磚雕，改之，收藏，2011 年第 8 期。

11. 洛陽瀍河東岸發現金代鹿角，南京大學歷史系、洛陽市文物工作隊，中國國家博物館館刊，2012 年第 2 期。

12. 本溪水洞遺址出土金代骨器再認識，郭晶，遼金歷史與考古（第四輯），遼寧教育出版社，2013 年。

13. 遼金「西京仁和坊」澄泥硯及相關問題考，曹臣明，文物世界，2014 年第 2 期。

14. 遼金牛頭塤考，張明友、趙人，金上京文史論叢（第四輯），黑龍江人民出版社，2013 年。

15. 金上京遺址出土「雲子」雛考，孫新章，金上京文史論叢（第四輯），黑龍江人民出版社，2013 年。

16. 金上京遺址出土圍棋棋子簡報，孫新章，東北史研究，2014 年第 2 期。

17. 吉林永平寺廟址出土彩繪顏料及工藝研究，高秀華，北方文物，2013 年第 3 期。

18. 遼代陳國公主、駙馬合葬墓出土的首飾及其文化內涵，張倩，呼倫貝爾學院學報，2014 年第 3 期。

19. 遼代玻璃製品初步研究，蔣飛飛，內蒙古大學碩士學位論文，2014 年。

20. 小喇嘛溝遼墓出土玻璃器的科學分析與研究，柏藝萌、黃曉雷、魏美麗，遼寧省博物館館刊（2014 年），遼海出版社，2015 年。

21. 遼寧彰武出土的遼代雙陸棋，梁姝丹，東北史地，2014 年第 1 期。

22. 遼寧彰武出土的遼代雙陸棋，梁姝丹，地域性遼金史研究（第一輯），中國社會科學出版社，2014 年。

23. 簡述遼寧朝陽地區出土的遼代腰帶飾，趙海傑，遼金歷史與考古（第五輯），遼寧教育出版社，2014 年。

24. 淺談遼代鎮墓獸造型藝術——彰武遼代鎮墓獸研究，劉俊玉，地域性遼金史研究（第一輯），中國社會科學出版社，2014 年。

25. 雙城市老房身遺址出土的遼金時期手搖小磨，陳勇，北方文物，2014 年第 1 期。

26. 吉林省大安市釀酒總廠出土的遼代燒酒器具考述，孔令海，地域性遼金史研究（第一輯），中國社會科學出版社，2014 年。

27. 宋金時期的屏風——以北方宋金墓資料為中心，趙凡奇，文物世界，2014 年第 3 期。

28. 植毛牙刷發明小考——從內蒙古博物院藏植毛牙刷柄談起，潘素娟、張闖輝，絲綢之路，2015 年第 18 期。

（十二）博物館

1. 白山·黑水·海東青，李韻，光明日報，2013 年 9 月 25 日第 9 版。

2. 金中都 860 週年特展在首博開幕，張俊梅，中國文物報，2013 年 9 月 18 日第 2 版。

3. 白山·黑水·海東青再現「春水秋山」盛景——紀念金中都建都八百六十週年特展在首博開幕，邵傑，中國藝術報，2013 年 9 月 23 日第 12 版。

4. 白山·黑水·海東青紀念金中都建都 860 週年特展，國家人文歷史，2013 年第 21 期。

5. 《白山・黑水・海東青──紀念金中都建都 860 週年特展》展覽綜述，譚曉玲，遼金西夏研究年鑒 2013，中國社會科學出版社，2015 年。

6. 白山・黑水・海東青──紀念金中都建都 860 週年特展，楊海鵬，中國遼夏金研究年鑒 2013，中國社會科學出版社，2015 年。

7. 極簡主義視野下的陳列設計初探──「白山・黑水・海東青──紀念金中都建都 860 週年特展覽」設計筆記，程旭，首都博物館論叢（第 28 輯），北京燕山出版社，2014 年。

8. 以形式設計的語言闡示內容設計的內涵──金中都展的語境再現和設計表達，李赫，首都博物館論叢（第 28 輯），北京燕山出版社，2014 年。

9. 遼金城垣博物館 藏在腳底下的歷史密碼，陸楊，時尚北京，2015 年第 2 期。

10. 金都水魄 北京遼金城垣博物館，單靖雅，時尚北京，2013 年第 1 期。

11. 試論博物館的臨時展覽──以北京遼金城垣博物館為例，楊世敏，中國文物報，2015 年 8 月 18 日第 8 版。

12. 夢落華枕──金代瓷枕展，錢慧祥，中國文物報，2015 年 8 月 18 日第 8 版。

13. 遼金古韻 旅順博物館藏遼金文物展，劉立麗，收藏家，2014 年第 5 期。

14. 契丹人也曾「一國兩制」？──深博 12 日起展出內蒙古契丹文物向市民揭示契丹文明，王宇，深圳商報，2011 年 5 月 11 日 C01 版。

15. 大草原に花開いた王朝、契丹の秘寶を見よ！芸術新潮（62～11），2011 年 11 月。

16. 80 件文物描述契丹人生活，楊競，遼寧日報，2015 年 1 月 19 日第 8 版。

17. 「大遼文明展」在山東博物館開幕，劉安魯，中國文物報，2015 年 5 月 15 日第 2 版。

18. 「契丹風華──內蒙古遼代文物珍品展」在大連展出，大博，中國文物報，2012 年 12 月 21 日第 2 版。

19. 中國遼三彩文物特展在韓國國立大邱博物館開幕，遼博，中國文物報，2014 年 7 月 15 日第 2 版。

20. 北國奇葩飄香南國：廣州市海珠區博物館「遼瓷專題展覽」專訪，彭乃賢，東方收藏，2013 年第 1 期。

21. 赤峰博物館巡禮②——遼上京博物館，赤峰學院學報（漢文哲學社會科學版），2011 年第 4 期。

22. 「凝思古今處，千載歡遼都」——遼上京遺址博物館方案設計，呂成、王美子，建築設計管理，2014 年第 8 期。

23. 隱秘的輝煌——從遼上京遺址到赤峰博物館，優品，2015 年第 11 期。

24. 黑龍江省博物館　松花江的記憶——金源文化展，李玲，中國文物報，2011 年 3 月 2 日總第 1908 期第 6～7 版。

25. 《松花江的記憶——金源文化展》獲精品陳列獎原因的初步分析，姜麗麗，吉林大學碩士學位論文，2015 年。

26. 東北三省博物館聯盟黑龍江年會暨「松遼風華」聯展開幕，龍博，中國文物報，2012 年 7 月 27 日總第 2053 期第 2 版。

27. 「山西金代戲劇磚雕藝術展」在紐約開幕，陳汾霞，中國文物報，2012 年 2 月 15 日第 2 版。

28. 「山西金代戲曲磚雕藝術展」背後的故事，安瑞軍，中國文化報，2012 年 3 月 1 日第 8 版。

29. 「金戲磚影」上演勾欄瓦肆裏的玉音金聲，雲菲，中國藝術報，2014 年 10 月 8 日第 6 版。

30. 《山西宋遼金壁畫暨山西檔案珍品·古代書畫精品展》在太原開展，孔躍宏、侯建軍，雲南檔案，2011 年第 2 期。

31. 宋金瓷器同臺媲美——五館館藏瓷器精品展亮相南宋官博，方憶，中國文物報，2012 年 11 月 14 日第 8 版。

32. 廟堂與市井：「宋金瓷話」展，易紫仙，文化交流，2012 年第 12 期。

33. 宋金生活展在哈密博物館開幕，張麗，中國文物報，2014 年 11 月 4 日第 2 版。

34. 山西昔陽出土宋金墓葬擬建博物館進行保護，李娜，中國文物報，2013 年 11 月 15 日第 2 版。

35. 河北隆化民族博物館新入藏一批遼金時期鐵器，隆博，中國文物報，2014 年 2 月 26 日第 2 版。

36. 從新州博物館遼代藏品看契丹文化特色，楊妹、楊曉明，（韓國）北方文化研究（第 6 期），2015 年 12 月。

（十三）文物保護

1. 全方位監測齊雲塔，秦福軍、王紅闖，中國測繪報，2011 年 9 月 30 日第 3 版。

2. 齊雲塔激光點雲三維重建，盧小平、王玉鵬、盧遙、葛曉天、宋碧波，測繪通報，2011 年第 9 期。

3. 900 歲雲居寺北塔修繕，鞏崢、續曉玉、楊永兵，北京日報，2012 年 3 月 20 日第 9 版。

4. 質疑雲居寺地宮工程，李茂林，中國綠色畫報，2011 年第 5 期。

5. 山西應縣佛宮寺釋迦塔整體性保護研究，黃小殊，北京建築大學碩士學位論文，2013 年。

6. 「世界最古老木塔」不能拿來換眼前利益，柳新勇、王學濤，中國民族報，2011 年 5 月 17 日第 5 版。

7. 千年古塔為何成了「沒媽的孩子」？李穎，廣州日報，2011 年 9 月 27 日第 13 版。

8. 應縣木塔保護的世紀之爭（上），侯衛東，中國文物報，2013 年 8 月 23 日第 3 版。

9. 應縣木塔保護的世紀之爭，侯衛東，世界建築，2014 年第 12 期。

10. 應縣木塔勘察測繪研究回顧，中國文化遺產研究院項目組（執筆：永昕群、侯衛東），中國文物報，2013 年 8 月 30 日第 3 版。

11. 應縣木塔結構變形監測，中國文化遺產研究院項目組（執筆：王林安、侯衛東），中國文物報，2013 年 9 月 6 日第 3 版。

12. 應縣木塔的抗風和抗震，中國文化遺產研究院項目組（執筆：王林安、侯衛東），中國文物報，2013 年 9 月 13 日第 3 版。

13. 應縣木塔結構研究探索，中國文化遺產研究院項目組（執筆：王林安、侯衛東），中國文物報，2013 年 9 月 20 日第 3 版。

14. 應縣木塔結構現狀與已有加固措施，中國文化遺產研究院項目組（執筆：永昕群、侯衛東），中國文物報，2013 年 9 月 18 日第 3 版。

15. 應縣木塔二三層保護加固方案評審會在京召開，郭桂香，中國文物報，2013 年 10 月 2 日第 1 版。

16. 應縣木塔保護維修的實施途徑探索，中國文化遺產研究院項目組（執筆：侯衛東），中國文物報，2013 年 10 月 2 日第 3 版。

17. 整舊如故，以存其眞——應縣木塔修繕引發的議論，阮儀三，東方早報，2013 年 8 月 19 日第 3 版。

18. 應縣木塔修繕一直沒有停止，郭明明，中國文化報，2013 年 8 月 8 日第 3 版。

19. 應縣木塔面臨命運的抉擇，邢兆遠、李建斌，光明日報，2013 年 8 月 6 日。

20. 應縣木塔修繕方案敲定，王晉飛，朔州日報，2013 年 10 月 12 日第 1 版。

21. 遼塔保護工程基本完工，王研，遼寧日報，2011 年 12 月 23 日第 1 版。

22. 文化遺產保護理念與實踐——以遼塔保護工程爲例，孫立學，2013 年保國寺大殿建成 1000 週年系列學術研討會論文合集，科學出版社，2015 年。

23. 109 件文物被追回——河北蔚縣南安寺塔地宮盜案告破，趙梓斌，人民日報，2011 年 10 月 19 日第 9 版。

24. 南安寺文物盜竊案告破，劉萍，河北日報，2011 年 10 月 22 日第 2 版。

25. 秘密挖洞近 年盜掘古塔文物，翟蘭雲、盧江，檢察日報，2012 年 3 月 19 日第 4 版。

26. 高半二郎廟修繕保護工程，山西省古建築保護研究所，中國文物報，2012 年 6 月 1 日第 8 版。

27. 萬榮稷王廟修繕保護工程，山西省古建築保護研究所，中國文物報，2012 年 7 月 20 日第 8 版。

28. 我市「一墓二塔」入第七批「國保」，陳力華，阜新日報，2013 年 5 月 8 日第 1 版。

29. 招標爲遼代古城「換顏」，孟苗，山西日報，2011 年 8 月 15 日 A02 版。

30. 麗澤金融商務區金中都西營遺址起取保護，董育綱，北京文博文叢，2011 年第 2 輯。

31. 在遺址公園看金朝那些事兒，金淼，哈爾濱日報，2011 年 5 月 19 日第 1 版。

32. 金代皇陵遭盜掘 盜墓者用衛星定位，馮秋紅，老來樂，2011 年第 12 期。

33. 論北京地區遼金墓葬壁畫的保護理念，姚慶，忻州師範學院學報，2013 年第 5 期。

34. 大同整體搬遷兩座遼代壁畫墓葬，高雅敏，大同日報，2015 年 7 月 8 日第 1 版。

35. 大同兩座遼代壁畫墓葬整體搬遷，開國內保護先河，邢兆遠、李建斌，光明日報，2015 年 7 月 22 日第 9 版。

36. 遼代平原公主墓出土壁畫揭取經驗談，孟丹，北方文物，2012 年第 2 期。

37. 如何修復遼代平原公主墓壁畫，王敏娜，遼寧日報，2011 年 8 月 31 日第 11 版。

38. 淺談汾陽東龍觀金代墓壁畫的摹繪，有實其積——紀念山西省考古研究所六十華誕文集，山西人民出版社，2012 年。

39. 大同善化寺遼金彩塑的保護試驗，白晶、李力、黃繼忠、龔德才，文物世界，2015 年第 4 期。

40. 試論善化寺金代彩塑保護性維修，郭秋英，雕塑，2012 年第 1 期。

41. 金代磚雕墓葬流動展覽保護復原方法初探——以稷山化肥廠金墓磚雕的保護復原為例，閆文祥，文物世界，2015 年第 6 期。

42. 吐爾基山遼墓出土 388 件文物完成三維數據採集，李政，中國文物報，2012 年 6 月 20 日第 2 版。

43. 遼代契丹族鎏金銀馬鞍的修復，潘煉，藝術百家，2013 年增刊第 2 期。

44. 從國圖檔案看《趙城金藏》在國圖的保存與保護，馬琳，山西檔案，2014 年第 1 期。

45. 各學科專家齊聚 為千像寺造像保護「把脈」，梅鵬雲、劉建，中國文物報，2014 年 4 月 23 日第 2 版。

46. 山西晉城兩座金元古橋成危橋，李佳霖、張麗，中國文化報，2014 年 5 月 8 日第 2 版。

47. 出土紡織品殘片的修復與保護，陳楊，藝術市場，2014 年第 25 期。

48. 從氨基酸的變化談法庫葉茂臺出土遼代絲織品的老化特徵，申桂雲、劉松雪，遼寧省博物館館刊（2011），遼海出版社，2011 年。

49. 北京房山金陵紅漆銀片鏨花鎏金木棺的保護修復，李寧，江漢考古，2014 年增刊。

50. 白溝的宋遼歷史文化遺產及其開發建議，丁建軍、張沖，保定宋遼歷史文化遺產及其開發研究，河北大學出版社，2015 年。

51. 保定宋金時期古跡旅遊開發對策研究，田建平、郭鑫，保定宋遼歷史文化遺產及其開發研究，河北大學出版社，2015 年。

52. 遼上京遺址保護以及旅遊景觀規劃設計，戴岳曦、孫國軍，赤峰學院學報（漢文哲學社會科學版），2015 年第 10 期。

53. 赤峰地區契丹遼文化遺存開發利用研究，赤峰學院課題組，松州學刊，2015 年第 6 期。

54. 淺談金上京遺址入選世界文化遺產預備名錄的重要性，耿濤，黑龍江史志，2013 年第 13 期。

55. 金上京會寧府遺址申遺對策，黃澄，中國文物報，2015 年 10 月 2 日第 6 版。